Rethinking Kajimura Hideki's Immanent Development Theory

가지무라 히데키의
내재적 발전론을 다시 읽는다

Rethinking Kajimura Hideki's Immanent Development Theory

아연동북아 총서 _ 17

가지무라 히데키의 내재적 발전론을 다시 읽는다

| 강원봉 · 도베 히데아키 · 미쓰이 다카시 · 조관자 · 차승기 · 홍종욱 지음 |

아연출판부
고려대학교 아세아문제연구소

Table of Contents

| 차 례 |

아연동북아총서 발간에 부쳐

탈냉전 이후 동아시아의 역동적 발전은 역내의 정치-외교, 경제 질서뿐만 아니라 문화, 사상, 종교 등의 제 영역에서 새로운 변화를 추동하고 있다. 이런 변화는 일국적 차원의 고찰로는 해명될 수 없는 복잡하고도 민감한 초국가적(transnational) 현상을 낳고 있다. 특히 동북아시아는 지리적 인접성, 공통의 역사-문화적 경험, 협력과 공존의 필요성 등으로부터 연유하는 초국가적 사고와 움직임이 활성화되고 있다. 이런 동북아에 대한 이해를 심화, 확대하고 새로운 해석과 전망을 제공하기 위해서는 국가별 연구나 학문 분과의 분절적 연구를 넘어 동북아시아를 분석의 단위로 삼는 다학문적·학제적 연구가 요청된다.

동북아시아 연구가 갖는 실천적 의미는 매우 중요하다. 주지하듯이 동북아시아는 세계의 어느 지역보다도 급속한 변화와 발전상을 보여 주고 있음에도 불구하고, 여전히 근대성의 문제와 냉전의 구도에 얽매여 있는 곳이다. 20세기 전반기의 제국주의 침략과 식민 경험은 오늘에도 국가적·민중적 기억을 지배하고 있다. 냉전의 산물인 남북 분단과 북한의 핵 위협은 동북아시아의 커다란 불안 요소가 되고 있다. 국가 간 역사 및 영토 분쟁 또한 동북아의 평화로운 발전에 장애로 남아 있다. 그러나 우리는 불편한 역사적 경험과 현재의 불안정이 다른 한편으로 동북아시아의 여러 구성 요소들을 상호 긴밀히 연결시키고, 그로부터 문제 해결을 위한 공통의 기반이 마련될 수 있음에 주목한다. 동북아시아는 대립과 갈등의 무대이기도 하지만 평화와 공존의 모색을 위한 토대이기도 하다. 이제 동북아 연구는 동북아가 처한 현실을 객관적으로 진단하고, 평화로운 미래를 건설하는 시대의 요청에 부응하지 않으면 안 된다.

고려대학교 아세아문제연구소(이하 아연)는 대표적인 동북아시아 지역 종합 연구소로서 학제 간 연구를 통한 동북아 지역 연구를 이끌어 왔다. 1957년 설립된 이래 아연은 구한국 외교문서와 공산권 연구 총서 및 동아시아 연구 총서, 중국 연구 총서, 한일 공동 연구 총서, 민주주의 총서 등 연구 성과의 체계적 집성을 통해 학문적 차원에서 현실을 진단하고 바람직한 미래의 방향을 전망하는 대학 연구소의 역할을 충실히 수행해 왔다. 2008년부터는 한국연구재단의 '인문 한국'(HK) 사업 해외지역학 분야의 지원 기관으로 선정되어, '동북아시아의 초국가적 공간: 사상·사회·문화·제도의 교류와 재구성'이라는 연구 어젠다를 중심으로 10년 기간의 대규모 프로젝트를 진행하고 있다. 이제 아연은 지난 50여 년 동안 축적된 연구 경험과 현재 진행 중인 '인문 한국' 사업의 성과, 각종 동북아 지역 연구 지원, 국내외 소장 학자 교류 지원 프로그램 등을 기반으로 해 〈아연동북아총서〉를 발간한다. 이 총서의 성과가 동북아 공동의 문제를 해결하고 조율하며 바람직한 미래를 모색하는 장이 될 수 있기를 기대하면서, 관심 있는 분들의 격려와 질정을 바란다.

아세아문제연구소장 이종화

서장

왜 지금 가지무라 히데키인가

홍종욱

1. 가지무라 히데키를 다시 읽는다

식민지 반봉건사회론과 내재적 발전론. 이 두 가지만큼 1980년대 한국의 지식 사회를 달군 개념도 많지 않을 것이다. 21세기 오늘날까지도 길게 그림자를 드리우고 있는 이들 개념이 한국에 자리를 잡은 경위를 살피다 보면 우리는 한 사람의 일본인 역사학자와 조우하게 된다. 이름하여 미촌수수(梶村秀樹), 즉 가지무라 히데키(1935~1989)이다. 1980년대 과학적·실천적 역사학을 지향한 한국 근대사 연구에 있어 중요한 이론적 참조 축이었던 가지무라 히데키. 민주화 운동의 열기 속에 사상계를 강타한 한국 자본주의 논쟁의 숨은 주역이기도 했던 그였지만, 어느덧 미촌수수라는 이름은 우리의 기억 뒤편으로 물러나고 말았다.

현재 한국의 역사학계에서는, 가지무라와 거의 같은 시대를 살아온 근대사 연구의 두 거장 강만길 씨와 김용섭 씨의 자서전과 회고록이 각각 2010년과 2011년에 출판된 것과도 맞물리면서, 내재적 발전론에 입각한 연구를 역사화 하는 작업이 조심스럽게 진행되고 있다. 한편 일국사적 발전단계론에 대한 비판이 일찍 찾아온 일본의 조선사학계에서는 이미 1980년대 후반 가지무라 히데키로 대표되는 내재적 발전론에 대한 비판이 본격적으로 행해진 바 있다. 그 후 국민국가론, 식민지근대론이 확산되면서 민족으로 환원되기 어려운 다양한 주체가 주목을 받게 된 것은 일본과 한국에서 공통적으로 나타난 현상이다. 그러나 한·일 양국에 걸쳐 식민 지배를 부인하고자 하는 폭력과 식민지 경험의 상흔을 외면하고자 하는 욕망이 뒤엉켜 일어나면서, 식민지-주변부를 살아낸 한국의 근현대사를 어떻게 기술할 것인가의 과제가 방향을 잃고만 것 또한 사실이다.

바로 여기에 누구보다도 앞서 식민주의를 고발하고 또 민중의 식민지 경험을 무겁게 받아들이고자 한 가지무라 히데키의 삶과 학문을 재음미하는 의의가 있다고 할 것이다. 사적 유물론의 공식적·기계적 적용, 혹은 인민투쟁 사관의 답습이라는 오해를 걷어 내고 가지무라 사학의 풍부한 고민을 다시 읽어냄으로써, 식민성과 근대성 사이를 맴돌고 있는 지금의 근대사 연구를 탈구축하기 위한 실마리를 찾을 수 있지 않을까 기대한다.

2. 전후(戰後) 일본의 조선사 연구와 가지무라 사학

역사학 또한 역사의 산물이다. 가지무라 사학에 대해서도 최종적인 이론적 구성물의 완성도를 재기보다는 자기 부정을 거듭하면서 운동해 간 역사학의 역사를 그리는 것이 보다 의미가 있지 않을까 생각한다. 이러할 때 가지무라 사학을 일본의 '전후 역사학', 특히 그 가운데서도 조선사 연구의 흐름 속에 위치 짓는 것은 반드시 짚어야 할 수순이다.

이 책 2장에서 1950~60년대 일본에서 조선사 연구가 재개되는 단계에서 전전(戰前)의 사학사에 대한 상이 형성되는 과정을 다룬 미쓰이는, 하타다 다카시(旗田巍)가 전전의 조선사학을 '비인간적 학문'으로 비판하면서도 문헌 비판과 사실 고증의 엄밀함을 '계승'하고자 함으로써 제도적 아카데미즘이야말로 비인간적 학문을 낳은 원인이었다는 데까지는 생각이 미치지 않았음을 밝혔다. 가지무라에 대해서는 조선인의 주체성에 주목한 점을 평가하면서도, 역사학을 '민족해방 투쟁'과의 거리를 기준으로 서열화한 점, 그리고 그 역시 '학문의 근대성' 자체에 대한 비판은 부족했던 점을 지적했다.

전전 하타다와 그가 속한 역사학연구회는 황국사관, 즉 '윤리'로서의 국사 연구 및 교육에 대항하여 '과학'으로서의 역사학을 정립하고자 하였다. 전후 하타다가 '계승'하고자 한 것은 바로 그 지점이었다고 생각된다. 그렇다면 때로는 하타다와 갈등을 빚기도 하면서 조선의 주체성과 일본의 책임을 강조한 가지무라의 역사학은 어떻게 평가할 수 있을까. 일본·일본인이라는 피구속성을 자각하면서도 조선·조선인이라는 타자의 주체성을 놓치지 않고자 한 가지무라. 그가 추구한 것은 '과학'이자 '윤리'인 역사학이 아니었을까.

재일 조선인 역사학자 안병태(安秉珆)는 1971년의 글에서 일본에서의 조선사 연구를, 일본 제국주의가 조선사에 가한 왜곡의 철저한 비판과 시정, 전전의 이른바 '과학'적 조선사 연구를 지배한 결함 및 그 전후적 계승에 의한 연구를 비판적으로 검토(제1단계의 연구 방향), 조선 사회의 내재적 발전을 이론적·실증적으로 밝힘(제2단계의 연구 방향), 아시아적 본원적 소유에 바탕한 아시아 원시공동체 사회의 분석을 출발점으로 하여 아시아의 사회주의 사회에 이르는 아시아에서의 이행 법칙을 밝힘(제3단계의 연구 방향) 등 세 단계로 나누어 설명하고, 가지무라의 연구를 제2단계의 연구 방향에 해당하는 것으로 평가한 바 있다(安秉玲 1971, 83).

미야지마 히로시(宮嶋博史)는 1984년의 글에서 동아시아 지역의 근대로의 이행을 둘러싼 일본에서의 논의를 제1기의 '앞선 일본, 뒤쳐진 중국'이라는 이미지가 지배했던 시기, 제2기의 1960년대 전반에서 후반까지의 '앞선 중국, 뒤쳐진 일본'의 시기로 정리한 뒤, 중국 및 북한의 사회주의가 혼미를 거듭하는 반면, 한국·대만·홍콩·싱가포르 등 이른바 NICs의 발전이 두드러지는 상황에서, 1980년대 제3기를 맞아 새로운 시좌가 요청된다고 주장했다. 그리고 가지무라에 대해서는 제2기의 문제의식을 극복하지 못했다고 비판했다(宮嶋 1984, 9-14).

나미키 마사히토(並木真人)는 1990년의 글에서 전후 일본의 조선사 연구의 흐름에 대해 '정체론·타율성 사관과의 격투'를 통한 '내재적 발전론의 확립'을 거쳐 '내재적 발전론의 동요'에 이르게 되었다고 정리하고, '내재적 발전론 극복의 시도'로서 요시노 마코토(吉野誠)와 미야지마 히로시의 역사학에 주목하였다. 나미키 역시 '보편적 발전 법칙에 바탕한 서구적 근대를 전제로 하는 역사상'에서 벗어나지 못했다는 점에서 가지무라의 역사학을 극복의 대상으로 보았다(並木 1990).

이상의 논의들은 단계 구분의 초점과 기준은 조금씩 다르지만 가지무라로 대표되는 내재적 발전론을 모두 제2단계에 위치 짓고 그것을 넘어서는 제3단계의 새로운 역사학의 필요성을 제기하고 있는 점에서 공통된다. 여기서 비판한 내재적 발전론은 일국사적 발전단계론으로서의 그것이었다. 흥미로운 것은 가지무라 스스로도 내재적 발전론을 단계 구분하고 있었다는 점이다. 그에 따르면 제1단계는 '침략사의 공부'를 진행하던 시기였고, 제2단계에 대해서는 내재적 발전론의 체계화에 성공했지만 "'훌륭한 순수 조선'을 그린 나머지 … (중략) … 말하자면 객관주의 내지 허울 좋은 말의 혐의가 있었다."고 평가했다. 그리고 '로맨틱한 민족상'이 아니라 '등신대의 민중'을 발견함으로써 새로운 제3단계에 들어설 수 있었다고 설명했다(梶村秀樹 1974, 108-125). 이 책 1장에서 강원봉은 가지무라 사학이 새로운 전개를 보이게 된 계기로서 '김희로 사건' 등 재일 조선인의 삶에 대한 발견을 들고 있다.

가지무라의 내재적 발전론은 적어도 일국사적 발전단계론적 경향에 대한 자기비판을 담고 있었다. 이 책에서는 가지무라가 자기비판에도 불구하고 혹은 철저한 자기 부정을 통해서 비로소 지키고자 했던 내재적 발전론의 핵심은 무엇인가, 그리고 이른바 안병태, 미야지마, 나미키의 제3단계와, 가지무라의 제3단계는 무엇이 같고 또 무엇이 다른가에 주목하고자 했다. 3장에서 홍종욱은 가지무라와 안병태의 문제의식이 그다지 떨어져 있지 않았다고 보았고, 5장에서 도베는 가지무라의 만년의 저작에 보이는 국가와 민중에 대한 관심에 착목함으로써 가지무라 사학에 담겨 있던 새로운 가능성을 조명하였다.

3. '내재'한다는 것은 무엇인가

'내재적 발전론'의 '내재'라는 말은 역사의 동인을 주변 강대국의 간섭에서 찾고자 하는 타율성론에 대한 비판에서 비롯된 것이지만, 그렇다고 해서 내부와 외부를 뚜렷이 나눈 뒤 거꾸로 역사의 모든 동인을 내부에서만 찾고자 한 것은 아니었다. 이는 3장에서 홍종욱이 주목하고 있듯이, 가지무라가 도야마 시게키(遠山茂樹)의 '동아시아 역사상'을 원용하면서 이른바 내인(內因) 비교론을 비판하고 외압의 중요성을 강조하고 있는 데서도 알 수 있다.

그렇다면 '내재'라는 말은 무엇을 의미하는가. 한 민족의 역사를 내재적으로 그린다는 것은 민족의 주체성을 인정한다는, 즉 자기 부정의 과정으로서의 역사가 존재한다는 것을 인정한다는 의미가 아닐까 생각한다. 근원적으로는 비유럽 지역을 역사가 없는 혹은 역사가 멈춰선 곳으로 보았던 오리엔탈리즘에 대한 비판과 일치하며, 경우에 따라서는 사회주의권 연구에 있어서 비정상, 비합리라는 선입견을 걷어내고자 했던 이른바 '내재적 접근'의 문제의식과도 겹치는 부분이 있다고 할 수 있다.

초월적인 시각에서 왜곡과 결여를 부각시키는 것이 아니라 내재적인 시각에서 있는 그대로의 역사를 그리고자 하는 태도로서 내재적 발전론을 이해한다면, 1986년의 글에서 가지무라가 내재적 발전론을 가리켜 '말하자면 지극히 당연한 것'이라고 칭한 의미도 쉽게 받아들일 수 있을 것이다(梶村 1986, 165). 8장에서 내재적 발전론에 대해 내부/외부가 아닌 내재/초월이라는 구도를 제시한 차승기는, 투고 논문에서 '내재적'의 영문 번역으로서 'immanent'를 채택한 바 있는데 다분히 초월적이라는 뜻의 'transcendent'를 의식한 결과로 생각된다. 이와 관련해서는 가지무라 스스로도 '초월 비판'이 아닌 '내재 비판'의 중요성을 강조하곤 했다는 회고담이 남아 있어 흥미롭다(丸岡 1990, 73). 다만 가지무라가 '내재적'의 번역으로 'immanent'라는 단어를 생각하고 있었는지는 알 수 없으며, 그 대신 자신의 이름으로 발표된 영어 논문에서 내재적 발전론이 'development from within'으로 번역되어 있는 것이 확인될 따름이다(KAJIMURA 1974).

다키자와 히데키(滝沢秀樹)는 가지무라에 대해 "남조선의 사회와 변혁 운동을 보는 눈은 어딘가 '외재적'인 것처럼 생각된다."고 비판하면서, 그 이유로서 가지무라의 '내재적 발전론'이 '전조선적 혁명 과제'를 중시하는 점을 들었다(滝沢 1996, 182). 다키자와가 말하는 '외재적'이란 '초월적' 혹은 '선험적'과 같은 의미로서, 가지무라가 한국의 경제발전이라는 현실을 있는 그대로 받아들이지 못하고 있다는 지적이었을 것이다. 그렇다면 가지무라가 생각하는 한국 자본주의를 분석하기 위한 내재적인 시점은 무엇이었을까. 남과 북 어느 한 쪽만이 아닌 통일 조선이라는 시점, 그리고 정부나 재벌기업만이 아닌 민중을 중시하는 시점이야말로 가지무라가 견지하고자 한 내재적 시점이었다. 어찌 보면 이는 옳고 그름의 문제가 아니라 무엇이 역사인가라는 태도의 문제에 가깝지 않은가 생각된다. 다만 이를 통해 가지무라는 1980년대 한국의 자본주의적 발전에 대한 예찬으로 흐르지 않고, 또 북한의 현실에 대해서도 거리를 둘 수 있었다는 점만은 기억하고자 한다.

물론 7장에서 조관자가 지적하듯 동아시아의 '진보진영의 네트워크'가 공유한 내재적 발전론이라는 기획이 또 하나의 초월적 시점으로서 기능한 것도 사실이다. 특히 북한 정권에 대한 비판이 제대로 이뤄지지 않은 점이 중요하게 지적되고 있는데, 바로 다름 아닌 내재적 발전론 자체에 대한 내재적 비판이 필요한 지점이며, 가지무라 역시 이로부터 자유롭지 못할 것이다. 물론 내재적인가 초월적인가의 문제는 본질적인 구분이 존재한다기보다 특정한 국면에서의 발언자의 자세나 담론의 효과에 의해 평가될 수밖에 없다. 이러할 때 가지무라의 다음과 같은 언급은 많은 것을 생각하게 한다. "내가 전혀 언급하지 않는 것도 몇 가지 있다. 그것은 생각하지 않아서도 말할 용기가 없어서도 아니라 굳이 말하지 않겠다고 결의했기 때문이다."(吉野 1990, 125).

여기서 강렬히 의식되고 있는 것은 조선사를 연구하는 일본인의 주체성의 문제일 것이다. 외부자이기에 오히려 내재적 시점을 가질 수 있다는 역설은 이광수에 대해 "『內鮮一體隨想錄』이라는 팸플릿은 그 필사적임에 압도되어 일본인으로서는 충격 없이는 읽어낼 수 없는 역사적 문헌"(梶村 1977b, 313)이라고 평가하고 있는 데서 엿볼 수 있다. 그리고 이러한 일본인으로서의 피구속성의 자각은, "적어도 우리 일본인 연구자가 일본 제국주의 비판을 놔두고 경솔하게 '친일파' 규탄 등을 할 수 없다."는 나미키 마사히토의 태도로 이어진다(並木1993, 34). 8장에서 차승기는 일본·일본인이라는 외부자로서 가지무라가 견지하고자 한 조선·조선인에 내재하는 시점이야말로 '기원'으로서의 내재성이 아니라 '관계'로서의 내재성을 발견할 수 있게 해준다고 분석했다. 한국 민중을 바라보는 가지무라의 시선에 대한 4장의 강원봉의 분석을 통해서도, 한국을 내재적으로 비판하고자 하는 노력이 동시에 일본 사회에 대한 내재적 분석을 가능케 했음을 확인할 수 있다.

4. '이념형'으로서의 민중, '만신창이'로서의 민중

가지무라는 1977년에 낸 『조선사, 그 발전』이라는 책의 맺음말에서 "'조선 민중'이라는 '이념형'을 세워 그것의 역사 속에서의 구체성을 검증하는 방법을 취했다."고 밝혔다(梶村 1977a, 217). 이에 대해 미야지마 히로시는 근대로의 이행의 추진 주체를 둘러싼 가지무라와 안병태의 논쟁에 대해 언급하면서 "애시 당초 이념형으로서 파악될 수 없는 것이 민중이 아닐까."(宮嶋 1990, 127)라고 의문을 던진 바 있다.

가지무라는 결코 패배하지도 오류를 범하지도 않는 민중이라는 환상을 갖고 있었던 것일까. 위에 언급한 '이념형'으로서의 민중에 대한 설명 바로 앞의 "정당한 것, 깨끗한 것이 꼭 이기는 것만이 역사가 아니라는 것을 조선 근대사는 전형적으로 보여 준다."(梶村 1977a, 216)는 대목을 보면, 일단 가지무라의 인식이 그리 단순한 것만은 아님을 알 수 있다. 나아가 가지무라는 이미 1960년대 말의 시점에서 자신의 역사학을 "만신창이가 되어서도 주체성을 추구하는 존재로서 인간·사상을 그 독자적으로 추구하는 것"이라고 위치 짓고 있었다(梶村 1969, 205).

와다 하루키(和田春樹)는 가지무라 사후 바친 추도문에서 가지무라의 역사학을 '민중에의 신념과 기도'라고 총괄하였다. 즉 가지무라가 말하는 '이념형'으로서의 민중이란, 비록 '만신창이'라 하더라도 그러한 민중의 입장에서 역사를 서술하겠다는, 아니 그러한 것이야말로 역사학이라는 신념에 다름 아님을 깨닫게 된다. 그리고 이러한 믿음으로부터 비로소 역사학의 윤리 혹은 책임이 운위될 수 있는 근거가 생겨나는 것이다. 이는 일본의 민중사상사를 개척한 야스마루 요시오(安丸良夫)의 "역사를 추동하는 근원적인 활동력은 민중 자신"이라는 신념과도 상통한다(도베 2009, 425). 흥미로운 것은 가지무라의 '이념형'으로서의 민중을 비판한 미야지마 히로시가 같은 글에서 "이념형으로서 파악된 일본의 민중의 역사를 그린다면 과연 어떤 것이 될 것인가."(宮嶋 1990, 127)라고 우려 섞인 의문을 던졌다는 점이다. 그리고 미야지마는 최근의 글에서 야스마루의 연구를 동아시아적 관점이 결여되어 있다고 비판한 바 있다(宮嶋 2010).

한국과 일본을 넘나드는 민중에 대한 신념은 역사학이란 무엇인가라는 보편적 고민과 맞닿아 있다. 미야지마의 문제제기는 그 보편성의 소중함을 인정하면서도 그것이 자칫 보편주의라는 또 하나의 초월적 시각으로 전화될 우려를 지적하고 있는 것이라고 할 수 있다. 물론 양자는 끊임없이 소통해 왔으며, 실제로도 한국의 근현대사를 파악하는 데 있어 상호보완적인 관계에 있다고 평가하고 싶다. 즉 소농사회론에서 시작되어 유교적 근대론으로 이어지는 미야지마 사학이 전통사회로부터 현대에 이르는 한국 사회의 본질을 꿰뚫는 통찰력을 보여 주고 있다면, 가지무라 사학은 한국 자본주의의 이면이자 어쩌면 그 역동성의 근원인 민중에 주목한다. 내외의 지배세력에게 완전히 포섭되어 있는 듯이 보이다가도 때로는 100만의 촛불로 일어서는 민중의 삶을 가지무라 사학만큼 잘 설명하기도 어려울 것이다.

5. 근대의 주변, 주변의 근대

한국 사회에서 식민지성, 주변성의 문제는 조금 더 진지하게 곱씹어질 필요가 있다. 반일 감정이 넘쳐나고 자칫 국수주의적인 경향마저 드러나고 있는 판국에 무슨 소리냐는 의견도 있을 수 있겠지만, 정작 한국이 왜 식민지가 되었는가, 그리고 식민지는 우리에게 무엇을 남겼는가에 대한 고찰은 여전히 부족하다는 생각이 든다.

해방 이후 한국의 역사학은 식민사학에 의해 심어진 무력함을 씻어 내고 민족 주체성을 회복하는 데 복무해 왔다. 자본주의 맹아를 비롯한 자주적 근대화의 움직임이 주목되었고, 이러한 움직임은 안타깝게도 식민 지배로 인해 꺾어진 것으로 설명되었다. 그러나 정작 중요한 문제인 왜 식민 지배를 받게 되었는가에 대한 분석은 일제의 잔학함이나 교활함에 대한 고발로 대신 되어 온 감이 있다. 그러한 가운데 자본주의 맹아론의 '부조적 수법'을 비난하면서 예컨대 '유교주의' 등 식민지로 전락한 내재적 원인을 찾고자 한 안병태의 모색은 식민사학의 부활로 비판받았다(편집부 1982, 39; 吳美一 1987, 155). 결국 남는 것은 힘의 논리였다. 힘이 부족하여 식민지로 전락했으니 주체를 회복하는 길은 실력 양성이건 무장투쟁이건 힘을 기르는 일이었다. 그러나 힘에 대한 숭상도 무력함에 대한 한탄과 마찬가지로 식민주의, 제국주의에 대한 근원적인 비판이 될 수는 없다.

가지무라는 한국이 왜 식민지가 되었는가를 과학적인 방식으로 설명하고자 애를 썼다. 물리학이나 화학의 실험 결과를 연상시키는 그래프까지 동원해 가며, '결정적인 정치 변혁의 시점'에서의 정치·군사적 외압의 크기에 따라 한·중·일 3국이 각각 제국주의와 식민지로 '양극 분해'되는 과정을 분석했다(梶村 1981a). 동시에 가지무라는 이를 세계 자본주의 속에서의 중심과 주변의 관계로 확대시켜 주변부에서의 발전 법칙을 규명하고자 했다(梶村 1981b). 다만 일반이론화에는 난점이 존재했고 이 난점을 지적하고 나온 것이 동아시아의 특수성에 주목한 미야지마의 틀이었다(宮嶋 1984). 가지무라의 연구건 그에 대한 미야지마의 비판이건 행여 조선의 정체성이나 후진성이라는 결론으로 귀착될 수 있는 논리는 처음부터 의식적으로 회피되었다. 이런 자세가 한국이 왜 식민지화되었는가에 대한 심도 있는 분석을 추동하고, 나아가 제국주의·식민주의를 넘어서는 새로운 지평을 열어젖히게 된 것이다.

식민 지배를 부인하고자 하는 폭력만큼이나 위험한 것이 식민지 경험을 잊고자 하는 욕망이다. 가지무라는 "국제적인 힘, 지배자의 논리가 일단 내부에까지 들어와 버렸다. 이를 없었던 것으로 하고 순수 민족적인 것을 낡은 향수의 세계에서 구하기만 해서는 현실로부터 멀어지고 만다."(梶村 1974, 124)는 말을 남긴 바 있다. 강원봉이 1장에서 소개하고 있듯이, 가지무라를 가리켜 포스트 콜로니얼 역사학을 선취하고 있었다고 본 이타가키 류조(板垣雄三)의 평가에 고개를 끄덕이지 않을 수 없다. 역시 강원봉이 4장에서 서술하고 있듯이, 가지무라는 한국을 '세계의 하수구'에 비유하면서 그와 같은 '세계사적 사명'을 회피하지 말 것을 주장한 함석헌의 사상에서 충격을 받는다. 그리고 바깥 문명을 따라잡으려 하지 않고 그렇다고 독립 문명으로 향하는 몽상에도 젖지 않으면서, 주변성 가운데서 자세를 가다듬는 제3의 길을 제시하였다(梶村 1985a, 161-162). 미야지마 역시 '문명주의'도 '민족주의'도 아닌 '주변적 입장의 고지(固持)'라는 '제3의 입장'의 중요성을 최근 지적한 바 있다(宮嶋 2012, 21).

한국 사회에 필요한 것은 식민지성, 주변부성을 직시하는 용기이다. 힘의 논리를 좇아 내달아 온 결과 선진국 문턱에 다다른 한국 사회. 가지무라와 미야지마의 주장은 식민지 경험에 무자각적이고 나아가 자신의 주변적 입장에도 무감각해져 가는 한국 사회의 현실에 대한 경고일 수 있다. 이와 같은 식민지성, 주변부성에 대한 자각은 사회 저변의 민중의 처지에 대한 이해로 이어질 것이다. 즉 '문명주의' 혹은 '민족주의'가 주변부의 해방을 가져올 수 없듯이, 민중의 해방 또한 억울하면 출세하라는 식의 논리가 아닌 민중의 삶에 대한 천착으로부터 비로소 열려질 것이기 때문이다.

1970~80년대 동아시아의 경제발전, 즉 이른바 NIEs의 대두에 자극을 받아 일본에서의 한국 근대사 연구는 새로운 패러다임을 모색하게 된다. 하지만 그 와중에서도 가지무라는 1960년대의 문제의식을 낡은 것으로 치부하는 풍조에 이의를 제기했다(梶村 1985b, 102). 아마도 그 탓일까, "조선

문제를 파악하는 방식을 놓고 젊은 사람들의 감각에 대해 가지무라 씨는 상당히 강한 위화감을 갖고 있었다."는 회고담이 전한다(矢沢 1990, 133). 눈앞에 펼쳐지는 한국의 눈부신 고도성장에도 불구하고 민중을 얘기하고 주변부성에 집착하는 가지무라의 태도는 낡은 것으로 비춰졌을 것이다.

그러나 그로부터 다시 20년 이상 지난 지금, 1980년대를 훨씬 뛰어넘는 경제성장에도 불구하고 밖으로는 미국과 중국의 패권 사이에서 흔들리며, 안으로는 날로 심화되는 양극화 문제로 신음하고 있는 한국 사회를 직시한다면, 역설적으로 가지무라 사학이 더 이상 낡은 이론이 아님을 인정할 수밖에 없을 것이다. 21세기 한국 사회에서, 함석헌의 낮은 곳으로부터의 호소와 가지무라의 주변부와 민중에 내재한 시점을 낡았다고 이야기할 수 있는 이가 과연 얼마나 있겠는가.

6. 가지무라 히데키 연구회의 발걸음

가지무라를 다시 읽고자 하는 움직임은 일본의 한국사 연구자들 사이에서 거의 동시적으로 다수 존재한 것으로 알고 있다. 이번에 이 책을 내게 된 연구회도 그 중의 하나로서 출발했다. 직접적인 계기가 된 것은 가지무라 히데키를 다룬 강원봉의 석사논문이었다. 강원봉이 도쿄(東京)외국어대학 박사과정에 입학한 후 몇몇이 모여 가지무라의 글을 읽는 모임을 시작했다. 수차례의 시행착오 끝에 지금까지 이어지는 연구회가 첫 모임을 가진 것은 2006년 11월이었다. 처음 멤버는 강원봉(姜元鳳), 도베 히데아키(戸邉秀明), 차승기(車承棋), 최태원(崔泰源), 홍종욱(洪宗郁), 히라야마 아키

히로(平山陽洋) 등이었다. 2007년 5월부터 미쓰이 다카시(三ッ井崇)가, 2009년 2월부터 조관자(趙寬子)가 참가하여 멤버는 8명이 되었다. 연구회는 기본적으로 가지무라의 저작집을 중심으로 하여 때로는 저작집에 수록되지 않은 글도 함께 읽는 방식으로 운영되었다. 도쿄를 거점으로 하여 시작된 연구회였지만 시간이 지남에 따라 멤버들이 서울, 교토, 홋카이도 등으로 흩어지게 된 탓에 자주 만나기는 어렵게 되었다.

전기가 된 것은 2010년 가을 고려대학교 아세아문제연구소의 〈동북아총서〉 출판 지원 사업으로 선정된 일이다. 그 후 가지무라 관련 논문을 엮은 단행본 발간을 목표로 정하고, 가지무라의 글을 계속 읽어감과 동시에 각자 주제를 선정하여 논문 집필에 착수하였다. 2011년 가을에는 홋카이도에서 2박 3일간 합숙하면서 각자의 논문 구상을 발표하고 서로 비평을 주고받는 소중한 시간을 가졌다. 모두 고려대학교 아세아문제연구소의 지원이 있었기에 가능한 일이었다. 이내영 전 소장님을 비롯하여 관계 제위께 깊이 감사드린다. 또한 2012년 여름에는 고려대학교 아세아문제연구소 주최의 국제 심포지엄 안에 가지무라의 역사학에 관한 세션이 설치되어 연구회 멤버 중 일부가 논문을 발표하는 기회도 허락되었다. 이후 공동 연구의 성과물을 각자 한국과 일본의 학술지에 투고하여 학계의 평가를 구하는 동시에 이렇게 한 권의 책으로 엮어 내게 되었다. 최태원과 히라야마가 개인사정으로 논문을 집필하지 못한 점을 아쉽게 생각한다. 이것으로 연구회 활동은 일단락을 짓게 되지만 앞으로 기회가 된다면 저작선집 등의 형태로 가지무라의 글을 한국에 체계적으로 소개하고 싶은 바람을 갖고 있다.

참고문헌

安秉玲. 1971. "朝鮮近代史研究上の問題点 -ブルジョア変革についての諸説検討-."『思想』570.
梶村秀樹 외. 1969. "座談 日本と朝鮮(そのまとめと展望)." 旗田巍 編.『シンポジウム・日本と朝鮮』. 東京: 勁草書房.
梶村秀樹. 1974(1993). "朝鮮史研究の方法をめぐって."『梶村秀樹著作集 第2巻 朝鮮史の方法』. 東京: 明石書店.
梶村秀樹. 1977a.『朝鮮史 その発展』. 東京: 講談社.
梶村秀樹. 1977b(1993). "日本帝国主義の問題."『梶村秀樹著作集 第2巻 朝鮮史の方法』. 東京: 明石書店.
梶村秀樹. 1981a. "東アジア地域における帝国主義体制への移行." 冨岡倍雄・梶村秀樹.『発展途上経済の研究』. 東京: 世界書院.
梶村秀樹. 1981b. "旧植民地社会構成体論." 冨岡倍雄・梶村秀樹.『発展途上経済の研究』. 東京: 世界書院.
梶村秀樹. 1985a(1993). "'やぶにらみ'の周辺文明論."『梶村秀樹著作集 第2巻 朝鮮史の方法』. 東京: 明石書店.
梶村秀樹. 1985b. "歴史の発展は幻想だろうか." 菅孝行.『モグラ叩き時代のマルキシズム』. 東京: 現代企画室.
梶村秀樹. 1986(1993). "朝鮮近代史研究における内在的発展の視角."『梶村秀樹著作集 第2巻 朝鮮史の方法』. 東京: 明石書店.
滝沢秀樹. 1996. "「内在的発展論」と'内在的視角'."『歴史としての国民経済』. 東京: 御茶の水書房.
並木真人. 1990. "戦後日本における朝鮮近代史研究の現段階."『歴史評論』482.
並木真人. 1993. "植民地期朝鮮人の政治参加について -解放後史との関連において-."『朝鮮史研究会論文集』31.
丸岡洋司. 1990. "梶村流「内在批判」."『梶村秀樹著作集 別巻 回想と遺文』. 東京: 明石書店.
宮嶋博史. 1984. "方法としての東アジア -東アジア三国における近代への移行をめぐって-."『歴史評論』412.
宮嶋博史. 1990. "梶村・安秉玲論争雑感."『梶村秀樹著作集 別巻 回想と遺文』. 東京: 明石書店.
宮嶋博史. 2010. "日本史認識のパラダイム転換のために -「韓国併合」100年にあたって-."『思想』1029.
宮嶋博史. 2012. "「際」を自覚した者の苦悩 -朝鮮思想史の再検討-."『言語文化』(同志社大学言

語文化教育研究センター) 15(1).
矢沢康祐. 1990. "梶村さんと朝鮮史研究会."『梶村秀樹著作集 別巻 回想と遺文』. 東京: 明石書店.
吉野誠. 1990. "梶村さんの頑固さと柔軟性."『梶村秀樹著作集 別巻 回想と遺文』. 東京: 明石書店.
도베 히데아키. 2009. "'민중사상사' 연구의 출발 -야스마루 요시오(安丸良夫)의 방법적 혁신-." 비판과 연대를 위한 동아시아 역사포럼 기획, 도면회·윤해동 엮음.『역사학의 세기』. 서울: 휴머니스트.
吳美一. 1987. "조선후기 상품유통 연구현황." 近代史研究會 編.『韓國中世社會 解體期의 諸問題(下) -朝鮮後期史 연구의 현황과 과제-』. 서울: 한울아카데미.
편집부(방기중). 1982. "內在的 發展論의 전진을 위한 方法論的 고찰 -일본의 韓國史研究 수용과 관련하여-." 姜在彦 外.『封建社會 解體期의 社會經濟構造』. 서울: 청아출판사.
KAJMURA Hideki. 1974. "HISTORY OF KOREA(B)."『ORIENTAL STUDIES IN JAPAN: RETROS PECT AND PROSPECT 1963~1972』. Tokyo: The Centre for East Asian Cultural Studies.

1장

가지무라 히데키의 사회운동과 한국사 연구

강원봉

"필경 봄볕이 내리 쬐야 하거늘
소 가듯 느릿느릿 그날이 언제인가"
- 가지무라 히데키

1. 자기 점검의 계기로서의 조선사

2002년 10월 도쿄에서 한국과 일본의 많은 역사 연구자들이 모인 가운데 '한·일 역사가 회의'의 전야제 행사로 '역사가의 탄생'이라는 공개 강연회가 열렸다. '한·일 역사가 회의'란 2001년부터 한·일 양국의 역사 연구자들이 한자리에 모여 해방 이후 갈등과 오해의 연속이었던 양국의 역사 문제를 건설적으로 풀어가기 위해 마련된 대화와 학술 교류의 장이었다.

---

* 이 글은 가지무라의 일생을 연보 형식으로 정리한 것이다. 가지무라의 한국·일본 인식이나 역사의식 및 사상에 관해서는 이 책에 수록된 각 논문을 참고하기를 바라며, 가지무라의 생애 전반에 걸친 역사 연구의 흐름과 저작 및 사상에 대한 개략적인 소개는 青柳純一(2001)와 강원봉(2004)을 참조 바람.

2002년부터는 이 회의 기간 중에 한·일 양국의 원로 역사가들이 자신들의 삶과 학문에 대해 술회하는 자리를 만들었는데, '역사가의 탄생'이라는 공개 강연회가 바로 그것이었다. 이 강연회는 한·일 양국의 역사가들 서로가 가진 문제의식을 그들의 사회와 시대정신 속에서 보다 포괄적으로 이해할 수 있게 하려는 취지에서 마련된 것으로 보인다.

아마도 한·일 양국의 역사가들이 해방 이후 처음으로 서로에게 자신을 드러내는 자리라고 할 수 있는 이곳에서, 흥미롭게도 일본 측 연사로 등장한 이타가키 유조(板垣雄三)는 강연의 상당 부분을 이미 고인(故人)이 된 한국 근현대사 연구자 가지무라 히데키(梶村秀樹, 1935~1989)에 대한 소개에 할애했다(이타가키 유조 2008, 15-31). 그는 "포스트 콜로니얼(postcolonial)이라는 말이 확산되기 훨씬 이전에 일본에서도 이 문제를 심각하게 파고 든 사람"으로 가지무라를 소개했던 것이다. 이렇듯 이타가키가 한국에 자랑스럽게(?) 소개하는 가지무라 히데키는 누구인가. 독자들 중에는 1980년대 초·중반에 간행된 한국 근현대사 연구 논문집에서 미촌수수(梶村秀樹)라는 한자 이름으로 자주 등장하는 가지무라를, 혹은 1980년대 중반 전개된 한국 사회 성격 논쟁 속에서 그의 이름이 거론된 것을 기억하는 이가 있을지 모르나, 아마도 한 번도 그 이름을 들어보지 못한 독자가 더 많을 것이다. 그러나 1960~80년대 일본의 한국사 연구자들 중 가지무라 히데키만큼 고난의 한국사에 대해 공감하며 이해하려고 노력하고 실천한 인물은 드물 것이다. 그는 1945년 이후 일본 사회의 식민주의적 한국 역사관을 극복하려는 목표 아래 새로운 한국사 연구의 흐름을 선도한 기수(旗手) 중의 한 사람이었다. 일본인에게 있어서 한국사 공부가 가지는 의미에 대하여 가지무라는 "자기 점검의 계기로서의 조선사"라고 정의한 바 있다. 그의 한·일 근현대사와 일본 사회에 대한 탈식민주의적 연구와 실천은 오늘날의 시점에서 비추어 보아도 경청할 가치가 있다. 이에 여러 독자들을 위해 가지무라의 삶을 간단한 연보 형식으로 소개하고자 한다.

2. 성장 과정(1935~1953)

가지무라 히데키는 1935년 7월 4일 도쿄에서 판사의 아들로 태어났다. 1944년 전쟁 막바지인 초등학교 3학년 때에는 시골로 소개(疎開)되어 본격적인 전시 상황을 몸으로 체험하기도 한다. 패전 직후, 바로 얼마 전까지만 해도 군국주의적인 교과서로 가르치던 교사 자신이 학생들에게 그 교과서 내용에 모조리 먹칠을 하도록 지시했을 때, 가지무라는 동시대의 다른 학생들과 마찬가지로 가치관의 혼란과 기성세대들의 권위에 대한 의문을 품게 된다. 중학시절 동기들에게 가지무라는 살결이 희고 조그마한 체구에 짱구머리를 하고 있어 '간디'라는 별명으로 불린, 체육과 예능에는 별로 소질이 없었지만 수학에서 발군의 실력을 보인 아이로 기억되고 있다. 10살 나이에 어머니를 잃은 데다 부친의 잦은 전근으로 중학 1학년 때까지 총 9번의 전학을 경험한 가지무라는 조용하고 수줍음 많은 소년이었다. 고등학교 시절에도 성격은 여전히 조용하며 눈에 띄지 않는 스타일이었으나, 수학과 물리학에서는 발군의 재능을 발휘하였다. 또한 곤충 수집에도 관심을 가져 곤충 동호회 활동에도 열심이었는데, 동호회 활동은 대학원 시절까지 이어진다. 1990년대 초반에 출간된 전 7권의 '가지무라 히데키 저작집'의 전권 표지에 등장하는 곤충 스케치는 가지무라가 동호회 활동 시절에 직접 그린 것이기도 하다.

3. 대학 시절(1954~1963)

1954년 가지무라는 도쿄대학에 입학했으나 결핵으로 1년간 휴학하여 본격적인 대학 생활은 1955년부터 시작된다. 이때 가지무라는 근대사에 관심 있는 학생들과 독서회를 시작했는데 당시 일본의 대학가에는 마르크스나 모택동의 저작을 읽는 독서회가 유행하고 있었다. 그는 당시 인기 있었던 모택동 전기(傳記)에 대한 의견 발표에서 그 전기 내용이 일방적인 찬양조라며 비판적 입장을 보였는데, 동기생에 의하면 수줍어하면서 발표했지만 가차 없이 평가를 내리는 그 태도가 인상적이었다고 한다. 폐병으로 1년간 휴학한 탓인지 동기생들에게 비친 첫인상은 비쩍 말라 해골 같았다고 한다. 그리고 항상 웃고 있는 모습이었으나 그 웃음은 상당히 냉소적인 것이었고 무언가 압축된 열정을 내부에 품고 있어 폭발 직전 같은 인상이었다고 한다. 가지무라 자신의 회고에 의하면 자수성가한 아버지의 엄격한 태도와 1남 4녀 중 유일한 아들인 그에 대한 과잉보호 속에서 성장하여 늘 탈출구를 찾고 있었다고 한다. 한국사 연구라는 당시로서는 매우 보기 드문 선택을 한 것도 그 탈출의 일환이었다고 말하고 있다. 1958년 초엽 독서회에서 님 웨일즈의 『아리랑』에 대한 감상을 열정적으로 발표하는데, 이때부터 한국 근현대사에 대한 관심을 분명히 보이게 된다. 가지무라의 평생 친우인 강덕상(姜德相) 씨에 따르면 가지무라는 『아리랑』의 주인공인 김산에 매료되었으며 이러한 인물을 낳은 한국과 그 역사에 대하여 강한 관심을 가지게 되었다고 한다. 마침내 그는 1958년 강덕상, 미야타 세쓰코(宮田節子) 등과 함께 '조선근대사료연구회'(朝鮮近代史料硏究會)를 만들어 전(前) 조선총독부 관리들의 인터뷰 작업 등을 벌이게 된다. 그는 이들 전 조선총독부 관리들과의 무수한 논쟁을 거쳐 단련되어 가면서 본격적인 한국 근현대사 연구자의 길에 들어서게 된다. 한국어 공부는 학부를 마칠 무렵인 1950년대 후반부터 한국사 관련 문헌을 읽어야 한다는 실용적 동기에서 조금씩 시작했다. 당시에는 한일사전이 없었고 구할 수 있는 것은 한영사전밖에 없어서 그것과 영어사전을 대조해 가면서 공부했다고 한다. 한국어 회화는 대학 기숙사의 친구, 전 조선총독부 교원 및 말단 관리, 같은 전공자, 단기간 일본에 체류한 한국인 여성, 한국 라디오 방송 등을 통해서 공부했을 뿐으로, 한국어에 대한 정규 교육은 받은 적이 없었다. 당연히 한국어 악센트는 서툴 수밖에 없었다. 가지무라는 이렇게 독학으로 시작한 한국어를 끊임없이 연마하여 1973년에는 김구의 『백범일지』를 번역하여 상까지 받게 된다.

식민주의적인 한국사 연구를 비판하고 연구의 새로운 흐름 형성을 목표로 1959년 발족한 '조선사연구회'에 참가하고 같은 해 대학원 석사과정에 입학한 것을 계기로 가지무라는 한국 근현대사 연구에 더욱 박차를 가하게 된다. 이어서 1961년에는 대학원 박사과정에 입학한다. 같은 해 "조선 문제를 일본인의 입장에서 일본인의 문제로 보며 노력"할 것을 목적으로 11월 발족한 연구·운동 단체인 '일본조선연구소'에 참가한 것은 당시 일본 사회의 왜곡된 한국(역사)관을 바로 잡는 실천 활동의 중심에 들어선 것을 의미했다. '일본조선연구소'의 중심적 인물이었던 데라오 고로(寺尾五郎)에 의하면 가지무라에 대한 첫인상은 반항적인 태도를 보이는 대단한 학식을 가진 청년이었다고 한다.

4. 1960년대의 연구와 실천[1]

1963년 초 가지무라는 대학원 박사과정을 중퇴하고 도쿄대학 동양문화연구소 조수가 되면서 정기적인 수입을 얻게 된다. 1964년에는 일본 사회의 한국과 한국역사에 대한 식민주의적인 시각을 바로 잡기 위한 대중적 책자를 제작(安藤彦太郎 외 1964)하는 한편, 각종 강연에 역사 연구자로서 참가한다. 또한 한국 근현대사에 대한 전문적 연구의 기초를 만들기 위해 한국 근현대사에 대한 개설서와 연구 입문서를 만드는 작업에도 참여한다. 이로써 식민주의적인 한국(역사)관과 대결하고 재일동포의 권익을 옹호하는 가지무라의 전 삶을 특징짓는 두 축이라고 할, 연구에 근거한 실천(운동)과 실천에 기반한 연구가 시작된다. 이 시절에 대한 일본조선연구소 관련자의 회고에 의하면 가지무라는 사람을 추종하는 스타일은 아니었으며 늘 독자적인 생각을 가지고 있었다고 한다. 가지무라의 1965~66년도 동양문화연구소 시절의 사진을 보면, 대단히 도전적이며 날카롭고 냉소적인 이미지를 강하게 풍긴다. 반면 가지무라는 자기의 잘못된 판단에 대해서는 과감히 인정하는 면도 있었다. 1965년에는 '조선사연구회'의 상임 간사가 되어 일본 내 한국사 연구의 중요한 일익을 담당하게 되었다.

1960년대 전반부터 북한의 농업 협동화 과정 등에 대해 연구·발표하던 가지무라는 1966년 갑신정변과 김옥균에 대한 북한의 역사적 평가에 대하여 상당히 대담한 비판을 가하는 논문을 발표한다(梶村秀樹 1966). 이 논문을 통해 그는 김옥균을 영웅시하면서 탁월한 지도자로 부각시키는 북

1_1960년대 가지무라의 탈식민지주의적·근대비판적 역사인식의 일단은 강원봉(2012a)을 참조.

한의 근대사 서술에 대하여 이의를 제기하고, 그 배경에 존재하는 당시 북한의 대중 동원 식의 근대화와 점점 강화되는 개인숭배에 대하여 비판한다. 동시에 한국의 당시 박정희 정부의 근대화 정책에 대해서도 일본의 메이지 유신과 같은 유형의 국가주의적 근대화라며 비판하고 있다. 당시 일본의 진보적 사상계에서 북한을 정면으로 비판하는 것은 찾아보기 힘든 상황이었던 만큼 가지무라의 투명한 연구자적 열정을 엿볼 수 있는 부분이다. 이 때문인지 가지무라는 한반도를 바라보는 데 있어서 일본의 역사적·현재적 책임을 강조해 온 진보적 역사 연구자임에도 불구하고 평생 북한을 방문할 기회를 얻지 못한다. 한편 그는 60년대 후반 (대학원) 학생운동에도 열심이어서 도쿄대학 동양문화연구소 조수 공동 투쟁 회의의 중심 멤버로 활동하며 기존 대학의 학문·교육 체질에 대하여 비판한다.

1967년 9월 그는 모모세 마스미(百瀨真澄)와 결혼하여 가정을 꾸리게 된다. 그리고 무엇보다도 가지무라의 연구와 실천의 삶에 큰 전환의 계기가 된 1968년 김희로 사건과 마주하게 된다.[2] 한국의 식민지 지배를 통해 정착되고 대중적으로 확대 재생산된 타율적이고 정체적인 이미지의 식민주의적인 한국사관을 바로 잡기 위해 1960년대부터 일본의 한국사학계에서는 내재적 발전론(內在的發展論)으로 상징되는 경제사 중심의 한국사 연구가 활발히 진행되고 있었다. 그러나 일본 사회 내 재일동포의 처절한 차별의 현실을 목도하면서, 그는 자신이 그리고 있던 한국과 한국 역사상(像)이 가진

2_김희로(金嬉老) 사건은 1968년 2월 20일 재일 한국인 김희로가 폭력단원 2명을 사살하고, 시즈오카 현 후지미 여관에서 수십 명을 인질로 잡고, 일본 사회와 국가를 차별과 억압자로 고발한 사건이다. 가지무라는 '金嬉老公判對策委員會'에 참가하여 재일동포에 대한 차별 문제를 일본 사회에 고발하였다.

관념성을 자각하게 된다. 이후로 그는 경제사뿐만 아니라, 정치사, 사상사를 포함한 한국 민중의 사고방식과 삶에 보다 더 접근하는 연구를 추구하게 되었으며, 재일동포의 권익 옹호 운동에도 적극적으로 나서게 된다.

5. 1970년대의 연구와 실천[3]

1969년 3월 도쿄대학 동양문화연구소 조수를 그만둔 가지무라는 조수 시절의 학생운동 경력 탓으로 좀처럼 교직을 얻지 못한 채 1973년 초까지 대학과 고등학교에서 시간강사를 하며 생계를 이어갔다. 이러한 와중에도 가지무라는 '김희로 공판대책위원회' 멤버들과 함께 한국어의 대중적인 확산을 위해 1970년 10월 '현대어학숙'(現代語学塾)을 발족하고 손수 강사 및 운영위원으로 참가하게 되는데, 이 활동은 그 생애의 마지막까지 이어진다. 이 '현대어학숙'을 통해 훈련된 20대에서 40대에 이르는 초·중등 교사, 공무원, 광고회사 직원, 편집자, 회사원 등의 제자들과 수년에 걸친 공동작업을 통해 가지무라는 심훈의 『상록수』를 1981년 일본어로 번역·출판한다.

1970년대 벽두에 한국에서 발생한 '전태일 사건'은 가지무라로 하여금 한국 사회의 민중의 현실과 문화에 대하여 더욱 관심을 가지게 만든다. 1973년 4월에는 가나가와대학 경제학부 조교수가 됨으로써 연구와 실천

3_1970~80년대 가지무라의 한국 사회와 한국사 인식의 일단은 강원봉(2012b) 참조.

의 안정적 토대를 마련하게 된다. 이후 가지무라는 계속해서 '김희로공판대책위원회'에서 활동함은 물론, 재일동포의 취직 차별 철폐 운동, 재일동포 인권 옹호와 관련된 지역 집회 강연, 재일동포 학생 교육 관련 강연, 일본 전국 각지의 한국사 강연 등 연구와 실천을 병행해 간다.

연구와 실천에 있어서 몸을 사리지 않는 가지무라의 자세에는 평소 그가 동료에게 말했던 것처럼 재일동포를 포함한 한국과 한국역사에 대한 편견이 팽배한 일본 사회 속에서 "조선 연구자는 조선 문제 운동가이지 않으면 안 된다."라는 사명의식과 "조선 연구자는 지금 도대체 무엇을 할 수 있단 말인가."라는 자기 점검의 자세가 동반되고 있었던 것이다. 이러한 바쁜 나날 속에 가지무라는 김구의 『백범일지』와 오지영의 『동학사』를 번역해 내었고, 『백범일지』로 그는 1973년 제9회 일본 번역 출판 문화상을 수상하였다. 또한 1975년 12월에는 가지무라가 애지중지한 딸이 태어난다.

한편 그는 1977년에 그 때까지의 내재적 발전론에 입각한 한국사 연구의 결실인 연구서 『조선에서의 자본주의의 형성과 전개(朝鮮における資本主義の形成と展開)』와 고대로부터 현대에 이르기까지의 한국사를 쉽게 설명한 대중적 한국통사 『조선사, 그 발전(朝鮮史 その発展)』을 출간한다. 가지무라의 『조선사, 그 발전』에는 역사 속의 민중에 대한 그의 시각이 잘 나타나 있어, 일본 사회 속의 "경애의 대상으로는 되기 힘든 조선상"을 "유니크한 개성과 활기에 찬 인간성을 가지고 삶을 살아가는 내재적 발전의 조선 역사상"으로 재구축하려는 의도를 명백히 보여 주고 있다. 그런데 『조선사, 그 발전』의 내용 중에 한국의 지리를 소개하는 지도(17페이지)에 독도를 일본에서 부르는 다케시마(竹島)라고 표기하지 않고 독도(獨島)라고 표기하여, 일본의 독자들로부터 항의 엽서를 받기도 한다. 가지무라는 이것이 단순한 오류가 아니고 역사적인 근거가 있음을 치밀하게 논증한 논문 「죽도

(竹島) = 독도(獨島) 문제와 일본 국가」를 1978년에 발표한다. 이 논문에서 그는 독도 문제에 대하여 일본 측보다는 한국 측의 주장에 상당한 논리적 근거가 있다는 입장을 밝히면서 논문 말미에 당당히 자신의 주소를 밝혔다. 이후 한동안 가지무라는 그를 역적 취급하며 일본 각지로부터 쇄도해 오는 편지와 전화에 시달려야 했다.

가지무라는 평소 수업이나 강연에서는 수줍은 태도를 보일 정도로 매우 온화한 데 반하여 논문의 필치는 그 주장이 과감하고 날카롭다는 평을 자주 받았다. 어려운 문제를 피하지 않고, 사회적으로 논란이 있을 만한 문제라도 부딪혀야 할 문제라면 결코 피하지 않겠다는 자세를 취하고 있었다. 가지무라는 공격 받을 만한 소재를 애당초 거론하지 않는 '완전 무결주의'나, 학술 권위주의, 보신주의와는 정반대의 태도를 취했고, 이런 점에서도 연구자라기보다는 실천운동가의 풍모를 느끼게 한다.

이 시기에 특기할 만한 것은 가지무라가 한국의 함석헌(咸錫憲, 1901~1989)의 사상과 역사론에 대하여 본격적인 관심을 기울이게 된 사실이다(강원봉 2012b). 이미 1960년대 초반부터 함석헌에 대하여 알고 있던 가지무라는 연구와 발표를 통해 보다 심화된 견해를 드러내게 된다. 1970년대 들어 한국 사회 속의 민중의 삶과 문화에 대하여 본격적인 관심을 기울이게 된 가지무라는 1970년대 비약적으로 성장하는 한국의 기독교를 보게 된다. 이를 통해 기독교 정신이 민중문화와 운동에 끼친 영향에 대해서도 주목하지 않을 수 없었다. 이런 맥락 속에서 함석헌의 『성서적 입장에서 본 한국역사』는 가지무라에게 새롭게 다가왔다.[4] 가지무라는 이미 이시기

4_필자가 '가지무라 문고'에서 발견한 1961년 판 『성서적 입장에서 본 한국역사』에는 가지무라가 메모한 상세한 번역의 흔적들이 도처에 남겨져 있다.

에 함석헌과 더불어 『성서적 입장에서 본 한국역사』가 연재된 『성서조선(聖書朝鮮)』(1927~1942)의 중심인물인 김교신(金教臣, 1901~1945)의 기독교 사상과 실천에 대해서 파악할 정도여서, 함석헌의 신앙과 사상이 해방 전의 김교신의 입장에 가깝다고 평하고 있다.

6. 1980년대의 연구와 실천

80년대 들어서도 '역사 속에 신이 부여한 고난의 의미 = 사명'을 중심 내용으로 하는 함석헌의 역사관과 근대 비판적인 사상은 가지무라에 의해서 여러 곳에서 언급되고 있다. 고난 속의 민중의 정신적 재생을 자신의 평생의 사명으로 삼고 있는 함석헌의 역사관과 사상은 일본 사회가 사상적으로 퇴보해 가고 있다고 보면서 일본 민중의 정신적·사상적 재생을 염두에 두고 있던 그에게 많은 시사점을 던져 주었다. 특히 영웅의 역사·영광의 역사가 아닌 민족의 고난의 역사를 철저히 직시하려는 함석헌의 역사관은 침략적인 일본의 근대사를 철저히 직시해야만 일본의 사상적 변혁이 가능하다고 본 가지무라의 공감을 불러 일으켰을 것이다.

그리고 역사가 제시하는 의미와 사명을 자각하지 못한 민중은 존재의 의미가 없다고 본 함석헌의 민중관에 비추어, 성찰의 기회조차 망각한 채 무한경쟁의 소용돌이 속에서 의미를 상실해 가며 한국과는 다른 의미에서의 고난에 직면하고 있는 일본 사회를 고발하는 글을 발표하기도 한다. 함석헌이 한민족의 역사에 대한 철저한 비판에도 불구하고 고난의 역사 속의 의미, 즉 신이 한민족에게 부여한 세계사적 사명을 제시한 것처럼, 가지무라의 일본 근현대사에 대한 철저한 비판과 고발 속에는 일본에 부여된 사명의 자각과 희망의 메시지에 대한 간절함이 있었다고 생각된다.

1980년대에 들어서면서 가지무라의 한국과 한국사 및 일본 사회 속의 재일동포 문제에 대한 식견이 일본 각지에 알려지면서 각종 강연과 세미나, 집회 등에 참가하는 등 연일 화급한 일에 쫓겨 스스로도 연구에 손을 댈 엄두조차 내지 못하고 있는 형편이라고 하소연할 정도로 그는 더욱 바쁜 나날을 보내게 되었다. 특히 1986년 이후 만년에 이르는 그의 연구와 실천 활동은 초인적이라고 할만하다. 일본의 관동 지방과 관서 지방의 주요 대학가를 망라하는 그의 한국사 강의는 제쳐 두더라도 그가 참가한 대외 활동의 일면을 구체적 지명, 단체명 등을 생략하고 살펴보면, 재일동포 노동 문제 심포지엄 강연, 교직원조합 인권 문제 분과회 강연, 지방자치체 주최 인권 주간 강연, 중소 규모의 각종 지역 모임 강연, 대학 강연, 광주 민주화 운동 관련 강연, 일한 민중연대 관련 노동자 집회 강연, TV 방송 출연, 지방자치체 교육위원회 자문, 재일동포 지문 날인 거부 운동, 외국인 실태 조사, 아시아에 대한 전후 책임을 생각하는 모임 설립 총회 발기인 참가, 한국 민중사상을 배우는 모임 강연, 각지의 지문 날인 거부 재판 증언, 아시아 태평양 자료 센터 편집위원, 일한 연대 집회 강연, 재일동포 권익 옹호를 위한 지방자치체장과의 교섭, 한국 정치범 지원 강연회, 각지의 대학원 집중 강의, 교육청 국제 이해 교육 협의회 위원, 사할린 잔류 한국인 문제 관련 활동 등이다. 일본 사회의 온갖 방면에서 재일동포의 권익과 한국과 한국역사에 대한 올바른 시점 형성과 식민주의적 사상에 맞서기 위해 그의 식견이 필요한 곳이라면 거의 모두 응했다고 해도 과언이 아니다. 1985년에 발표한 논문 「정주(定住) 외국인으로서의 재일 조선인」에는 1960년대 말부터 시작된 재일동포와 관련한 가지무라의 연구와 실천이 응축되어 있다. 여기에 학교 수업과, 역사 연구와 관련한 논문 발표 수를 생각하면 사생활이 끼어들 여지가 없이 혼신의 정열을 연구와 실천에 쏟아부었다고 할만하다. 가나가와대학의 동료 교수였던 도미오카(冨岡倍雄)는 가지무라라는 사람은 언뜻 생각만 큰 사람처럼 보이지만 실은 생각과 실천이 직결되어 있는 사람이며, 자신을 포함한 보통사람들이 생각과 실천을 적당히 구분해 놓고 있는 반면, 가지무라는 그런 구분이 안 되는 사람이었다고 평한 바 있다. 그의 한국사 연구 방법론의 기축인 '내재적 발전론' 또한 식민주의적 사상을 전복시키기 위한 학문적 방면에서의 실천이라고 할 수 있겠다.

한편 가지무라에게 80년대에 생긴 특기할만한 사건은 1983년 8월 19일부터 25일까지 일 주일간 학생들을 대동하고 한국을 처음으로 방문한 일일 것이다. 방문 목적인 농촌 조사라는 말 그대로 부산을 통해서 한국에 들어와 남해안을 경유하여 전라도, 충청도의 농촌을 거쳐 서울에서 일정을 마무리하였다. 짧은 서울 일정 속에서 한국의 역사가 강만길(姜萬吉), 김영호(金泳鎬) 등과 만나 밤새워 토론하였다고 한다. 그런데 이미 김영호 씨와는 오랫동안 서신 교환이 있었다. 1960년대 중반 가지무라의 논문에 주목한 김영호 씨가 먼저 편지를 띄운 이래 100여 통의 서신 왕래가 있었고 서적과 자료 제공만도 100건이 넘었다고 한다. 이러한 교류를 통하여 김영호 씨는 중국, 소련, 북한의 한국 근대사 연구의 성과를 흡수할 수 있었다고 하며, 가지무라가 그 내용에 감동하여 번역한 『백범일지』도 김영호 씨가 원본을 제공한 것이 계기가 되었다고 한다. 서울에서의 가지무라는 매우 들떠 있었고, 평소와는 완전히 다른 모습이었다. 이제부터 자주 오고 싶다는 말을 되풀이 했다고 한다. 1950년대 말 한국사 연구를 시작한지 약 25년 만에 한국을 방문했으니 감개무량한 것도 당연했다. 이 첫 한국 방문에 대한 인상을 가지무라는 글로 남겼는데, 한국 사회는 "영광과 비참, 부귀와 빈궁"이 공존하고 있으면서 "긴장과 활기와 떠들썩함"이 있는 사회로 보았고 "가난한 사람에게는 사는 것 자체가 큰일인 사회인 듯하다."고 이야기하고 있다. 그러면서 한국 사회가 "위로부터의 근대화 노선"에 끌려가고 있지만 이것을 견제하는 "건전한 힘"을 확인하며 기대를 걸기도 한다. 이 한국 방문을 전후로 하여 가지무라의 논문이 본격적으로 한국에 출판되기 시작한다.

한국 방문을 계기로 더욱 한국 민중의 삶에 대하여 친근감을 느낀 가지무라는 한국 사회의 현황과 민중의 삶을 일본에 전하려 노력하였다. 1984년 가지무라는 1970년대 여공의 삶을 그린 현장 수기 『서울로 가는 길』을 한국어 학습 교재로 삼으며, 여성 노동자의 일상 언어와 감수성, 성장 과정, 시대 상황과 노동조합의 현실에 관심을 보이는데, 이들에 대한 따뜻한 격려의 시선이 느껴진다. 1986~87년에 걸쳐 와다 하루키(和田春樹) 등의 연구자와 함께 그는 당시 한국의 민주화 운동 현장의 노동자와 농민의 소리를 전하려고 각종 현장 자료, 생활 기록 등을 번역·편집한 책 3권을 연속 발간하게 된다. 와다 하루키와의 인연은 1960년대부터 시작되었는데, 와다에게 있어서 가지무라는 한국 문제와 한국역사에 대하여 선생과 같이 많은 지도와 자문 역할을 해주었다고 한다. 실제로 와다는 1970년대 김대중 납치 사건을 계기로 시작된 일한 연대운동을 주도하면서 여러 비판과 충고를 받았지만 무엇보다도 가지무라의 의견은 어떠할지가 항상 마음에 걸렸다고 한다. 1988년 한국에서 열린 한·일 국제 심포지엄의 참가자로서 두 번째 방한을 희망했으나, 가지무라는 반한(反韓) 인사로 분류되어 생애 마지막이 되었을 한국 방문은 무산되고 말았다. 그리고 이듬해 1989년 5월 29일 어떤 일본인보다도 한국을 사랑했던 가지무라는 일본 사회에 팽배한 한국(재일동포) 및 한국사에 대한 편견과 식민주의적 사상에 맞서 혼신의 싸움을 다하다 만 53세로 생을 마감했다.

가지무라가 숨졌을 때, 도쿄 한복판에 있는 호세이(法政)대학 캠퍼스에 가지무라의 죽음을 애도하는 입간판이 설치되었다. 호세이대학 '한국문화연구회', '조선문화연구회', '신주쿠 외국인 등록법 문제를 생각하는 모임' 등의 이름으로 '가지무라 히데키 서거(逝去)'라고 크게 쓰고 다음과 같은 추도문을 게재하였다.

> "가지무라 씨는 억압 민족과 피억압 민족의 입장에 있는 일본인과 조선인 사이에 넘지 못 하리라던 벽을, 그 탁월한 지식과 우리들을 이해하려고 노력하던 진지하고 겸허한 자세를 통해 멋지게 깨버렸다. 이 때문에 일본인으로서의 고인의 존재는 우리들에게 있어 혁명적이기조차 했다. 우리들은 가지무라 씨로 인해 일본인을 믿을 수가 있었던 것이다."

참고문헌

강원봉. 2004. "梶村秀樹の内在的発展論と在日韓国·朝鮮人論." 東京学芸大学大学院教育学研究科·修士論文.

강원봉. 2012a. "一九六〇年代梶村秀樹の朝鮮史認識 -戦後朝鮮史研究における内在的発展論の展開と分岐-."『史海』第59号, pp. 27-41. 東京: 東京学芸大学史学会.

강원봉. 2012b. "'일한(日韓)체제' 하의 민중과 '의미로서의 역사': 가지무라 히데키(梶村秀樹)의 한국인식과 역사인식."『아세아연구』제149호, pp. 86-114.

이타가키 유조. 2008. "한국·중동·세계." 국제역사학 한국위원회·일본위원회 엮음.『역사가의 탄생』. pp. 15-31. 지식산업사.

青柳純一. 2001. "梶村秀樹 朝鮮史學의 思想."『國際地域問題研究』제19권 제2호, pp. 21-49.

安藤彦太郎等. 1964.『日·朝·中三国人民連帯の歴史と理論』. 東京: 日本朝鮮研究所.

梶村秀樹. 1966. "朝鮮近代史と金玉均の評価."『思想』第510号, pp.58-70.

2장

근대 조선사학사 인식에서 본 가지무라 히데키

미쓰이 다카시(三ッ井 崇)

1. 사학사 인식의 '정체'(停滞)

제2차 세계대전 후 일본의 조선사학은 근대 특히 식민지 시기 조선사학을 극복하는 것에서부터 출발해야 했다. 전후의 조선사 연구자는 계속해서 이 '극복'을 의식해 왔으며, 거듭되는 일본 국내의 역사인식 문제에 직면하면서도 그 의식을 전면에 내세워 대항해 왔다. 이 책의 주인공인 가지무라 히데키(梶村秀樹)도 그러한 역사가 중의 한 명이었고, 그는 전전(戰前) 조선 연구의 성격에 대한 비판을 전개했다(후술).

그러나 그러한 비판의식이 강했던 만큼, 전전 조선사학에 관한 사학사,

---

* 이 글의 제2~4절은 미쓰이(2013)를 일부 수정한 것임.

학문사적 관점에서의 정리, 연구가 활발해진 것은 비교적 최근의 일이다. 그간 하타다 다카시(旗田巍)나 가지무라가 주장한 비판의 말을 그대로 금과옥조로 받들며 연구를 꺼려 왔던 것은 부정할 수 없을 것이다. 그 결과, 전전 조선사학에 관해 사실과 다른 인식이 고정적인 이미지로 정착된 것도 점차 밝혀지고 있다. 다시 말해 사학사의 '정체'(停滯) 상태가 생기고 말았던 것이다. 필자는 지금까지 전전 조선(사)학을 하나의 역사적 과정으로 파악하고 근대사의 맥락 속에서 이해하려고 노력해 왔다(미쓰이 2009). 그 속에서 사실 그대로의 사학사 서술을 시도했는데, 다른 한편에서 중요한 것은 전후 일본에서의 전전 사학사 비판 그 자체도 또한 역사적 사실이었으므로, 그 비판의 옳고 그름과 상관없이 그 행위 자체도 역사화 될 필요가 있다는 점이다.

이 글은 가지무라의 역사 연구의 실천이 전전 조선사학의 극복이라는 문제와 어떻게 관련되어 있었는지에 대해 확인하는 것을 목적으로 한다.

그러나 그러기 위해서는 가지무라의 역사 연구의 실천을 전후 조선사학이 안고 있었던 사학사적 과제의 맥락 속에서 파악할 필요가 있다. 따라서 이 글에서는 하타다 다카시에서 시작된 사학사 비판의 흐름을 분석하는 작업에 주력하지 않을 수 없다. 또 그렇기 때문에 가지무라를 주제로 하면서도 가지무라에 관한 서술을 보족적인 것으로 할 수밖에 없다는 한계에 대해 미리 양해를 구하고자 한다. 물론 그것은 전적으로 필자의 역량 부족에 기인하는 것임은 말할 나위도 없다.

2. '비인간적인 학문'으로서의 조선사 비판과 조선사의 '새로운 재출발'

전후 일본의 조선사학의 개시를 상징하는 것으로 먼저 하타다 다카시의 『조선사』(1951)의 간행을 들 수 있을 것이다. 이 책이 간행되자 많은 조선인 학생들은 하타다에 대해 존경의 마음을 갖게 되었을 뿐만 아니라, "『조선사』가 한국 역사학계에도 큰 영향을 끼쳤다."고 한다(高吉嬉 2010, 229-230). 여기서는 하타다의 개인사를 추적(혹은 규명)하는 것을 목적으로 하는 것이 아니기 때문에 『조선사』 간행에 이르기까지의 그의 생애나 사상에 관한 분석은 다음 기회로 미루기로 한다. 하타다는 전전의 조선사 연구를 "어떠한 사회에 어떠한 인간이 살고 무엇을 기뻐하고 무엇을 고민했는가라는 것을 무시하고 그저 하나의 사건이 일어난 위치와 연대를 정확하게 기술하는 것"만 하는 "비인간적인 학문이었다."고 하면서 조선사 연구의 "새로운 재출발"을 위해 "조선의 인간이 걸어 온 조선인의 역사를 연구하지 않으면 안 된다. 지금 고난의 철화(鐵火)에 휘말리고 있는 조선인의 고난을 자기 고난으로 받아들이는 것이 조선사 연구의 기점일 것이다."라고 했다(旗田 1951, ⅴ). 전체 기술은 선사 시대부터 이 책이 간행된 시기인 1951년에 동시대적으로 일어나고 있던 한국전쟁까지가 그 범위이며, 남북 분단이 고착화되어 가는 현실이 하타다의 머리 속에서 강하게 의식되었다는 것은 말할 필요도 없다. 그러나 각 장 각 절의 주석, 또는 권말의 「문헌해제(文獻解題)」에서 소개된 선행 연구 및 자료의 대부분이 전전의 연구서, 조사 자료와 같은 '식민지 유산'이었다는 것을 보면, 전후 조선사학을 이 시점에서 세우고자 하는 것이 얼마나 곤란했는지를 상상하기는 어렵지 않다. 나중에 살펴보겠지만 무엇을 계승하고 무엇을 계승하지 말아야 하는가라는 논의는 1960년대에 되어서야 본격적으로 제기된 것이었다.

이 『조선사』의 특징은 식민지 시기를 포함한 근현대사를 역사 서술로 다루었다는 점에 있을 것이다. 필자(=미쓰이) 자신의 전공 분야이기도 한 식민지 시기의 기술에 관해 살펴보면, 통치 권력 측의 사료를 사용하면서도 거기에서 사실만을 추출하고 되도록 조선인 측의 동향을 밝혀 낸 후 지배에 대한 조선인의 저항을 긍정적인 것으로 고쳐 읽어 가는 시도가 이루어져 있다. 고길희의 분석에 따르면 이 시점에서의 하타다의 역사관은 전전 일본의 '정체론'이나 '타율 사관'에서 결코 자유롭지는 않았다고 한다(高吉嬉 2001, 124-126). 이후 70년대에 그는 스스로 『조선사』를 절판시키고 그 내용적 결함에 대해 반성하기에 이른다(旗田 1978). 이러한 사실들이 오늘날까지 그가 '양심'을 보인 행동이라는 평가를 받게 되는 이유이기도 하다. 하지만 여기에서 주목하고자 하는 것은 그러한 하타다의 '공적'이 아니라, 오히려 전후 조선사학의 개시가 전전의 기반 위에 이루어질 수밖에 없었다는 한계이다.

그 한계란 1950년 10월에 덴리교(天理教)를 모체로 발족한 조선학회나 소장학자와 조선총독부 구(舊) 관료들 사이에서 1958년 5월에 조직된 조선근대사료연구회의 성격에서도 엿볼 수 있는 것이었다(미쓰이 2011).

3. 아카데미즘 조선사학에서의 '계승'이라는 과제

1) 사학사 비판의 초점: 다시 하타다의 『조선사』에서

하타다는 『조선사』 서문에서 다음과 같이 말한다.

> [···] 조선사 연구는 일본의 대륙 정책의 발전에 대응하여 성장하였으나 동양사연구 전체 속에서 차지하는 조선사 연구의 비중은 오히려 쇠퇴하여 갔다. 국가적 기관의 연구자를 제외하면 조선사 연구자는 얼마 되지 않고 특히 젊은 세대의 동양사가는 조선사에 대한 흥미도 관심도 점점 줄어들었다. [···] 또한 조선사 연구를 저해한 원인은 현실 속의 정치적인 면뿐만 아니라 학문 내용 그 자체에도 있다. 일본인의 조선사 연구의 주력은 고대사에 힘을 쏟고 근대사에는 모자란데다가 그 고대사 연구는 문헌 비판·연대학·지명 고증을 특색으로 하는 것이었다. 그것은 낡은 도그마를 타파하는 무기이며 예전에는 커다란 진보적 역할을 가진 것이었으나 새로운 고뇌의 시대에는 너무나 비인간적인 학문이었다(旗田 1978, iv).[1]

이 지적이 과거에 대한 반성을 바탕으로 한 것임은 말할 것도 없지만, 여기에서 하타다는 전전의 조선사 연구의 조선관이 아니라, 조선사학에 내재한 시각, 방법론의 문제에 주목했던 것을 알 수 있다. 다시 말하면 "일본의 패퇴에 의해 조선에 대한 지배가 소멸되고 조선사 연구자는 국가의 힘을 얻을 수 없었다."는 제도적인 보증의 유무를 문제로 삼고 있는 것이었다.

하타다는 조선사 연구의 융성과 국가적 뒷받침 문제에 대해 언급하고

1_인용문 중의 [ ]는 인용자에 의한 것임, 이하 같음.

있는데, 그것은 아마도 집필 당시 일본에서의 조선사 교육과 연구가 대학이라는 제도를 기반으로 거의 보장되지 않았던 상황에 대한 인식을 반영하고 있는 것으로 추측된다. 그러나 "[전전에] 국가적 기관의 연구자를 제외하면 조선사 연구자는 얼마 되지 않고", "일본의 패퇴에 의해 조선에 대한 지배가 소멸되고 조선사 연구자는 국가의 힘을 얻을 수 없었다." 등의 표현에서 알 수 있듯이, 제도적 존재로서의 조선사학을 직접적으로 비판한 것은 아니다. 즉 제도적 아카데미즘이야말로 '비인간적인 학문'으로서의 조선사학을 낳았다는 점에 대해 하타다는 그다지 깨닫지 못하고 있다. 이것은 학문에 내재한 시각이나 방법론이 '비인간적인 학문'이었다고 지적했음에도 불구하고 그 성립 기반에 대해서도 의심해 보는 눈을 가지고 있지 않았다는 것을 의미하며 오늘날의 입장에서 보면 한계였다고 볼 수밖에 없다. 전전의 일본인 역사가 등과 달리 하타다는 그들과 세대도 다른 '양심적' 지식인으로 파악되지만, 그는 도쿄제국대학 출신이고 지도교수가 이케우치 히로시(池內宏)였다는 것을 감안하면, 그도 역시 전전의 동양사학계가 낳은 역사가였다. 그는 1940년대 남만주철도주식회사(南滿洲鐵道株式會社)가 주도한 중국 농촌 조사에 종사하기도 했지만, 이 경력에 대한 공식적인 자기비판은 그가 죽을 때까지 이루어지지는 않았다. 위에서 말한 전전 아카데미즘 제도에 대한 비판의식이 희박했다는 사실과 관련해서 중요한 문제일 것이다. 게다가 이것은 또 하나의 문제와도 관련된다. 그것은,

> 국가적 배경을 가진 조선사 연구가 진행되는 속에서 무엇보다도 주의해야 할 것은 조선인의 손으로 이루어진 조선사 연구가 거의 성장하지 않았다는 것이다. 일본의 통치정책은 조선인의 조선사학가를 키우는 방향을 취하지 않았다. 조선이라는 말이 조선인에게 있어 매우 불유쾌한 느낌을 주었던 시기에는 조선사를 연구

할 의욕도 일어나지 않았다고 생각한다(같은 글, iv).

라는 발언에 있다. 일본이 조선인에게 차별적인 대우를 강요했다는 일반론적인 해석으로서는 이해되지만, 민족주의적인 관점에 입각한 조선인의 역사학은 조선학 진흥운동의 과정에서도 상당수 생겨난 것이 사실이다. 물론 근대사 연구의 축적이 별로 없는 가운데서 우물가에서 숭늉 찾는 듯한 비판을 해도 소용이 없지만, 여기에서 말하는 '조선사 연구'라는 것이 매우 한정된 범위 외에는 상정되지 않았던 것만은 지적할 수 있을 것이다.

여기서 두 가지 논점을 확인해 두고자 한다. 첫째는 전전 조선사학의 기반과 성과, 그리고 그것의 '계승' 여부라는 문제이고, 둘째는 전전 조선사 연구의 담당자라는 문제이다. 본 장에서는 먼저 전자에 관해 검토하고, 다음 장에서 후자의 문제에 대해 생각하고자 한다.

2) '계승'이라는 과제: '근대 사학'이라는 정체성

사학사 연구를 하는 데 자주 참고가 되는 것으로 일본조선연구소가 1962년부터 1964년에 걸쳐 개최한 심포지엄 '일본에서의 조선 연구의 축적을 어떻게 계승할 것인가(日本における朝鮮研究の蓄積をいかに継承するか)'(전 10회)가 있다.[2] 역사 연구뿐만 아니라 총독부의 조사사업, 문학, 언어학

2_그 내용은 기관지 『조선연구월보(朝鮮研究月報)』(후에 『조선연구(朝鮮研究)』)에 게재되어 있다. 내역은 다음과 같다(괄호 안의 숫자는 수록 호수).

제1회 메이지기의 역사학을 중심으로(明治期の歴史學を中心として)(5·6 합병) / 제2회 조선

영역에 걸친 조선 연구에 대해서 그 "축적에서 무엇을 배울 것인가, 무엇을 배워서는 안 되는가를 오늘날의 관점에 서서 정리하는 것"(안도 히코타로(安藤彦太郎, 사회), 『朝鮮研究月報』 5·6 1962, 1)을 의도한 것이다. 강사를 담당한 이는 식민지 시기에 연구나 창작 활동에 관여한 일본인 학자·문학자, 재일 조선인 문학자 등이다. 각 심포지엄 내용의 검토는 여기에서는 하지 않겠으나, 이 심포지엄의 중심적 주제가 된 것은 "일본인의 조선관이나 조선에 대한 자세라는 것"(미야타 세쓰코(사회), 『朝鮮研究』 30 1964, 41)이었다. 한일회담 반대 투쟁의 분위기 속에서 (주로 하타다에 의해 주도되었던) 전전 조선사학의 비판적 검토도 이러한 틀에 의해 본격화된 것은 주지하는 바와 같다. 일본인의 조선관을 문제로 삼는 이상, 근대(또는 식민지 시기) 부(負)의 유산으로서의 역사상(관), 연구사에 대한 비판이 전면에 나온 것은 필연적인 것이었다. 오늘날에 있어서도 그러한 근대 사학사의 이미지가 정착되었거나 또는 전제로서 논의가 전개되는 만큼 그 영향력이 컸다. 하지만 이 심포지엄의 또 하나의 키워드가 된 것은 심포지엄 주제 이름에도 나타나 있는 '계승'이었다. 이 심포지엄의 내용을 포함하여 편집된 『심포지엄 일본과 조선(シンポジウム 日本と朝鮮)』(1969)에 하타다가 쓴 「일본에서의 조선사

인의 일본관(朝鮮人の日本觀)(7·8 합병) / 제3회 일본 문학에 나타난 조선관(日本文學にあらわれた朝鮮觀)(11) / 제4회 '경성제대'에서의 사회경제사 연구(「京城帝大」における社會經濟史研究)(12) / 제5회 조선총독부의 조사사업에 대해서(朝鮮總督府の調査事業について)(13) / 제6회 조선사편수회의 사업을 중심으로(朝鮮史編修會の事業を中心に)(14) / 제7회 일본의 조선어 연구에 대해서(日本の朝鮮語研究について)(22) / 제8회 아시아 사회경제사 연구에 대해: 조선 사회경제사를 중심으로(アジア社會經濟史研究について: 朝鮮社會經濟史を中心に)(23) / 제9회 메이지 이후의 조선교육 연구에 대해서(明治以後の朝鮮教育研究について)(28·29 합병) / 제10회 총괄토론(30), 이후 1965년 10월에 '조선의 미술사 연구(朝鮮の美術史研究)', 1968년 3월에 '조선의 고고학 연구(朝鮮の考古學研究)'에 대한 심포지엄이 개최되었다.

연구의 전통(日本における朝鮮史研究の傳統)」이라는 글에서는 일본인에 의한 동양/조선 연구가 얼마나 일그러진 것이었는지를 비난하면서도, 메이지 중·후기에 조선사 연구, 동양사 연구가 "실증적·합리주의적 역사학의 성장", "전통적인 도그마를 파괴"했다는 점, "문헌 비판이나 사실 고증의 점에서는 극도로 엄밀했고, 거기에 우리가 계승할 만한 점이 있다는 것은 명확하다."고, 긍정적인 평가를 내리고 있다(旗田 1969, 7-9). 그러나 하타다 자신도 그러한 연구 경향이 "사회적·경제적 측면에 대한 관심이 거의 보이지 않"는 "민중 부재의 역사학"이었다고 비판하고 있다(같은 글, 9). 오해를 피하기 위해서 말해 두겠지만. 그는 "실증적·합리주의적 역사학"의 결과 나왔던 중국인, 조선인을 모멸, 차별하는 역사관 그 자체는 부정한다. 따라서 동양사 계통의 '만선사'나 일본사 계통의 '일선 동조론' 등의 역사관을 크게 비판한다(같은 글, 10-15).

하타다가 비판의 중점을 둔 영역은 주로 역사관, 조선관의 문제였다. 하지만 그것을 낳은 제도나 방법론에 관한 비판은 거의 보이지 않았다. 이 논문의 토대가 된 것으로 추측되는 제1회 심포지엄 때 그는 "메이지 시기 역사학의 이어 받아야 할 유산은 고대사의 문헌 비판, 우상 파괴이며, 이들은 살릴 만한 것이 있다고 생각한다."고 발언했다(『朝鮮研究月報』 5·6 1962, 18). 여기서 그의 비판적 사학사가 자가당착에 이르렀던 것을 엿볼 수 있다. 이미 인용한 바와 같이 "문헌 비판·연대학·지명 고증"은 "낡은 도그마를 타파하는 무기"이면서도 "새로운 고뇌의 시대에는 너무나 비인간적인 학문이었다."고 하타다 자신이 인정했었던 것이다. 되풀이 하지만 이러한 인식을 토대로 한 조선관 비판은 그것을 낳은 제도나 정치 구조에 대한 비판을 막아 버린다.

"문헌 비판·연대학·지명 고증" 등의 기초가 됐던 서양 '근대 사학'을 계승하는 것 자체는 비난 대상이 안 되었다는 것은 바로 서양 근대 사학을 일본에 도입한 리스(Ludwig Riess)와 그 스승인 랑케(Leopold von Ranke)로 대표되는 '실증사학'의 권위를 지키는 것을 의미했다. 하지만 1966년에 발표된 김용섭에 의한 다음과 같은 지적은 일본의 조선사학자들과의 거리를 느끼게 하는 말이다.

> '랑케'의 歷史學은 歷史主義의 立場에서 歷史的 現實의 個性化的 把握을 基本的인 認識 志向으로 삼고 있었던 것이다. 그런데 日本에 輸入된 '랑케' 史學은 上原 教授[독일사학자 우에하라 센로쿠(上原專祿)]에 依해서 指摘되고 있듯이 "主로 研究 方法의 精緻性 確實性을 배움으로서 歷史 研究의 合理化를 꾀하는 것이었다. '랑케'나 '리-스' 歷史學의 形而上學的 基礎로서의 歷史主義는 이를 注目하거나 消化하려고 하지 않았다." 하나의 歷史觀으로서의 歷史主義는 그 自體의 缺陷 때문에 이미 '마르크스' 史學이나 '람프레히트' 史學으로부터의 批判을 받았고, 歷史學派 內部에 있어서도 그것에 對한 反省과 檢討가 있어서 여러 學派가 派生하고 있었지만, 日本의 東洋史學은 그와 같은 '랑케' 史學이나 歷史主義의 問題조차도 제대로 받아드리지 못하고 있었다(金容燮 1966, 147).

김용섭의 이러한 비판은 "韓國史學은 日本의 東洋史學에서 方法論을 배웠고, 日本의 東洋史學은 '랑케' 史學의 方法論을 導入한 데서 이루어졌으므로, 韓國史學의 理論的인 基盤은 '랑케' 史學과 그 基盤으로서의 歷史主義에 있는 것이라 하겠다."(같은 글, 147)는, 한국의 한국사학의 성격을 생각하는 맥락에서 나타난 말이다. 그는 게다가 한국에 일본의 랑케 사학이 수용되었으며, "우리는 이러한 貧弱한 理論的인 基盤 위에서 實證主義에 滿足하고 있"으나, "實證은 歷史學 一般의 基礎條件이며 '랑케' 史學의 專有物은 아닌 것"이라고 비판하는 것이다(같은 글, 147). 실은 「日本·韓國에 있어서의 韓國史 敍述」로 이름 지은 이 글은 일본의 『조선사연구회 회보』에도 번역, 게재되기도

했는데(17호, 1967, 노마 스스무(のますすむ) 번역), 김용섭에 의해 제시된 이러한 사학사 인식이나 비판은 일본에서 어느 정도 받아들여졌을까. 이 문제는 또 하나의 논점인 전전 조선사학의 담당자라는 문제와 연결시켜 다음 절에서 살펴보기로 한다.

4. 역사를 말하는 주체라는 문제: 조선인 부재의 사학사

위에서 확인한 김용섭의 비판의식은, 말할 나위도 없이 "日本의 東洋史學에서 그 方法論"을 배운 한국사학에 대한 것이었다. 필자가 여기에서 주목하고 싶은 것은 조선인 역사가에 관한 기술이다. 그는 '민족사학'자로 박은식(朴殷植), 최남선(崔南善), 신채호(申采浩), 정인보(鄭寅普), 안재홍(安在鴻) 등을 들었으며(같은 글, 137-138), '실증사학'의 수용에 관해서도 다음과 같이 서술한다.

> 專門的인 歷史 教育을 받은 史學徒는 1910年代의 末期부터 나오기 始作하였다. 20年代 後半期부터는 研究와 敍述 活動에도 從事하였다. 그들은 日本에 留學하여 그곳 大學에서 東洋史學을 專攻하고 돌아왔다. 國內에서도 20年代의 末期부터는 京城大學에서 史學科의 卒業生이 나오게 되었다. 日本이나 國內에서 史學을 專攻한 이들은 大學 課程에서 文獻考證的인 實證史學을 배웠고 史料 取扱에 關한 徹底한 訓練을 받았다. 그들의 스승은 日本人으로서 '官學 아카데미즘'의 學風을 세운 東洋史學의 開拓者들이었다. 그리고 그 日本官學者들의 學問的인 系譜는 白鳥[庫吉]를 通해서 '리-스'의 史學과 連結되고 있었다. 韓國史學界의 開拓者들은 이들 日本人을 通해서 '랑케' 史學의 方法을 배운 것이라 하겠다. 여기에 '民族史學'과는

달리 近代 史學의 訓練을 받은 이들을 中心으로 '랑케流의 實證史學'의 學風이 成立되기에 이르렀다(같은 글, 139).

'민족사학'과 '실증사학'의 질적 차이의 문제는 여기에서는 문제 삼지 않고자 한다. 오늘 이 시점에서는 적어도 한국에서는 별 위화감은 없겠지만, 1960년대의 일본의 사학사 인식과 대조하면, 두 나라의 사학사 서술 사이에 넘을 수 없는 벽이 있었던 것을 확인할 수 있다. 하타다는 앞에서 언급한 일본조선연구소의 심포지엄에서,

그것[=일본인에 의한 조선 연구・조사가 매우 한정되어 있다는 것]과 동시에 조선인 자신의 조선 연구가 보이지 않는다. 백남운, 이북만 등이 있기는 하나, 공부할 마음이 생기지 않았던 것이죠. 물론 할 수 없는 상황이었다는 것도 있지만(『朝鮮研究月報』 5・6 1962, 17).

이라고 발언했고, 시카타 히로시(四方博)도,

조선인의 근대적 연구자로서는 그 때에는 백남운 씨 정도였습니다. […] 그 외에 조선역사를 쓴 사람으로서는 최남선 씨가 있습니다만, 이는 단군기원설의 주장자라는 점에서 대강 상상이 될 것입니다. 그리고 일본에 유학했던 이의 몇 가지 새로운 연구는 있었습니다만 직접적인 접촉은 없었습니다(『朝鮮研究月報』 12 1962, 2).

고 발언했던 것을 확인할 수 있다. 그런데 신경이 쓰이는 것은 조선인의 (역사) 연구에 대해서 그다지 언급하고 있지 않다는 점이다. 물론 경성제대 관계자나 인정식(印貞植), 백남운(白南雲) 등의 연구자에 대한 언급은 있으나,

1930년대 전후의 조선학 진흥운동 등에 대해서는 그다지 시야에 넣지 않았다고 생각된다. 이러한 인식의 원형은 하타다가 『조선사』에서 "조선인의 손으로 이루어진 조선사 연구가 거의 성장하지 않았다."고 했던 글에도 나타나 있다. 위에서 언급한 김용섭의 논문을 번역, 게재했던 『조선사연구회 회보』에 실린 「해제」에서는 먼저 "일본 독점이 남조선에 나날이 진출하여 가는 현재, '새로운 조선사의 상(像)'을 체계화하는 의의는 중요하다."고 한다. 그리고 "일본인의 조선사 연구를 다시 출발할 수 있었던 것은 기본적으로 지난 식민 지배와 조선사 연구에 대한 반성과 비판을 했던 일본인의 주체적 노력에 의한 것이었지만, [조선민주주의인민]공화국의 연구도 큰 계기를 준 것도 사실일 것"이라고 하면서, "다른 한편, 현재 일본 독점에 침범을 당하고 있는 남조선(南朝鮮)[=남한]이 어떠한 상황에 있으며, 그것에 어떻게 대응해 가는가, 또 그들의 역사학 연구가 이런 상황에 응해서 어느 방향을 지향하고 있는지를 언제나 근거로 해서 조선사 연구도 진행해 가야 하는 것도 사실일 것"이라고 했다. 게다가 "남조선에서 일본 독점에 대해 [반항의] 불길이 일어났을 때 어떻게 일본인이 응하는가에 따라 그 때까지 구축해 왔던 일본인의 사상이 어떠한 것이었는지가 추측될 때이기도 하고 일본의 운명을 결정할 때이기도 하기 때문"이라고 하는 것이다(のま 1967, 17). 이 「해제」를 보는 한 과거 일본의 역사학이 조선의 역사학계에 미친 영향 등에 관한 기술이나 소감이 한마디도 쓰여 있지 않다. 앞에서 언급한 하타다나 시카타와 같이 일본의 아카데미즘 사학의 정당성은 의심을 품을 여지도 없을 정도로 자명한 것으로 여겨져 있는 것이다.

물론 경험에 따라 평가도 달라질 수 있다. 이노우에 나오키(井上直樹)에 따르면 하타다가 『조선사』에서 "비인간적 학문"이라고 했던 것에 대해 스에마쓰가 비판했다고 한다(井上 2010, 29). 이노우에는 그 이유에 관해, 첫째는 실제로 조선에 살았고, 조선인 학생을 가르친 그에게는 조선인 부재의 조선사 연구라는 것을 상정하기 어려웠던 것으로 추측되며, 둘째로 그는 조선사 연구와 조선인이 불가분한 관계라고 인식했었다고 생각해야 한다고 지적한다(같은 글, 29). 이 점에 관련해 스에마쓰에 의한 다음과 같은 발언에 주목해 보자.

> [···] 또 하나 경성[제국]대학에 대해 말씀드리고 싶은 것은 학생의 문제인데요. 조선의 대학 학생들이 조선사를 어떻게 봤는가 하는 것입니다. 확실한 숫자는 생각이 나지 않지만, 조선사를 전공한 조선인 학생은 전체 중의 3분의 2였으며, 3분의 1은 일본인이었다고 생각합니다. 조선인으로서 조선사를 하면 취직은 못했어요. [···] 경성[제국]대학이 개설이 된지 10년이나 지나서 제가 [거기에] 부임하게 되었는데요, 그 때쯤에는 이미 명백한 일이었는데요. 그런데도 조선사 [연구로] 들어갔으니까 그건 아주 순수한 마음이었다고 생각해요. 따라서 사상적으로는 민족의식이 누구보다 강했던 것으로 저는 생각합니다(『朝鮮研究月報』 14 1962, 30).

스에마쓰는 조선인에 의한 조선사 연구의 성격을 위와 같이 민족의식에 기초한 것으로 이해했다. 미야타의 "역사관 문제 때문에 특히 민족 문제를 둘러싸고 학생과 부딪친 적은 없었습니까?"라는 질문에 대해, 그는 "그 정도로 깊이 학생과 접촉하지는 않았습니다. 민족 문제라는 것은 금기시되어 있었습니다."라고 대답한 것(같은 글, 31)을 보면, 스에마쓰 자신도 그다지 조선인 학생들과 깊은 관계를 맺고 있었다고 보기는 어렵다.

하타다와 스에마쓰 사이에 생긴 견해의 차이는 조선 경험의 차이로 인한 것이었지만, 다른 한편에서 이 두 명(과 시카타)에 공통되는 것은 '불만한' 조선인 역사가를 아카데미즘의 틀 안에서만 파악했었을 가능성이 아주 크다는 점이다.

하타다는 1978년에 발표한 「조선사 연구를 뒤돌아보면서(朝鮮史研究を

かえりみて)」라는 글에서 자서인 『조선사』에 대해 "정체론에서 벗어나지 못했다는 점, 고대 일본의 조선 지배를 그대로 인정했다는 점, 조선인의 문화 창조력을 그려내지 않았다는 점 등 큰 결함이 있었다."고 자기비판했다(旗田 1978, 149). 바로 "조선인의 문화 창조력"을 "외압과 저항"의 시각으로 그려내지 못했던 것이 하타다에 의해 지적되기 시작한 사학사 서술의 한계였다. 그러한 의미에서 일본조선연구소 심포지엄에서의 우에하라 센로쿠(上原專祿)의 "젊은이들이 해주기를 바라는 것은 조선사학사입니다. 또는 조선인의 역사의식의 역사와 같은 것. 매우 뛰어난 역사가, 기술(記述)가, 편찬가가 조선에는 있습니다."(『朝鮮研究月報』 12 1962, 13-14)라는 발언은 대단히 중대하다. 그리고 이 발언이 조선사 전공 연구자한테서 나온 것이 아니라는 점에 필자는 복잡한 마음이 든다. 이러한 문제제기는 이후 일본의 조선사학사에서는 아직까지도 극복하지 못하고 있다. 오늘날 한·일 양쪽에서 극복의 움직임은 일어나고 있으나 아직 전반적인 동향이라고 말할 수는 없을 것이다.

5. 가지무라 류(流) 사학사의 의의와 한계
-『배외주의 극복을 위한 조선사(排外主義克服のための朝鮮史)』를 중심으로 -

1) 전전 사학사에 대한 인식: '조선관' 비판의 귀결

그러면 이상의 서술을 참조하면서 가지무라의 사학사 인식에 대해 고

찰하고자 한다. 그의 사학사 인식이 잘 드러난 문헌으로 『배외주의 극복을 위한 조선사(排外主義克服のための朝鮮史)』라는 팸플릿이 있다. 이것은 1970년 12월에 행해진 강연 내용에 가필한 것이다(新納 1992, 409).

이 강연은 "왜 조선사를 배우는가?"라는 물음을 토대로 이야기가 전개된다. 더 정확히 말하면 일본인이 타자인 조선(인)의 역사를 왜 배우는가라는 물음이다. 그리고 동시대의 일본인들에 의한 조선사의 화법, 즉 '조선관'에 대해 비판적으로 살펴 가는 것이다. 거기에서 문제시 되는 것은 역사를 말하는 주체의 자세론으로, 그것을 바탕으로 생산되는 조선 이미지에 대한 자성적인 비판이 전개된다. 다시 말해 "무의식 속에 배외주의적 상식이 혈육화(血肉化)되어 있음"을 드러내는 것에 주안을 두고 있다고 할 수도 있다. 그리고 그 반면교사로서 전전 시대로부터 계속되어 온 아시아주의와 전전 사학사가 거론되는 것이다. 이 강연의 제3장은 「조선 침략의 이상과 사상」이라는 제목 아래 구체적으로는 후쿠자와 유키치(福澤諭吉), 오이 겐타로(大井憲太郎), 타율성 사관, 정체 사관, 강좌파 마르크스주의자의 동양사회론 등에 관해 언급하고 있다. 그러나 여기에서 거론된 것만 보면, 대부분이 이전에 하타다에 의해 이루어진 '조선관' 비판의 수준을 넘는 것은 아니었음은 다음과 같은 언급을 통해서도 알 수 있다.

> 예컨대 '일한병합' 때 그것[=국권주의를 전제로 한 이데올로기적 시각]을 합리화하는 이데올로기로서의 '일선 동조론'(日鮮同祖論)이 저명한 언어학자인 가나자와 쇼자부로(金澤庄三郞) 등에 의해 주창된다. '나라를 위해서'라는 의식으로 앞서 어용학자답게 행동해 가는 것입니다. 그간의 사실에 대해서는 [···] 하타다 씨의 『일본인의 조선관(日本人の朝鮮觀)』 제1장에 구체적으로 언급되어 있기 때문에 이 자리에서는 생략합니다. 일본 국가의 권위를 고대에까지 거슬러 올라가 '학

문'적으로 부여하고, 교육 영역에까지 도입시켰으며, 한편으로는 침략을 합리화 시키기 위해 조선의 역사를 폄하함으로써 무(無)가치한 것처럼 그려냈다(梶村 1992, 39-40).

위의 발언 중에는 '일선 동조론' 이야기가 나오는데, 그가 제시한 하타다의 저작에는 '일선 동조론'에 관한 오해가 존재했던 것은 필자가 이미 지적한 바 있다(三ッ井 2004).[3] 적어도 이 발언에서는 가지무라가 하타다에 의한 사학사 정리를 믿을 만한 것이라고 판단하고 있었음을 알 수 있다.

가지무라는 정체 사관을 철저히 비판하기는 했지만, 스스로가 일본인에 의한 과거의 학문에 대해 깊이 검토한 것은 아니었다. 오히려 하타다 식 사학사의 이미지가 계몽의 자리에서 변형되고 재생산되어 가는 과정을 엿볼 수 있다. 중요한 것은 가지무라에게도 그 비판 대상이 결과물로서의 '조선관'이며, 학자들의 자세였다. 예를 들면 타율성 사관에 관한 다음과 같은 기술에도 나타나 있다.

이 정체 사관과 표리일체로 되어 있는 것이, 조선역사는 항상 외부적 힘에 의해 움직인 역사이고, 자율적으로는 움직이지 못했고, 밖으로부터의 침략 없이는 역

3_예를 들어, 하타다는 일본조선연구소의 심포지엄('일본의 조선어 연구에 대해서', 주 2 참조)에서 언어학자 가나자와 쇼자부로의 '일선 동조론'에 관해 "가나자와 선생님의 사고방식은, 일본사 선생님이었으니까 조선이라는 것은 일본의 분가(分家)이다. 일한병합은 본가(本家)로 돌아온 것이라는 사고방식이지요."라고 발언했다(『朝鮮研究月報』 22 1963, 24). 그러나 가나자와는 '일본사 선생님'이 아니고 언어학자이다. 그리고 '본가-분가' 문제에 관해서도 가나자와의 발언은 일정하지 않았다. 오히려 조선을 '본가'로 보는 견해도 표명한 적이 있었다는 점은 은폐되어 버렸다. 하타다의 이 발언은 기타 사다키치(喜田貞吉)와 착각하고 있었음을 엿보게 한다. 가나자와의 일선 동조론에 관해서는 石川遼子(1997)를 참조할 것.

사의 발전이 없었다는 타율성 사관이었으며, 이것이 조선사를 더욱 더 망쳤습니다. 이리하여 자신은 정치에서 중립된 순 실증주의라고 생각하는 많은 역사가들이 실증주의의 절차에 들어가기 전에 이미 제국주의 이데올로기에 규정받은 결론에 지배되고 말았습니다. 절차가 정밀했을 뿐, 결론은 언제나 똑같았던 것입니다(梶村 1992, 40).

어디까지나 외부적인 제국주의 이데올로기에 지배되었던 것이 문제이고, 학문 체계에 내재하는 문제로는 전혀 파악되지 않은 것을 알 수 있다. 가지무라의 조선사학사 인식의 하나의 특징이라고 할 수 있다.

그런데 가지무라가 전후부터 60년대에 이른 시기의 전후 사학사 정리에 대해 전면 동의한 것은 아니었다. 다음의 발언은 자신도 관여한 일본조선연구소의 심포지엄(전술)에 대한 가지무라의 비판이다.

[…] 예를 들어, […] 『심포지엄 일본과 조선』이라는 책. 이것은 실은 저도 참가한 것이지만, 비판받아야 될 것으로 든 것입니다. 이 책을 위해 기획된 좌담회에서 […] 전전의 조선사를 나름대로 총괄하면서 앞으로 나아가기 위한 재료로 삼자는 기획 의도는 좋았지만, 다시 읽어 보면 전체적으로 전전의 가장 극단적인 어용 학문에 대한 비판은 있었지만, 오히려 비판을 차치하고 계승할 점이 무엇인가라는 점에 상당한 비중이 놓였고 또 후해졌습니다. 역으로 정말로 내재적으로 비판이라는 것을 통한 계승이라는 점에 대해서는 매우 어설펐습니다. 아부를 하면서 전전을 살았던 사람들의 추억담을 듣게 되어 버렸던 것입니다. 물론 전부 다 그렇다는 것은 아니지만. 전전과 전후는 어디가 다르고 어디가 연결되어 있는지를 밝히고, 현재 우리가 직면하는 문제에 대한 회답을 거기에서 도출해야 하는데도, 오히려 전전의 극단적으로 비합리주의적인 것을 비판하여 현재 자신들은 벌써 다 청산한(혹은 '씻어낸') 것처럼 생각하면서 끝내 버렸습니다. 바꿔 말하면 전후 그 자체를 문제 삼는 자세론이 정말로 결여되어 있다고 생각합니다(같은 책, 49-50).

가지무라는 이 발언의 직전에 전전 사학사에 대한 비판의 방식을 재고해야 된다고 지적도 하고 있고(같은 책, 49), 그 의미에서는 사학사 비판의 비판적 검증에 대한 그의 깊은 생각을 읽어낼 수도 있겠다. 그러나 그 결과가 앞에서 언급했던 것과 같은 정도에 머무르고 있어서 새로 '비판의 방식'을 내세우는 데는 성공하지 못했다.

2) 역사를 말하는 주체

가지무라는 이 강연에서 재일 조선인들에 의한 역사 되찾기라는 문제를 강조한다. 다름이 아니라 재일 조선인을 역사를 말하는 주체로 인정하는 것이다. 가지무라는 그들에 의한 역사 이야기를 인간 회복의 수단으로 보고, 그들이 원하는 역사를 "심한 상황에 처하면서도 근대 초두부터 일관하여 민족해방 투쟁 속에서 계속 싸워 왔던, 그리고 상처를 입어 왔던 민중의 역사 속에서 무엇인가를 찾아내자. 그런 요구, 다시 말하면 영웅사관으로는 도저히 스스로 만족하지 못하는 요구로써 여러 서적이나 사실에 접근하려는 시점이 공통적으로 보인다."(같은 책, 21)고 한다. 이것은 가지무라가 '내재적 발전'을 자기가 추구하는 대상으로 삼게 된 것과 관련이 있다. 말할 나위도 없이 그것은 타율성에 대한 '내재'성의 강조였던 것이다.

> [⋯] 그 기본적 가치관에 관여하는 방법의 문제로서 우리는 이른바 '내재적 발전'이라는 말을 발견했다. 해방 후 조선의 역사가가 자기들의 역사를 자유로이 연구하고 쓰기 시작했고 거기에서 많은 시사점을 얻으면서 우리들이 나름대로 만들어낸 것이 이 말로 결정(結晶)을 맺은 듯한 역사에 대한 법칙이었다고 생각한다. 문

> 화의 독자성이나 특히 해방투쟁 속에 포함되어 있던 훌륭한 가치, 아름다운 사실의 하나하나와 또 역사로서의 전체 흐름을 발견하는 것. 그럼으로써 조선에 대한 대처 방식이 바뀌어 가는 동시에 침략사를 폭로하는 것이 우리에게 갖는 필연성도 깨닫는 가치관을, 우선은 물론 불충분한 데서부터 출발하면서 가꾸어 가기 위해 '내재적 발전'이라는 말에 압축되는 자세가 필요하지 않을까 하는 것을 알게 되었다(같은 책, 53).

특히 민족해방 투쟁이라는 관점에서 조선인의 역사 연구를 파헤치려고 했다는 점은 하타다와는 다른 획기적인 작업이었음을 인정해야 할 것이다. 가지무라는 "조선 인민의 역사의 에너지"가 "철저히 민족해방을 목표로 투쟁하는 부분 속에 있었다."고 하면서(같은 책, 55), 다음과 같이 언급한다.

> 역사 연구의 영역을 예로 들겠습니다. 조선인 역사가 중에서도 최남선 등은 일본인 사이에서 지명도가 높고, '민족사학'의 대표자처럼 여겨지고 있는데, 사실은 그가 뒤에 전쟁 중에 전쟁 협력자가 된 것에서 상징적으로 드러났듯이 권력에 비교적 가까운 생활 자세를 취했던 것에서 기인합니다. 오늘 논의의 내용을 검토해 봐도 그러한 사람보다는 일본에서는 거의 알려져 있지 않은 신채호야말로 틀림없이 진정한 사람입니다. 그는 일본 제국주의와의 타협을 철저히 거부하고 마지막에는 대련형무소에서 옥사했습니다. 그 자세 때문에 조선인 사이에서는 신망이 높았지만, 일본인은 완전히 무시하고 있었습니다(같은 책, 55-56).

신채호의 역사학에 대해서는 가지무라 자신도 몇 편의 글을 쓴 적이 있는데, 그것이 바로 "신채호가 민족해방 투쟁사 속의 많은 인물 중에서 남북조선에서 한결같이 높은 평가를 받고 있는 많지 않은 사람 중의 하나"(梶村 1993a, 336)라는 인식과도 상관이 있을 것이다. 틀림없이 '민족사학'을 본격적인 사학사의 사정 안으로 편입시킨 것은, 앞에서 언급한 "관학 아카데미즘" 정통사관에 빠진 사학사의 흐름의 한계를 드러낼 수 있다는 의의를 가지기도 했다. 바꿔 말하면, 전술한 일본조선연구소 심포지엄에서 우에하라 센로쿠가 지적한 것처럼 "조선인의 역사의식의 역사와 같은 것"에 가지무라가 주목하게 됐다는 것이다. 이 점에서 가지무라는 하타다 등 역사가가 이루지 못했던 일로 나서게 되었다고 할 수 있다.

그런데 가지무라가 신채호를 평가한 이유는 그가 민족해방 투쟁사 속에 자리매김 되었다는 측면만은 아니다. 가지무라는 신채호의 "고대사를 중심으로 한 그 업적은 그것만으로도 '민족사학'의 최고봉이라는 평가가 당연하다고 할 수 있다. 거기에는 근대 역사학에서 배울 만한 많은 것들이 포함되어 있는 것처럼 보인다."(같은 책, 336)고 평가한다. 그러니까 신채호 평가의 요점은 민족해방 투쟁의 성격과 그것이 근대 역사학과 친화성이 있다는 데 있었다.

여기에서 문제 삼아야 하는 것은 앞의 인용문에서 신채호가 높이 평가되는 반면, 같은 '민족사학'자인 최남선에 대해서는 그다지 평가가 높지 않다는 점이다. 그 이유가 "뒤에 전쟁 중에 전쟁 협력자가 된 것"에 있다는 것은 앞의 인용문을 봐도 쉽게 알 수 있다. 이러한 최남선(사학)에 대한 평가의 성격을 판단하는 데 참고가 되는 것은 같은 강연에서 언급된 이광수에 대한 발언 내용이다. 가지무라는 이광수의 '내선일체'론에 대해 "무엇이 그를 굴복으로 몰아넣었는가에 제일 역점이 놓여야 한다."고 하면서, "파렴치한 가담(加擔)으로 몰아넣은 일제 식민지 정책이야말로 역시 문제입니다."라고까지 한다(梶村 1992, 75). 다시 말하면 가지무라는 식민지 지배로 인해 '내재적 발전'을 저해당하고 하는 수 없이 '굴복'하게 된 존재로서 그려내자는 것이다. 이광수에 대한 내재적 이해의 시도라고도 할 수 있다. 「일본 제국주의의 문제(日本帝國主義の問題)」(1977년)에서는 이광수의 『내선일체수상록(內鮮一體隨想錄)』의 "제국주의의 잔혹함에 대한 가장 신랄한 비판"(梶村 1993b, 313)의 가능성마저 읽어 내려고 한다.

반면, 최남선에 대한 기술은 신채호를 "진정한 사람"으로 보기 위한 첨가물과 같은 정도의 언급밖에 없다. 그의 사학에 대한 평가에는 이광수 때와 같은 내재적 논리의 추구조차 보이지 않는다. 그 결과, '민족사학' 중에서도 민족해방 운동으로 이어지지 않는 것으로 서열화 되어 버린 것이다.

여기에서 우리가 상기해야 하는 것은 역시 앞에서 언급한 일본조선연구소의 심포지엄에서 시카타 히로시가 했던 발언이다. 그것을 통해 우리는 아카데미즘 사학 중심 사관 속에서 배제되어 간 최남선의 위치를 확인할 수 있다. 가지무라는 이러한 사학사관을 부정하고 새로운 사학사관을 내세웠음에도 불구하고 조선인의 지적 세계를 '민족해방 투쟁'과의 거리로 서열화하고 말았다.

하나 더 지적해야 하는 것은 신채호의 가치를 말하는 데 가지무라는 '근대 역사학'과의 거리도 그 기준으로 삼았다는 점이다. 그것은 최남선을 '근대 역사학'의 맥락에서 제외하는 것을 암시했으며, 아카데미즘 사학을 지탱한 역사학의 '근대성'에 대해서는 전혀 의심을 가지지 않았다는 것을 시사하기도 한다.

앞에서 언급했듯이 김용섭과 같은 동시대의 한국 역사가들에게 일본 역사학 비판은 자기 안에 신체화된 근대 역사학에 대한 '내재적'인 비판이기도 했다. 그의 근대 역사학의 제도나 기법 등을 상대화하는 시도와는 달리, 가지무라에게는 아직까지도 근대 역사학에 대한 믿음이 있었다는 것이다. 가지무라는 표면에 드러나는 '조선관'을 비판하려고 했을 뿐, 그것을 낳았던 역사학이라는 제도를 근본적으로 재검토하려는 시각을 가지지 못했다는 것은 사실이겠다.

6. 가지무라의 사학사 인식을 넘어

가지무라에게 일본인의 조선관 비판은 정체 사관이나 타율성 사관 등을 비판함으로써 정체적이지도 타율적이지도 않은 내재적 발전을 기초로 한 역사상을 내세우기 위한 수단이었다고 볼 수 있다. 그를 위해서는 사학사에 대한 비판의 방식을 바꿔야 한다고까지 생각하고 그 실천으로 신채호와 같은 조선 지식인의 영위에 주목한 것이었다. 그러나 위에서도 언급했듯이 근대 역사학이라는 제도를 근본적으로 비판하는 것은 아니었다. 그런 의미에서는 하타다와는 큰 차이가 없었다. 사학사 비판을 조선관 비판으로 수렴시킴으로써 의도하든 안 하든 근대 역사학의 권위를 지키며, 사학사의 파악은 조선관이 '불순'했던 사람을 규탄하기만 하면 된다는 분위기를 생산하고 말았다고 하면 너무 지나친 말일까.

가지무라의 사학사 비판은 그의 연구 자체에도 나타난 것이지만, 주로 운동의 말로만 표출된 것으로 보인다. 물론 이 문제의 '책임'을 가지무라에게만 돌리려는 것은 아니다. 오히려 사학사 문제를 오랫동안 발전적이고 비판적으로 '계승'하지 못했던 우리 조선사학자에게 큰 책임이 있다는 것을 인정해야 하겠다. 가지무라의 사학사 인식이 가진 의의와 한계를 어떻게 발전/극복해 나갈 수 있는지는 우리의 역량에 달려 있다.

참고문헌

金容燮. 1966. "日本·韓國에 있어서의 韓國史敍述." 『歷史學報』 31. 역사학회.

도면회. 2009. "국사는 어떻게 구성되었는가? -한국 근대 역사학의 창출과 통사체계의 확립-." 도면회, 윤해동 엮음. 『역사학의 세기 -20세기 한국과 일본의 역사학-』. 휴머니스트.

미쓰이 다카시. 2004. "'일선 동조론(日鮮同祖論)'의 학문적 기반에 관한 시론 -한국병합 전후를 중심으로-." 『한국문화』 33. 서울대학교 한국문화연구소.

미쓰이 다카시. 2009. "일본의 동양사학은 어떻게 형성되었는가? -시라토리 구라키치(白鳥庫吉)의 역사학-." 도면회, 윤해동 엮음. 『역사학의 세기 -20세기 한국과 일본의 역사학-』. 휴머니스트.

미쓰이 다카시. 2013. "전후(戰後) 일본에서의 조선사학의 개시와 사학사(史學史) 상(像) -1950~60년대를 중심으로-." 인하대학교 한국학연구소 엮음. 『동아시아한국학의 분화와 계보 -복수의 한국학들-』. 소명출판.

박광현. 2009. "식민지 조선에서 동양사학은 어떻게 형성되었는가? -경성제국대학 안의 '동양사학'-." 도면회, 윤해동 엮음. 『역사학의 세기 -20세기 한국과 일본의 역사학-』. 휴머니스트.

新納豊. 1992. "解題: 初出誌その他." 『梶村秀樹著作集 第1巻 朝鮮史と日本人』. 東京: 明石書店.

石川遼子. 1997. "「地と民と語」の相克 -金澤庄三郎と東京外國語學校朝鮮語學科-." 『朝鮮史研究會論文集』 35.

李達憲. 1953. "日本に於ける朝鮮史研究についての所感." 『歷史學研究』 特輯號. 歷史學研究會.

井上直樹. 2010. "戰後日本の朝鮮古代史研究と末松保和·旗田巍." 『朝鮮史研究會論文集』 48. 朝鮮史研究會.

梶村秀樹. 1992. "排外主義克服のための朝鮮史." 『梶村秀樹著作集 第1巻 朝鮮史と日本人』. 東京: 明石書店. [초출 青年アジア研究會 간행. 1971.]

梶村秀樹. 1993a. "申采浩の朝鮮古代史像." 『梶村秀樹著作集 第2巻 朝鮮史の方法』. 東京: 明石書店. [초출 末松保和博士古稀記念會 編. 『古代東アジア史論集』 上巻. 東京: 吉川弘文館. 1978.]

梶村秀樹. 1993b. "日本帝國主義の問題." 『梶村秀樹著作集 第2巻 朝鮮史の方法』. 東京: 明石書店.[초출 『岩波講座 日本歷史 24(別巻1)』. 岩波書店. 1977.]

高吉嬉. 2001. 『〈在朝日本人二世〉のアイデンティティ形成ー旗田巍と朝鮮·日本』. 東京: 桐書房.

高吉嬉. 2010. "〈在朝日本人二世〉旗田巍における内なる朝鮮." 『季刊日本思想史』 76. 日本思想史懇話會.

永島廣紀. 2004. "日本統治期の朝鮮における〈史學〉と〈史料〉の位相." 『歷史學研究』 795. 歷史

學硏究會.
長森美信. 2010. “戰後日本における朝鮮中近世史硏究 -一九七〇年代までの高麗·朝鮮時代史硏究を中心に-.”『朝鮮史硏究會論文集』48. 朝鮮史硏究會.
のますすむ. 1967. “解題.”『朝鮮史硏究會會報』17. 朝鮮史硏究會.
旗田巍. 1951. “朝鮮史.” 東京: 岩波書店.
旗田巍. 1965. “朝鮮史硏究會の步み.”『朝鮮史硏究會論文集』1. 朝鮮史硏究會.
旗田巍. 1969. “日本における朝鮮史硏究の傳統.”『シンポジウム 日本と朝鮮』. 東京: 勁草書房.
旗田巍. 1978. “朝鮮史硏究をかえりみて.”『朝鮮史硏究會論文集』15. 朝鮮史硏究會.
三ッ井崇. 2004. “近代アカデミズム史學のなかの「日鮮同祖論」-韓國倂合前後を中心に-.”『朝鮮史硏究會論文集』42.
宮田節子. 2010. “朝鮮史硏究會のあゆみ -朝鮮史硏究會の創設から一九七〇年まで-.”『朝鮮史硏究會論文集』48. 朝鮮史硏究會.
“明治期の歷史學を中心として.”(심포지엄 제1회)『朝鮮硏究月報』5·6合倂號. 日本朝鮮硏究所. 1962.
“「京城帝大」における社會經濟史硏究.”(심포지엄 제4회)『朝鮮硏究月報』12. 日本朝鮮硏究所. 1962.
“朝鮮史編修會の事業を中心に”(심포지엄 제6회)『朝鮮硏究月報』14. 日本朝鮮硏究所. 1962.
“總括討論”(심포지엄 제10회)『朝鮮硏究』30. 日本朝鮮硏究所. 1964.

3장

내재적 발전론의 임계

가지무라 히데키와 안병태의 역사학

홍종욱

1. 내재적 발전론의 탈구축을 위하여

일찍이 하타다 다카시(旗田巍)는 전전(戰前)의 조선사 연구에 대해, "조선사에는 자주적 발전이 없고 항상 외력에 좌우되어 왔다, 사회는 정체되어 근대화의 방향은 전혀 없었다, 문화는 중국 문화의 모방으로 조선 독자의 것은 없었다."는 사고가 '일반적 결론'이었다고 회고한 바 있다(旗田 1969, 2). 전전 역사학의 축적을 계승하는 동시에 이와 같은 부(負)의 유산에 의한 제약을 받으면서 출발한 전후(戰後) 일본의 조선사 연구는 1960년을 전후하여 새로운 전기를 맞게 된다. '독립' 후의 한반도에서 1950년대 후반부터 본격화된 실증 연구를 원용하면서 전전의 연구를 정체성론·타율성론으로 비판하는 '내재적 발전론'이 대두하기에 이른 것이다. 내재적 발전론이란 요시노 마코토(吉野誠)의 정의에 따르자면 "'타율적'이 아니라 '내재적'으로, '정체적'이 아니라 '발전적'으로 조선의 역사를 추구하고자 하는 방법적 관점"(吉野 1987, 33)이다.

새로운 연구의 대두는 식민 지배에 대한 반성과 더불어 "한국전쟁 후의 공화국(북한을 가리킨다; 인용자)에서의 사회주의 건설의 진전과 한국에서의 4·19 학생혁명 나아가 일한(日韓) 투쟁의 고양"(같은 글, 36) 등 한반도에서 일어나고 있던 일련의 역동적인 움직임으로부터 자극을 받은 결과이기도 했다. 이후 남북한과 일본에서 내재적 발전론에 입각한 연구는 실증의 진전과 문제의식의 심화라는 양 측면에서 적지 않은 성과를 남겼다. 그러나 1970~80년대 한국의 고도성장과 북한의 경제 침체 및 개인숭배의 심화는 일본의 조선사 연구를 둘러싼 환경에도 커다란 변화를 가져왔다. 북한에 대한 실망이 내재적 발전론의 현실적 근거를 잠식해 갔다면, 한국의 경제 발전은 내재적 발전론이 비판적 성격을 잃고 오히려 '현실 긍정론'화 할 위험성을 낳게 된 것이다(같은 글, 37-38).

이러한 배경 하에 1980년대 후반부터 내재적 발전론에 대한 비판이 본격화되었다. 나미키 마사히토(並木真人)는 내재적 발전론을 "전전기의 일본 역사학계가 보편적인 발전단계설에 바탕하여 일본의 선진과 조선의 정체·후진을 주장한 것과 동일한 틀로써 이를 뒤집는 형태로 '정체'를 발전으로 바꿔 읽은 것"이자, "전전의 강좌파가 '겐마뉴설'(厳マニュ説, 막부 말기의 일본 경제가 자본론에서 말하는 '엄밀한 의미에서의 매뉴팩처 시대'에 도달해 있었다는 설; 인용자)을 갖고 제시한 일본에 대한 견해를 '자본주의 맹아'의 확인을 통해 조선으로 바꿔 놓은 것"에 지나지 않는다고 비판했다(並木 1990, 18). 비슷한 시기 한국에서도 이영훈이 『朝鮮後期社會經濟史』(1988)를 통해 김용섭(金容燮)을 중심으로 한 내재적 발전론 연구를 비판한 바 있다. 다만 한국에서는 오히려 1980년대에 들어서 내재적 발전론이 심화되는 현상도 나타

났다. 이에 대해 윤해동은 "현실 사회주의가 붕괴됨으로써 사회주의적 전망이 눈앞에서 사라져 버린 시기에 최고조에 도달한 한국 사회 변혁운동이 처해야 했던 역설"(윤해동 2009, 279)과 관련지어 설명하고 있다. 한편 미국의 에커트도 내재적 발전론, 특히 자본주의 맹아론을 "오렌지 나무에서 사과를 찾는 데 열중한 것"(에커트 1991, 30)으로 비판하는 연구를 발표했다.

그 후 1990년대에서 2000년대에 걸쳐 내재적 발전론의 문제점으로서 지적된 일국사적 발전단계론을 상대화하기 위한 다양한 시각이 제출되었다. 나아가 정체성론이나 타율성론으로서 일축되어 왔던 전전의 연구를 재평가하는 시각도 등장했는데, 예컨대 정체성론의 원조로 지탄되어 온 후쿠다 도쿠조(福田德三)를 "문명사의 관점에서 한국의 전통사회에 접근한 최초의 인물"(이영훈 2004, 43)로 평가하는 연구, 그리고 북한 혹은 전통적인 조선 사회를 '동양적 전제주의'(石井 2008, 317-318)로 규정하는 연구도 나타났다. 그러나 다른 한편에서는 내재적 발전론의 계승을 표방하면서 민족이나 발전에 대한 집착을 버리지 않는 연구도 계속되고 있어, 이러한 두 가지 경향 사이에서는 특히 식민지 경험을 어떻게 평가할 것인가를 둘러싸고 때로는 첨예한 대립이 벌어지고 있는 것이 현실이다.

여기서 오늘날 일본의 조선사 연구가 서 있는 위치를 확인하기 위하여 전후의 조선사 연구를 강하게 규정해 온 내재적 발전론이라는 문제 틀을 재음미하는 것은 충분히 의의 있는 일일 것이다. 그리고 그 과정에서 우리는 전후 일본의 조선사 연구를 이끌어 온 가지무라 히데키라는 커다란 존재와 함께 최근 그다지 그 이름을 들을 수 없게 된 안병태(安秉珆)라는 한 사람의 역사학자와 조우하게 될 것이다. 특히 안병태와 관련해서는 내재적 발전론에 대한 비판 혹은 반성이 제기된 초기 단계에서 거의 모든 연구가 안병태의 역사학에 대한 음미로부터 이야기를 풀어 나가고 있는 점을 중시하고자 한다.[1] 이 글에서는 내재적 발전론이라는 연구 방법론을 그 한복판에서 이끌어 온 가지무라 히데키의 연구를, 같은 내재적 발전의 시각에 서면서도 '아시아적 특질' 및 '저지적 요인'을 중시하여 '전(全)구조적 파악'의 필요성을 주장한 안병태의 연구와 교차시킴으로써, 내재적 발전론에 담겨 있던 보다 복잡하고 다양한 측면을 밝히고자 한다. 그리하여 부정할 것인가 고수할 것인가라는 이항 대립을 넘어 내재적 발전론을 탈구축하기 위한 실마리를 찾아보고자 한다.

2. 내재적 발전론의 일본적 맥락

종전(終戰) 직후 일본의 역사학계는 식민 지배와 침략 전쟁에 대한 반성에 입각하여 새로운 역사관의 확립을 서둘렀다. 그 주안점은 침략과 지배의 대상이었던 아시아의 역사와 현실을 어떻게 재인식할 것인가에 두어졌다. 역사학연구회의 1949년도 대회 통일 테마는 '각 사회 구성에서의 기본적 모순에 대하여'로 정해졌는데, 그 내용은 역사학연구회 편, 『世界史の基本法則』(岩波書店, 1949)으로 간행되었다. 이를 두고 후일 도야마 시게키(遠山茂樹)는 "서유럽 제(諸) 민족의 역사 발전의 기본 법칙이 아시아 제 민족의 역사에도 관철되어 실현되고 있음을 밝히고자 한 것"(遠山 1966a, 307)이라고 평가한 바 있다. 요시노 마코토는 전전의 핫토리 시소(服部之總)의

1_並木(1990, 20) 등. 안병태의 연구를 원용하면서 내재적 발전론의 상대화를 꾀한 요시노 마코토의 문제제기에 대해서는 馬淵(1978, 5) 참조.

'겐마뉴설'은 일본판의 '내재적 발전'론에 다름 아니었다면서, "전후의 '세계사의 기본 법칙'론은 이러한 발상을 개개의 민족사 연구에 적용하고자 하는 지향의 표명"(吉野 1987, 36)이었다고 분석했다.

조선사 연구의 분야에서는 1950년 10월에 '조선학회'가 창립되어 1951년부터 『朝鮮学報』가 발행되었다. 다만 『朝鮮学報』 창간호에서 3호까지 경성제대 교수였던 시카타 히로시(四方博)의 논문 「旧来の朝鮮社会の歴史的性格について」가 연재된 것이 상징하듯이, 조선학회 자체는 전전의 조선사 연구를 계승하고자 하는 성격이 강했다. 새로운 조선 인식을 지향한 움직임으로서는 1951년에 간행된 하타다 다카시의 『朝鮮史』(岩波書店)를 들 수 있다. 이 책은 1970년대 후반에 저자 스스로 "정체론에 빠져"(旗田 1980, 15) 있다는 이유로 절판시키기는 했지만, 간행 당시에는 "종래의 방식과는 달리 오로지 반도 사회의 발전의 면에서 동적으로 그 역사를 파악"(三上 1988, 6-7)했다고 평가되었다.

전전의 조선사 연구의 주된 경향에 대한 비판도 이어졌다. 가지무라 히데키는 후쿠다 도쿠조 등의 봉건제 결여론을 '정체와 특수성'에 바탕한 '어용 이데올로기'라고 비판했다(梶村 1963c, 82). 하타다 다카시도 후쿠다의 연구에 대해 "폭넓은 세계사적 시야에서 조선을 보는 점은 탁월했다."고 평가하면서도, 정체론에 빠져 있었다고 지적했다. 한편 시카타 히로시에 대해서는 "세계사에서의 위치는 고려되지 않고 그 정체성·후진성이 지적되는 데 그쳤다."고 비판했다(旗田 1955, 208). 또한 '일선 동조론'과 '만선사'에 대해서도 양자는 언뜻 보아 대립되는 것처럼 보이지만 "조선사의 자주적·주체적 발전을 부정하는 점에서는 동일하다."고 총괄되었다(旗田 1966a, 22). 모리타니 가쓰미(森谷克己)로 대표되는 '동양사회론'도 하타다와 가지무라에 의해 후쿠다 도쿠조의 정체론을 계승한 것으로 비판되었다(座談

1964, 87; 梶村 1963c, 29). 이와 같은 전전의 조선사 연구에 대한 비판의 전개는 내재적 발전론이 대두하여 확립되어 가는 과정이기도 했다.

조선사 연구의 새로운 경향은 1959년 1월의 '조선사연구회'의 창립, 그리고 1961년 11월의 '일본조선연구소'의 설립 등의 조직적인 활동에 의해 뒷받침되었다. 그 일례로서 조선사연구회의 대회를 통해 내재적 발전론이 전개되어 가는 과정을 살펴보자. 먼저 1963년 11월의 1회 대회에서는 박경식(朴慶植)이 「문제제기(근대)」를 통해, 북한에서 발표된 김석형·김희일·손영종의 「『전 세계사』(쏘련과학원 편) 조선 관계 서술의 엄중한 착오들에 대하여」의 내용을 의식하면서 '조선에서의 자본주의적 생산의 맹아형태의 문제'·'근대사의 시기 구분'·'갑신정변' 등에 대해 북한의 연구를 원용하며 포괄적으로 새로운 방향성을 제시했다(朴慶植 1964, 5-9·22). 1966년 11월의 4회 대회는 공통 테마로서 '조선 사회의 역사적 발전'을 내걸었는데, 대회에 이르기까지의 『朝鮮史研究会会報』를 살펴보면 권두논문으로서 각각 하타다 다카시의 「朝鮮史の時代区分について」(10호, 1966b.3), 다케다 유키오(武田幸男)의 「朝鮮史像の新形成 ─朝鮮史研究会第四回大会によせて─」(13호 1966.10), 권영욱(權寧旭)의 「資本主義萌芽をめぐる若干の方法論」(14호, 1966.11)을 배치하는 등, 대회를 향해 논점을 세워 가고 있는 모습이 엿보인다. 대회 당일의 「문제제기」를 담당한 것은 다케다 유키오(전근대사)와 가지무라 히데키(근현대사)였다. 대회 종료 후 다케다는 "조선사의 '발전'적인 이해라는 공통 과제가 한층 더 정착되었다."(武田 1967, 15)고, 가지무라는 "'조선사는 법칙적'이라는 것이 확인되었다."(梶村 1967, 40)고 각각 자평하였다. 또한 이 4회 대회에 맞춰 조선사연구회·하타다 다카시 편, 『朝鮮史入門』(太平出版社, 1966)이 간행되었다.

일본에서의 내재적 발전론의 대두는 전전 일본의 역사학에 대한 비판과 더불어 1950년대 후반부터 본격화된 한반도에서의 관련 연구의 진전에 자극 받은 바가 크다. 남북한 학계의 동향은 거의 시차 없이 일본에 소개되었다. 주요한 문헌으로서는 먼저 가지무라가 번역한 김용섭의 「일제 관학자들의 한국사관—일본인은 한국사를 어떻게 보아왔는가?—(『思想界』 1963. 2)」(『朝鮮硏究月報』 15, 1963. 3)를 들 수 있다. 나아가 가지무라는 전전의 조선사 연구의 문제점을 지적하면서 남북한의 새로운 연구를 소개한 「이조 후기 조선의 사회경제 구성에 관한 최근의 연구를 둘러싸고」(『朝鮮硏究月報』 20, 1963. 8)를 발표한다. 이 글을 통해 북한에서 간행된 『조선통사』 상권의 19세기 사회경제를 다룬 절의 제목이 「농업의 황폐와 공업, 상업의 침체」(구판, 1956)에서 「자본주의 맹아의 발생」(개정판, 1962)으로 바뀐 것이 주목되었다. 기타무라 히데토(北村秀人)와 가지무라 히데키가 1964년에 집필한 『史學雜誌』의 「回顧と展望」에서는 김석형·김희일·손영종의 「소련 아카데미 편 『세계사』의 조선 관계 서술에서의 중대한 오류에 대하여」(『로동신문』 1993. 9. 20)에 대해 언급하면서 "직접적으로는 소련의 조선사 연구에 대한 비판이지만 동시에 그것이 다분히 의거하고 있는 일본의 조선사 연구의 전통에 대한 비판이기도 하다."(北村·梶村 1964, 49)고 받아 들였다. 또한 와타나베 마나부(渡部学)는 1963년 6월에 한국사학회 주최로 열린 '조선 후기에 있어서의 사회적 변동'에 관한 심포지엄을 소개하면서, "이제까지의 일본인의 대(對) 조선 근세 사관, 예컨대 단순한 붕당 혈투 사관이나 주자학 형해화 사관이나 민중부패 태타화(怠惰化) 사관 등을 시정하지 않을 수 없게 하는 것이 많다."고 평가했다(渡部 1965, 92).

하지만 일본 학계가 그저 남북한의 연구를 수용하기만 한 것은 아니었다. 나카즈카 아키라(中塚明)는 "일본에서의 조선사의 내재적 발전론의 주장이나 혹은 그에 바탕한 종래의 일본에서의 역사 연구에 대한 비판이 마

치 조선의 역사학계의 동향에 좌우된 결과인 것처럼 말하는 논의가 잘못임을 지적하기 위해서라도", "조선의 역사학계에서 그러한 논의가 고양되기 전에 일본인 조선사 연구자 사이에도 극히 맹아적이기는 하지만 이미 보였던 것"을 강조할 필요가 있다고 하면서, 전술한 하타다 다카시의 『朝鮮史』와 더불어 1960년에 제출된 가지무라 히데키의 석사논문 「李朝末期の綿業について」를 그 예로서 들고 있다(中塚 1981, 264-265). 가지무라도 일본에서의 내재적 발전론의 대두에 대해 "북한 학계와 때를 같이 하여 그러나 결코 단순한 수용이 아닌 형태로 시작"되었다고 말한 바 있다(梶村 1969a, 88).

일본과 남북한에서의 내재적 발전론의 전개에는 단순한 시간적 선후의 차원을 넘어서는 보다 근본적인 차이가 존재했다. 일본의 역사학계에서는 이미 1951년부터 이른바 '세계사의 기본 법칙'에 입각한 역사 연구에 대한 비판이 일어나고 있었다. 즉 일본의 내재적 발전론은 일국사적 발전단계론으로서의 '전후 역사학'에 대한 근본적인 비판과 마주하면서 그 문제의식을 단련해 온 셈이다. 예컨대 1968년에 열린 좌담회에서 우부가타 나오키치(幼方直吉)가 "중국에서도 하고 있고 조선에서도 하고 있는 자본주의 맹아의 연구. 그것은 결국 발전단계설에서 온 것인데 그런 방향에 저는 의문"을 갖고 있다고 비판한 것에 대해 하타다 다카시는 "우부가타 씨가 말씀하신 것에 저도 상당히 가까운 생각을 갖고 있다."고 호응하고 있다(座談 1969, 201). 요컨대 내재적 발전론이 근대화론 혹은 발전단계론과 겹치면서 오랫동안 말하자면 국민적 역사학으로서의 지위를 유지해 온 남북한의 상황과는 적이 다른 내재적 발전론의 일본적 맥락이 존재한 것이다.

가지무라는 전술한 「이조 후기 조선의 사회경제 구성에 관한 최근의 연구를 둘러싸고」를 통해 북한의 연구를 "기본적으로 올바르다."고 평가하면서도, "기본적으로 올바르다는 것이 반드시 현재 제출된 쉐마(schema)를 그대로 받아들이지 않으면 안 된다는 것은 아니다. 가치관만으로는 역사학은 시작되지 않는다."(梶村 1963c, 35)며 신중한 자세를 버리지 않았다. 더욱이 매뉴팩처의 존재를 둘러싸고 "그 의거한 원 사료의 소재·형식 등이 전혀 제시되어 있지 않"은 것에 대해 '부당'하다고 비판했다.[2] 또한 김용섭의 논문 「일제 관학자들의 한국사관」(1963)을 번역·소개하면서 「해제」를 통해 "입론의 내용을 이루는 개개의 논점에 관한 한 많은 논의가 있을 수 있다.", "조선에서도 일본에서도 완전히 해명되지 않는 문제는 많이 있다."(梶村 1963a, 25)고 덧붙였다.

실제 연구에서도 발전적인 측면만이 아니라 그 저지적 요인에도 주목하고 있는 것이 확인된다. 전술한 가지무라의 석사논문은 시간을 들여 수정을 거듭한 뒤 1977년에 간행된 가지무라의 대표작 『朝鮮における資本主義の形成と展開』(龍渓書舎)에 수록되게 되는데 그 모두에서는 "조선 근대사의 과제는 직접 생산자의 내발적 에네르기의 전개가 내외의 저지적 모멘트의 상호작용에 의해 어떻게 영향을 받고 왜곡되어 처음의 목표와 다른 지점에 도달하는가라는 구체적 과정을 밝히는 것"(같은 책, 20쪽)이라고 적고 있다. 더욱이 이러한 인식은 상당히 빠른 시기부터 확인된다. 석사논문의 연장선상에서 행해졌을 것으로 생각되는 1963년 조선사연구회에서의 발표에서도 예컨대 부농 경영에 대한 "상인 자본 및 투기적 상업 행위가 행하는 저지적 역할"(梶村 1963b, 4)에 주목하고 있다.

요시노 마코토는 나미키 마사히토의 내재적 발전론 비판에 대해 "'세계

2_같은 글, 42쪽. 다만 가지무라는 『歴史学研究』의 논문에서는, 같은 내용을 북한의 최신 연구 성과로서 소개하고 있다(梶村 1964, 56). 일본과 북한 사이에 선 가지무라의 고뇌에 찬 행보가 엿보인다.

사의 기본 법칙'으로 상징되는 '전후 역사학'의 지평에 서서 정체론·타율성론에 대치하고자 한 것이라는 지적은 내재적 발전론 일반의 평가로서 타당하지만 가지무라의 그것에 대해 말한다면 재검토의 여지가 있을 것으로 생각된다."(吉野 1991, 166)고 지적한 바 있다. 가지무라의 연구를 내재적 발전론 '일반'과 나누어 생각할 필요성을 제기한 것이다.

그렇다면 내재적 발전론 '일반'이란 무엇을 가리키는 것인가. 가지무라는 1960년대 중반의 시점에서 자본주의 맹아 관련 분야의 "일본에서의 연구 상의 완전한 결락"(梶村 1967, 42)을 지적하였다. 1970년대 중반 나카즈카 아키라의 평가에서도 내재적 발전론에 입각한 연구자로서 강덕상(姜德相), 강재언(姜在彦), 권영욱(權寧旭), 박경식(朴慶植), 박종근(朴宗根), 안병태(安秉玲) 등의 재일 조선인 연구자의 이름을 든 뒤, "일본인 연구자로서는 가지무라 히데키가 정력적으로 연구를 발표한 외에 교육사 분야에서 와타나베 마나부가 독자적인 연구를 진행한 것에 그친다."(中塚 1974, 69)고 보았다. 60년대를 거치면서 내재적 발전론이 '공통의 인식'(吉野 1987, 36)으로 자리 잡았다는 평가에도 불구하고, 적어도 일본인 연구자에 의한 관련 연구는 여전히 부진했던 셈이다.

이와 같은 나카즈카나 가지무라의 진단에 비추어 볼 때 요시노가 지적한 내재적 발전론 '일반'이란 주로 재일 조선인 혹은 남북한의 연구를 가리키는 것이 된다. 실제로 일본인의 연구와 조선인의 연구를 나누어 생각하는 것이 당시에는 오히려 일반적이었다. 이러한 사태를 고려한다면 내재적 발전론의 '일본적 맥락'이라는 이 글의 설명 자체도 보다 신중하게 검토될 필요가 있을 것이다. 다만 재일 조선인의 역사학에 대한 본격적인 검토는 다른 기회로 미루기로 하고 이하에서는 일국사적 발전단계론에 대한 비판이라는 의미에서의 '일본적 맥락'에 민감하게 반응한 가지무라 히데키와 안병태의 역사학에 초점을 맞추고자 한다. 정체성론·타율성론을 배제하는 동시에 일국사적 발전단계론 또한 넘어서고자 하는 일견 상반되는 이중의 과제와 씨름한 두 역사학자의 실천이야말로 내재적 발전론의 '임계'에 육박하는 것이었기 때문이다.

3. 가지무라 히데키의 역사학에서의 '외압'과 '민중'

'세계사의 기본 법칙'에 입각한 일국사적 발전단계론을 극복하기 위해 1960년대의 역사학연구회가 주목한 것은 근대로의 이행에 있어서의 '외압'의 문제였다. 이를 주도한 일본 근대사가 도야마 시게키는 후일 스스로 "'세계사의 기본 법칙의 재검토'라는 장기 계획의 일환"(遠山 1965, 271)이었다고 평가한 역사학연구회의 1963년도 대회 종합부회 '동아시아 역사상의 검토'에서, "같은 외압 하에 왜 일본이 독립을 달성하고 중국이 반식민지화했는가, 그 차이를 낳은 내적 조건의 상이는 무엇인가라는 문제제기"는 '잘못'(遠山 1963b, 259)이라고 주장한다. 도야마는 1864~84년에 동아시아에서 외압이 '약간 느슨해진' 사실을 일본의 메이지 정부와 중국의 양무파 정권이 존립할 수 있었던 조건으로서 주목했다. 그리고 "항상 중국의 사건이 시간적으로 한 걸음 앞서고 가혹함이 한층 더 심했던" 것이 중·일 간의 명암을 나누었다고 설명했다(遠山 1963a, 253). 도야마는 각국의 내재적 요인에 집착하는 비교사적 접근을 물리고 동아시아 세계가 제국주의 단계에 접어드는 시점에서의 외압의 차이에 주목한 것이다.

비교사적 접근 혹은 일국사적 발전단계론이 안고 있던 문제점에 대해

서는 가지무라도 자각하고 있었을 것이다. 조선이 식민지로 전락했다는 결과로부터 생각한다면 아무리 발전적 요소를 캐낸다고 해도, 내재적 발전론은 일본과의 비교에 있어서 상대적 정체론에 빠질 수밖에 없었다. 여기서 가지무라는 도야마의 쉐마를 받아들여 각 지역의 개국 시기와 각각의 정치적 변혁기에 있어서의 외압의 강도의 차이에 주목함으로써 '동아시아적 규모에서의 양극 분해'(梶村 1964, 62)라는 개념을 만들어 내게 된다. 그리고 그 연장선상에서 가지무라는 조선사연구회 1969년도 대회의 테마로서 '조선과 동아시아·세계–조선의 주체적 발전과 국제 조건–'을 구상하였다(梶村 1969b). 우연히 대회 자체가 열리지 않게 됨으로써 그러한 구상은 실현되지 않았지만, 가지무라의 문제의식은 그 후 발표된 논문을 통해서 확인된다. 『朝鮮における資本主義の形成と展開』(1977)에서 가지무라는 "기본적으로 동일한 출발점에서 그러나 20년 정도의 시간차를 두고 출발한 이웃한 일본·조선 양국이 급속한 변동에 의해 대조적인 상황에 도달"(같은 책, 14쪽)하였다는 인식을 보였다. '기본적으로 동일한 출발점'이라는 표현에 의해 정체성론을 물리치고 '대조적인 상황에 도달'한 원인을 개국 시점의 차이에서 구하고 있음을 알 수 있다. 무라카미 가쓰히코(村上勝彦)는 이 책에 대한 서평을 통해 가지무라의 쉐마는 "내재적 발전의 왜곡은 주요하게는 세계 자본주의에 의해, 즉 '외압'에 의해 생긴 것"(村上 1978, 90)으로 보고 있다고 적확하게 지적한 바 있다.

'외압' 문제에 대한 가지무라의 생각이 가장 체계적으로 정리된 논문은 「동아시아 지역에서의 제국주의 체제로의 이행」(梶村 1981)이다. 여기서 가지무라는 도야마의 이론이 "일본사가에게 그다지 진지하게 검토되고 있지 않"는 상황과 더불어 아시아 연구에서의 "사실상 타율성 사관으로 회귀"하는 경향을 경계했다(같은 글, 60쪽). 이는 1960년대 이후 아시아 붐이 약해지는 반면 일본·한국·대만·홍콩 등의 경제성장의 영향으로 "'앞선 중국'에 대한 회의의 증대"(宮嶋 1984a, 11)가 눈에 띄면서 로스토우 류의 근대화론이 횡행하던 상황에 우려를 표명한 것으로 이해된다. 가지무라는 도야마설을 받아들이면서도 "중·일의 발전 템포의 차이는 관계사적으로 설명되지 않아 다시 내인 비교론자에 길을 열어 주는 약점을 이루고 있다."(梶村 1981, 62쪽), "중국 전근대 사회의 구조적 특질이 양무파 정권밖에 낳을 수 없었던 것이 아니라 외압이 보다 광범한 민족적 역량의 결집을 방해한 것"(같은 글, 75쪽)이라는 식으로 그 쉐마의 보다 철저한 적용을 요구하는 입장을 취했다. 또한 도야마의 '일중(日中) 병행 동질 발전론'을 높게 평가하면서, "조선사에도 내재적 발전이 있어, 메이지 정부나 양무파 정권과 동질의 정권을 낳고자 하는 일국 내적 역사 과정"이 존재한 것을 지적했다(같은 글, 63-64쪽). 도야마와 가지무라의 연구는 약간 시간을 두고 한국에도 소개되었다. 방기중은 「내재적 발전론의 전진을 위한 방법론적 고찰」이라고 이름 붙인 논문에서, 동아시아 세계의 '국제적 분해'를 이해하기 위해서는 "각국의 내재적 발전의 특질을 포용하면서 직접적으로는 세계 자본주의와의 접촉 그 자체, 즉 세계 자본주의에 의한 국제적 조건 –'외압'(外壓)– 가운데 후진자본주의의 발전의 성부(成否)를 가름하는 제 조건이 우선 이론적 고찰의 대상이 되지 않으면 안 된다."(편집부 1982, 21)[3]고 가지무라의 주장을 원용하면서 자신의 논지를 전개하였다.

그러나 내재적 발전론의 출발이 다름 아닌 타율성론 비판에 있었던 것

3_편집부, 「内在的 発展論의 전진을 위한 方法論的 고찰 - 일본의 韓国史 研究 수용과 관련하여 -」(姜在彦 外 1982, 21). 이 글의 저자는 방기중으로 알려지는데, 2010년에 간행된 방기중 저작집에도 수록되었다.

을 생각한다면, 외압의 강조는 내재적 발전론의 형해화로 이어질 위험성을 안고 있었다. 국제적 조건의 규정성을 지나치게 강조하다 보면, 내재적 발전론은 더 이상 내재적이지 않게 되어 버리는 것이다. 여기서 가지무라가 '외압'과 더불어 착목하게 된 것이 그와 같은 내외의 압력에 맞서는 '민중'의 존재였다. 가지무라는 자본주의 맹아의 문제를 다룬 논문에서 "조선에서의 봉건사회의 해체, 자본제 사회로의 이행"의 동력을 '조선 인민의 에네르기'(梶村 1966a, 254)에서 구하고 있다. 또한 "사회경제사적인 축적 위에서 인간에게 있어서의 상황을 밝힌 다음, 그러한 상황에 의해 뒤틀려 만신창이가 되어서도 주체성을 추구하는 존재로서 인간·사상을 그 독자적으로 추구하는 것"(座談 1969, 205)의 의의를 강조했다. 후일 가지무라 스스로 초기의 '사회경제사주의라는 편향'(梶村 1990, 53)에서 벗어나는 과정으로서 회고한 것은 바로 이러한 인식의 전환을 가리키고 있었다고 생각된다.

이상의 궤적을 토대로 하여 1960~70년대 가지무라의 내재적 발전론의 도달점을 보여 주는 걸작이라고 할 『朝鮮における資本主義の形成と展開』(龍渓書舎, 1977)에 대해 살펴보자. 미야지마 히로시(宮嶋博史)는 이 책에 대해 "60년대 맹아 연구의 성과를 계승·발전시켜 조선 근현대사를 일관된 방법으로 파악하고자 한 선구적인 시도"로서 "고(故) 안병태 씨의 연구에 비견되는 것"(宮嶋 1977b, 13)이라고 논했다. 후술할 안병태의 역사학과도 관련하여 흥미로운 평가이다.

이 책의 구성은 다음과 같다.

서장

제1장 이조 말기(개국 후) 면업의 유통 및 생산 구조 -상품 생산의 자주적 전개와 그 변용-

제2장 일본 제국주의 지배 하의 조선 부르주아지의 대응 -평양 메리야스 공업을 중심으로-

제3장 '민족자본'과 '예속자본' -식민지 체제 하의 조선 부르주아지의 정치경제적 성격 해명을 위한 카테고리의 재검토-

제4장 1960년대 초두의 지배구조와 이른바 예속자본

제5장 결론에 대신하여

먼저 서장에서는 연구의 '궁극 목표'로서 "내재적인 사회경제 발전과 분리된 인민투쟁사가 아니라 이를 유기적으로 포섭한 인민투쟁사를 그리는 것"(같은 책, 8쪽)을 들고 있다. 1장은 주로 외압에 의한 면업의 변용과 재편 과정을 분석하였다. 전술한 바와 같이 1960년에 집필한 석사논문을 발전시킨 것으로 일본에서의 내재적 발전론의 전개가 문제의식의 심화와 실증의 진전이라는 양 측면에서 응축되어 있는 연구라고 할 수 있다.[4] 2장에서는 식민지 하의 조선인 부르주아지가 갖고 있던 민족적인 측면과 예속적인 측면의 양면성을 분석하였는데, 이미 초출 논문의 단계에서부터 "사회경제사와 해방투쟁을 결합시키는 시점"(北村·小林 1964, 97)으로서 주목된 연구이다. 3장에서는 중국(반식민지)의 경험에서 나온 '민족자본' 개념을 재검토하고, 4장에서는 한국 자본의 양면성(민족적·예속적)과 박정희 정권의 성격에 대한 분석을 통해 '종속 발전'의 전망을 제시했다. 무라카미 가쓰히코는 서평을 통해 "박 정권의 일면에 있어서의 '민족주의'적 성격의 계급적 기반을 석출"한 것을 높게 평가하고, 더욱이 그러한 시각이 1960년대 초두에

4_미야지마 히로시는 이 연구에 대해 "공화국이나 한국에서의 조선근대사를 조선 인민의 내발적 에네르기의 전개를 주축으로 하여 재구성하고자 하는 움직임을 일본인 연구자로서 본격적으로 받아들인 최초의 것"으로 평가했다(宮嶋 1981, 290).

제기되었다는 점에서 가지무라의 분석을 '달견'이라고 치켜세웠다(村上 1978, 88).[5]

이 책은, 근대로의 이행 과정에서의 '외압'의 영향에 주목하여 식민지에서의 민족자본의 부재와 해방 후의 '종속 발전'의 전개를 밝힌 다음, 그러한 내외의 상황에 맞서 조선의 내재적 발전을 지탱해 온 '민중'의 존재를 읽어낸 것으로 정리할 수 있을 것이다. 특히 "오늘날 남조선의 전면적인 '종속 발전' 아래에서 굳이 '사회주의'적이지 않은 민중의 민족주의적 조류의 전개를 전망할 수 있는 시점을 가질 수 있다."(같은 책, 240쪽)는 언급은, 발전단계론을 실질적으로 극복한 것으로 평가할 수 있다. 나아가 가지무라가 말하는 '민중의 민족주의'가 더욱 의미를 지니는 것은 그 민중이 결코 영웅이 아니라 식민 지배에 휘둘리고 다시 박 정권의 민족적 성격에 동요하고 있는 '만신창이'의 민중이기 때문일 것이다.

가지무라는 자신의 연구를 포함하여 내재적 발전론의 단계 구분을 시도한 바 있다. 그에 따르면 제1단계는 '야마베 겐타로(山辺健太郎) 씨'·'박경식 선생님'과 함께 '침략사의 공부'를 진행하던 시기가 된다. 그리고 제2단계에 대해서는 '외압'에 주목함으로써 내재적 발전론을 체계화하는 데 성공했지만, "'훌륭한 순수 조선'을 그린 나머지 … (중략) … 말하자면 객관주의 내지 허울 좋은 말의 혐의가 있었다."고 돌아보고 있다. 가지무라의 민중상·'민중의 민족주의'와 관련해서 주목되는 것은 제3단계이다. 가지무라는 "조선인도 말하는 로맨틱한 '민족상'은 현실의 존재가 아니라 지향할 목표"라면서 "국제적인 힘, 지배자의 논리가 일단 내부에까지 들어와 버렸다. 이

5_이 책의 4장은 조선사연구회 제1회 대회(1963.11)에서의 보고를 바탕으로 하고 있다.

를 없었던 것으로 하고 순수 민족적인 것을 낡은 향수의 세계에서 구하기만 해서는 현실로부터 멀어지고 만다."고 경계하였다. 그리고 이러한 현실을 살아가는 등신대의 민중을 발견한 계기로서 '김희로(金嬉老) 사건'을 들었다(梶村 1974, 108∽125).[6]

이상에서 검토한 바와 같이 가지무라 히데키의 역사학은 '외압'의 규정성에 주목하고 또한 그에 맞서는 '민중'의 존재를 발견함으로써 일국사적 발전단계론을 넘어서 내재적 발전론의 임계에 육박하는 것이었다.

4. 안병태의 역사학에서의 '전(全)구조적 파악'

조선근대사 연구에 뚜렷한 성과를 남긴 안병태는 1931년 오사카(大阪)에서 태어났다. 1935년생인 가지무라보다는 4살 위였던 셈이다. 다만 병으로 휴학을 한 것도 있어 연구자로서 활동을 시작하게 되는 것은 가지무라보다 늦은 1960년대 중반 이후였다.[7] 1976년에 암으로 요절하기까지 안병태가 연구자로서 활동한 10년 남짓한 시간은 내재적 발전론이 대두하여 그 문제의식을 넓혀 가던 시기와 일치한다. 안병태의 연구는 2권의 책으로 모아졌다. 1977년에 간행된 『朝鮮社会の構造と日本帝国主義』(龍渓書舎)는 안병태 사후에 정리된 유고집이다. 이에 비해 1975년에 간행된 『朝

6_가지무라 사학의 단계 구분의 의의 등에 대해서는 姜元鳳(2012) 참조.

7_안병태의 이력과 논저 목록에 대해서는 「著者略歴·著作目録」(安秉玲, 1977) 및 「故安秉玲氏·山辺健太郎氏著作目録」(『朝鮮史研究会論文集』 15, 1978. 3), 참조.

鮮近代経済史研究』(日本評論社)는 저자 스스로 기존의 논문을 수정하여 체계화한 것으로서 안병태 역사학의 도달점을 보여 주는 작품이라고 할 수 있다. 『朝鮮近代経済史研究』의 구성은 다음과 같다.

머리말
제1장 유설(謬說)의 비판적 검토
제2장 조선 후기의 토지 소유 -중층적 소유구조와 경영구조-
제3장 상품화폐경제의 구조와 발전
제4장 중간계층의 존재 형태
제5장 1884년 갑신정변의 사회경제적 기초

머리말에서는 "역사 발전의 기본적 동인을 자주적 내재적 발전에 구한 나머지 구조적 파악을 방해한다고 할 수 있는 '부조적(浮彫的) 방법'은 극력 피하겠다."는 견해가 제시되어 있다(같은 책, ii). 요컨대 내재적 발전의 관점을 견지하면서도 '저지적 요인'을 시야에 넣을 필요성을 강조하고 있다. 안병태의 연구는 일본에서의 내재적 발전론의 문제의식의 심화와 그 변용을 표현하는 것이었다. 나카즈카 아키라는 안병태의 '모티브'와 '전구조적인 분석 방법'을 "1960년대부터 진전된 조선의 내재적 발전론을 더욱 구체화하고 심화하는 데 있어서 지극히 시사적"(中塚 1981, 270)이라고 평가했다. 미야지마 히로시는 이 책에 대한 서평을 통해 먼저 그 '유니크하면서도 체계적'인 점에서 '안병태 사학'(宮嶋 1977a, 196)이라고 부를 수 있을 정도라고 평가했다. 그리고 안병태의 역사학에서의 관점의 전환, 즉 "내재적 발전의 규명을 주요한 관심"으로 삼으면서 후일 저자 자신이 비판하게 되는 "발전적 계기의 실재라는 유행적 시각"(安 1975a, iii)의 경향을 강하게 띠었던 제1기로부터, '저지적 조건'의 강조가 두드러지게 되는 제2기로의 전환을 밝히고, 그 과정에서 안병태의 아시아적 생산양식의 문제에 대한 주목을 지적했다(宮嶋 1977a, 198).

이 책의 내용을 살펴보자. 1장에서는 조선 후기의 사회 변동을 어떻게 이해할 것인가라는 시각과 관련하여, '조선 사회 정체론'과 '봉건제 결여론'을 비판하고, '이행을 둘러싼 제 문제'를 다루고 있다. 먼저 정체성론의 대표론자로서 시카타 히로시를 들어 "이조 사회건 막번 체제건 토지 소유 구조가 복합적이고 중층적이라는 점에서는 공통성"을 가지며 일본의 개국 또한 '자율적 개국'이 아니었다는 점에서 조선과 일본의 경제적 조건의 차이가 있었다고 해도 그것은 "말하자면 양적인 차이에 지나지 않는다."고 비판했다(安 1975a, 10). 다만 시카타 히로시를 '양심적인 실증주의자'로 규정하고, "시카타가 의거한 일면을 버리고 이 측면 만에 의거하여 조선 사회상을 구축하는 것은 잘못일 것이다. 양자 모두 조선 사회의 일 측면을 구성하고 있으므로 구조적 자리매김을 할 필요가 있다."(같은 책, 9)고 하여 그 성과의 계승·재해석을 주장한 것은 흥미롭다. 마르크스주의 역사학의 정체성론자로서는 핫토리 시소를 들어 "봉건사회 내부에서의 경제발전을 비교의 척도로 삼는 것 자체를 역시 재검토할 필요가 있다."(같은 책, 15)고 지적하여 핫토리가 의거하고 있는 비교사적 방법 자체를 비판했다. '봉건제 결여론'에 대해서는 "조선의 식민지화라는 결과를 전제로 하여 그 원인을 구하는 방법"(같은 책, 17)이라고 비판하고, 조선과 일본의 차이는 "토지 소유의 양태에서 본 기본적 동일성, 본원적 축적 유형의 동일성, 부르주아적 변혁 유형의 동일성 등을 인정한 위에서의 내부 편성의 차이에 바탕한 경제발전의 양적 차이"(같은 책, 18)라고 강조했다.

'이행을 둘러싼 제 문제'에서는 갑신정변의 성격을 어떻게 규정할 것인가라는 문제를 다루고 있다. 안병태는 기존의 연구를 A.정권 쟁탈 투쟁론, B.부르주아 개혁의 선구론, C.부르주아 개혁론, D.부르주아 혁명론 등 4개의 견해로 나누어 검토를 가하고 있다. 먼저 A설로서는 야마베 겐타로의 연구를 들어 일본의 조선 침략을 고발한 측면을 평가하면서도 조선의 '자주적 발전'에 관심이 없기 때문에 "일본 제국주의가 날조한 '정체적 조선 사회상'이나 '비자립적 조선 사회상'을 보강하는 역할을 연출"(같은 책, 25)하고 있다고 비판했다. B설은 C설에 대한 비판에서 나온 것으로 바로 가지무라의 견해였다. 안병태는 역으로 가지무라를 비판함으로써 C설을 옹호하는 입장을 취했다. 북한의 공식 견해인 D설에 대해서는 모두에서 "본서 전체로써 이를 검토하여 대답을 한 것으로 하겠다."(같은 책, 20)고 말했을 뿐 구체적인 언급은 피하고 있다.

안병태는 가지무라의 견해를, 김옥균 등 개화파 및 갑신정변에 대해서 "일본과의 접촉을 통하여 관념적으로 개화론을 수용"하고, "메이지 유신의 경험을 모델로 삼아 오히려 그것을 교조주의적으로 조선에 적용하고자 했다는 의미에서 부르주아 개혁운동의 선구였던 것은 확실하나 그 이상도 이하도 아니"(같은 책, 28-29)라고 보고 있는 것으로 정리하였다. 먼저 안병태는 김옥균 등의 개화사상은 단순히 일본을 추종한 것이 아니라 실학사상으로부터의 전통을 계승한 것이라는 점을 강조했다. 이는 개화파에 대해 "부르주아 개혁의 풍조에 대한 고식적인 편승이 아니"라 실학사상, 특히 북학파의 사상을 계승한 것으로 설명하는 강재언의 연구에 의거하고 있는 바가 크다(姜在彦 1973, 21). 다음으로 안병태는 메이지 유신의 경험을 특히 그 중심을 이루는 '권력 탈취, 신정권 수립'이라는 형식이라는 측면에서 생각할 때 "당시의 조선 봉건제의 구조에서 쿠데타 형식에 의한 권력 탈취가 가장 효과적이었으며 당시의 제 조건에서 그 외에 현실적으로 가능한 방식은 없었다."고 하여, 정변의 형식을 이유로 갑신정변의 의의를 낮게 볼 수는 없다고 주장했다. 그리고 가지무라에 대해서 "갑오농민전쟁의 농민군을 '본대'(本隊)로 삼는 것은 조선 봉건사회의 근대 자본주의로의 전환이 얼마나 입체적 내용을 가지고 또 얼마나 거대한 에네르기와 재원과 온갖 분야의 영지(英知)를 필요로 하는지를 평가하지 못하는 이의 말"(安 1975a, 32)이라고 비판했다.

2장에서는 토지 소유의 '아시아적 특질'로서 궁극적으로 '국왕의 단일한 토지 소유'로 수렴되지만 그 내부에 '중층적인 소유·보유 관계'가 성립되어 있는 점을 들고, 나아가 그 '조선적 특질'로서 "일단 성립된 중층적 토지 소유 관계가 각각 일정한 경제적 내용을 동반하는 권리, 즉 수세조권(収税租權), 관리수세조권(管理収税租權, 道掌權), 경식권(耕食權) 등등 제각기 매매의 대상으로 성립"되어 있음을 들었다(같은 책, 105-106). 한편 "17·18세기에는 토지 소유에서 계층 분화는 상당한 정도로 진행"(같은 책, 81)된 것을 인정하면서도, 아시아적 특질·조선적 특질의 영향 하에서는 한국의 김용섭이 말하는 '경영형 부농'도 북한의 허종호가 말하는 '서민 지주'도 "범주로서는 성립되기 어렵다."(같은 책, 106·203)고 설명했다.[8] 3장에서는 17세기부터의 상품경제의 전개를 분석하여 ① 국가적 상품경제, ② 지주적 상품경제, ③ 농민적 상품경제의 영역을 추출하였다. 그리고 상품화폐경제

8_교토대학 인문과학연구소의 '安秉珆 文庫'에 보관되어 있는 안병태의 자필 노트 속에는 김용섭의 논문(「朝鮮後期에 있어서의 身分制의 動搖와 農地占有」, 『사학연구』 15, 1963) 일부를 "中農層 以上의 平民層나 賤民層에서는 剰余生産의 蓄積이 可能하였음으로 免賤과 両班層에의 上昇이 일우어졌을 것임을 指摘한 바 있었다."(원문 그대로)고 옮겨 적은 뒤, "추정에 지나지 않음"이라고 의문을 덧붙이고 있는 것이 확인된다. 사료의 열람에 편의를 제공해 준 미즈노 나오키(水野直樹) 선생님께 감사드린다.

의 일정 정도의 전개는 "부정할 수 없는 사실"(같은 책, 109)이지만, 상품화폐경제의 담당자가 "유교적 대의명분의 틀 안에서 경제적 합리주의를 추구"(같은 책, 158)하는 상황에서는 국가적·지주적 상품경제가 지배적일 수밖에 없었다고 분석하였다.

4장에서는 '강렬한 상승 지향, 중앙 지향'을 특징으로 하는 조선 사회에서는 '대의명분론'에 억눌려(같은 책, 159) '선진적 상인이나 자본주의 맹아의 담당자'의 성장이 미미했다고 지적하고 있다(같은 책, 186). 그리고 '중간계층'의 존재에 주목하여 근대화를 위해서는 새로운 정치권력의 수립에 의한 "중간계층의 선진 부분에 대한 정부 주도에 의한 뒷받침(근대적 전환과 보호육성)"(같은 책, 188)이 필요했다고 분석했다. 5장에서는 이상의 분석을 토대로 근대적 전환을 위해서는 "새로운 전망을 가진 정치권력 = 개화운동의 사령부 구축"(같은 책, 226)이 필요했다고 보고, 갑신정변을 그에 해당하는 '부르주아 변혁'으로서 높게 평가했다. 그리고 일본과 조선 사이에 '부르주아 변혁'의 성패가 나뉜 것에 대해 일본인의 '경제적 합리주의'와 조선인의 '유교적 합리주의'라는 차이에 기인하는 것으로 분석했다(같은 책, 209).

안병태의 연구가 책으로 엮어지자 즉각 반응한 것은 역시 가지무라였다. 가지무라는 서평을 통해 안병태의 연구는 "단순한 '부조적 방법'이 아닌 본격적인 이행 과정의 전구조적 파악의 시도"라는 점에서 '획기적인 의의'를 가진다고 평가했다(梶村 1976, 82). 그러나 동시에 "내가 막연하게 생각해 온 이미지와도 오히려 가장 커다란 논리 구성의 틀에 있어서조차 다르다."(같은 글, 82)고 하면서 몇몇 의문을 던졌다. 여기서는 그 가운데 두 가지만을 살펴보고자 한다. 안타깝게도 안병태 자신은 저서가 간행된 그 다음해에 세상을 떠났기 때문에 가지무라의 의문에 대한 반론을 안병태의 목소리로 들을 수는 없었다. 여기서는 남겨진 연구 속에서 관련되는 부분을 찾아내 재음미함으로써 논쟁의 재구성을 꾀하고자 한다.

먼저 "'아래로부터'의 계기를 포함하여 다른 일체의 가능성을 부정하는 안 씨의 결론에는 역시 동의할 수 없다."(같은 글, 92)는 가지무라의 비판에 대해 생각해 보자. 안병태는 일본과 조선은 모두 위로부터의 '아시아형 부르주아 변혁'을 필요로 했다는 인식을 갖고 있었다. 이는 "자본주의 발생 및 발전의 템포가 늦은 나라에서는 예컨대 독일이나 일본처럼 '위로부터'의 부르주아 개혁에 의해 국제 경쟁에서의 자국 자본에 대한 강력한 보호정책을 취하는 것이 일반적 경향"이며 "갑신정변이 '위로부터'의 부르주아 개혁 운동이었던 것은 당시의 사회경제적 제약 탓에 불가피했다."(姜在彦 1970, 43-44)는 강재언의 분석과도 궤를 같이 하는 것이었다. 안병태는 갑신정변의 의의를 낮게 보면서 아래로부터의 개혁에 집착하는 견해를 "소박하고 로맨틱한 인민투쟁사관"(安 1975a, 32)이라고까지 비판했다. 강재언이나 안병태의 갑신정변 인식에는 좌절된 근대화에 대한 아쉬움이 짙게 배어 있다. 나아가 안병태의 주장에서는, 역사적 평가의 문제와는 별개로 일단 성공한 '부르주아 변혁'으로서의 메이지 유신이 열어젖힌 근대 일본이라는 지평으로부터의 시점, 즉 다른 의미에서의 위로부터의 시점에 대한 불편함이 읽혀진다. 일찍이 하라다 다마키(原田環)는 북한의 갑신정변 연구에 대해 "일조(日朝) 양국에서의 부르주아적 근대에 대한 표리관계에 있는 이미지의 파악 방식 속에서 새삼 일조 양국의 이제까지의 불행한 역사적 관계를 상기하지 않을 수 없다."(原田 1973, 113)는 소회를 밝힌 바 있다.

다음으로 가지무라는 아래로부터의 계기는 존재하지 않은 것이 아니라 '외부로부터의 개입'에 의해 억눌려졌다고 파악하고, 안병태의 연구에 대해 "도야마 시게키 씨의 『동아시아 역사상의 검토』에 제시된 구상"(梶村 1976, 93)을 받아들일 필요성을 제기했다. 전술한 바와 같이 '외압'에 대한 주목은 내재적 발전론이 상대적 정체론으로 빠져들 위험성을 회피하기 위한 장치이기도 했다. 그리고 같은 맥락에서 안병태의 연구에 대해서는 아시아적 특질이라는 내재적 요인에 집착함으로써 다시 정체성론으로 회귀하고 있지 않은가라는 비판이 모아졌다. 예컨대 나카즈카 아키라는 "안(安)의 방법은 조선의 내재적 요인의 구조적 분석을 지향한 것"이지만 "국제적인 계기"에 대한 고려가 충분치 않다고 지적했다(中塚 1981, 271).

그렇다면 안병태는 외압을 어떻게 인식하고 있었는가. 안은 1971년의 논문에서는 "외압에 대해서는 가능한 한 사상(捨象)하겠다."(安 1971, 84)고 밝혔지만, 1975년의 『朝鮮近代経済史研究』의 단계에서는 외압을 중시하는 견해에 대해 적극적으로 대응했다고 판단된다. 도야마가 북한의 김옥균 연구를 비판하면서 "84년이라는 시점에서는 70년대에 일본이 열강의 힘을 빌려 그 상호 대립을 이용함으로써 통일국가의 수립과 부르주아적 개혁을 실현한 것처럼은 될 수 없었다."(遠山 1966b, 297)고 말한 것에 대해, 안은 "이 시기의 주요 모순은 계급 모순으로 민족 모순은 부차적인 것이었다."(安 1975a, 227)면서 오히려 동학농민전쟁에 주목하는 가지무라에 대해 '일청전쟁 전후가 되면 … (중략) … 이 외적 계기는 충분히 고려되지 않으면 안 된다."(같은 책, 33)고 역으로 비판을 가하고 있다.

보다 근본적으로는 "중국이나 일본에 대한 외압이 유럽 자본주의 제국에 의한 것임에 비해 조선에 대한 외압이 유럽 자본주의국, 중국, 일본에 의한 것이었다는 점에서 보다 복잡"(같은 책, 19)했던 점에 주목하여, 특히 "일본 제국주의와 아시아의 관계의 기저적 조형(祖型)이 일본과 조선 관계에서 보인다."는 점에서 "이 두 나라 사이의 관계를 입체적으로 밝힐 수 없는 역사관이나 방법이 다국 간의 보다 복합적인 관계나 구조를 밝힐 수 있다고는 생각되지 않는다."(같은 책, 6)고 도야마의 비판에 응수하고 있다. 일찍이 안병태는 "일본의 본원적 축적에 있어서 조선이 객관적으로 어떠한 역할을 수행했는가 … (중략) … 극단적으로 말한다면 조선이라는 존재가 없었다면 일본의 최근 백 년간의 발전이 이와 같은 속도와 코스일 수 있었겠는가."(安 1968, 3)라고 지적한 바 있다.

5. '세계사적 보편'과 '아시아적 특질'을 넘어서

조금 도식적이지만 '세계사적 보편'을 강조하는 가지무라 히데키와 '아시아적 특질'에 주목하는 안병태라는 정리는 꼭 틀린 것만은 아닐 것이다. 한편 이러한 '세계사적 보편'과 '아시아적 특질' 사이의 길항은 근대 역사학이 태동한 이래의 긴 역사를 갖고 있다. 특히 이는 전전의 아시아적 생산양식 논쟁에서 보이듯이 비유럽 지역의 역사상을 둘러싼 마르크스주의 역사학의 실로 오래된 과제이기도 했다. 조선사의 분야에서도 비트포겔의 '물의 이론'의 영향을 받아 조선·중국을 '동양적 사회'로 분석하는 연구가 행해졌다. 『アジア的生産様式論』(育生社, 1937), 『東洋的社会の歴史と思想 ─中国·朝鮮社会経済史論─』(実業之日本社, 1948) 등의 연구를 펴낸 모리타니 가쓰미가 그러한 경향을 대표한다.

전술한 바와 같이 모리타니 가쓰미의 '동양사회론'은 전후에 하타다 다카시나 가지무라 히데키에 의해 정체성론으로서 비판되었다. 나아가 가지무라는 전전의 마르크스주의 '정통파'에 대해 "식민지 사회의 복잡함을 주로 토착 전(前) 자본주의 우클라드('아시아적 생산양식' 내지 '아시아 봉건제')의 잔존이라는 면에서 설명하여 본질을 흐려 왔다."(梶村 1993, 245)고 비판을 가했다. 가지무라가 중시한 것은 '세계사적 보편'이었다. 그것은 아시아적 생산양식론에 대한 전전부터의 비판과 마찬가지로 "숙명론에서 벗어나 반제국주의 운동의 주체를 확립하기 위한 고민의 결과"였다(洪 2011, 141). 그렇다고 해서 가지무라의 역사학이 종전 직후의 '세계사의 기본 법칙'의 교조적 적용에 그치고 있었던 것은 아니다. 가지무라는 '외압'에 주목하고 '민중'을 발견함으로써 정체성론·타율성론을 비판하면서도 일국사적 발전단계론을 극복할 시야를 확보해 간 것이다.

가지무라는 안병태의 연구에 대해 "오늘날에 있어서 그것을, 굳이 사회발전의 복수경로론 및 아시아적 유형론을 상정하고 그 틀 안에 두는 것에 어떠한 적극적인 의미가 있을 것인가"(梶村 1976, 87)라고 의문을 던졌다. 안은 『朝鮮近代経済史研究』의 머리말에서 "인류 사회의 발전에는 본원적 소유의 게르만적 형태, 고전 고대적 형태, 아시아적 형태를 각각의 출발점으로 하는 복수의 경로가 있다."면서 "아시아 사회, 조선 사회의 역사적 사실"을 판단함에 있어 "유럽을 일정한 기준으로 하는 발상, 방법"을 "배제"하지 않으면 안 된다고 주장한 바 있다(ii).

안병태는 1971년의 논문에서 전후의 조선사 연구 방향을 다음의 세 단계로 설명하였다. ① 일본 제국주의가 조선사에 가한 왜곡의 철저한 비판과 시정, 전전의 이른바 '과학'적 조선사 연구를 지배한 결함 및 그 전후적 계승에 의한 연구를 비판적으로 검토(제1단계의 연구 방향), ② 조선 사회의 내재적 발전을 이론적·실증적으로 밝힘(제2단계의 연구 방향), ③ 아시아적 본원적 소유에 바탕한 아시아 원시공동체 사회의 분석을 출발점으로 하여 아시아의 사회주의 사회에 이르는 아시아에서의 이행 법칙을 밝힘(제3단계의 연구 방향)(安 1971, 83). 그리고 갑신정변의 성격을 둘러싸고 부르주아 개혁론을 거쳐 부르주아 혁명론으로 전화해 가는 북한의 연구에 대해, "혁명 발전의 주체적 및 객관적 정세가 봉건제도의 일소를 요구하고 이에 응할 정치세력이 준비되었을 때에는 뒤쳐진 봉건국가에서도 부르주아 혁명은 충분히 일어날 수 있으며 이것은 혁명 발전의 합법칙적인 결과라는 것을 보여 주고 있다."고 높게 평가했다(같은 글, 97). 나아가 '주체사상'에 대해서도 언급하여 레닌이 "맹아적으로 지적한 자주적 주체적 입장을 한층 더 체계적으로 발전시킨 주체사상을 조선사 연구 속에서 창조적으로 구체화하여 조선에서의 이행 법칙뿐만 아니라 아시아에서의 이행 법칙도 규명하고자 하는 측면이 포함되어 있다."고 받아들였다(같은 글, 90). 그리고 북한의 연구에 대해 "'대단히 자극적인 지적'을 행하고 있는 점에서 주로 제3단계의 연구 방향의 틀 안에 자리매김할 수 있다."(같은 글, 98)고 평가하고, 야마베 겐타로와 가지무라 히데키의 연구를 각각 제1단계와 제2단계의 연구 방향에 해당하는 것으로 평가했다.

갑신정변 = 부르주아 혁명론에 대한 안병태의 평가는, 주체사상으로 대표되는 북한의 사회주의 자체로부터 "아시아의 사회주의 사회에 이르는 아시아에서의 이행 법칙"을 확인하고자 하는 태도와 연동되고 있었다고 생각된다.[9] 그러나 북한의 연구를 보자면, "사회경제사로부터의 직접 반영론"(梶村 1966b, 67)이라는 가지무라의 비판에도 불구하고 갑신정변 = 부르주아 개혁론의 단계에서는 사회 발전의 미성숙의 문제가 어느 정도 고려되고 있었지만, 부르주아 혁명론 단계에 이르면 안병태 자신도 의문을 제기하고 있듯이 "봉건경제의 분해 요소의 출현"을 "일반적으로 지적"하는 데 그치고 있었다. 이처럼 일국사적 발전단계론에 바탕한 북한의 연구와 그로

9_다카세 기요시(高瀬浄)는 당시 북한 사회의 동향에서 '코뮨 지향' 등 '소련, 동구형 사회주의에서 볼 수 없는 아시아형 사회주의'의 특질을 읽어 내고자 했다(高瀬 1973, 153).

부터 벗어나고자 아시아적 특질에 착목하였던 안병태의 연구 사이에는 무시할 수 없는 간극이 있었다. 그러나 안병태는 사회혁명을 동반하지 않았다는 점에서 갑신정변을 "미완성의 부르주아 정치혁명"(安 1971, 98)으로 규정해야 되지 않을까라고 조심스럽게 지적할 뿐이었다.

다만 1975년의 『朝鮮近代経済史研究』의 서술에서는 약간의 변화가 엿보인다. 앞에서 검토한 바와 같이 이 책에서는 D설, 즉 북한의 공식 견해인 갑신정변 = 부르주아 혁명론에 대해서는 구체적인 언급을 피하고 있었다. 더욱이 '강좌파'가 말하는 '아시아형 부르주아 변혁'을 설명하는 부분에는 초출 논문에는 없었던 "혁명 혹은 개혁이라도 좋다. 명칭의 문제는 아니다. 아시아에서의 봉건제의 구조가 그 내용·범위를 규정한다."는 설명이 괄호로 묶여 추가되어 있다(安 1975a, 27). 이러한 인식의 변화는 발전단계론적인 인식에서 보다 자유로워진 것의 표현이 아닐까 생각된다. 그리고 이는 "격동기 = 이행기를 경제결정론적으로 파악"하는 경향에 대한 비판(같은 책, 4)과도 연동하는 것이었다. 그 연장선상에서 일본과 조선에서 '부르주아 변혁'의 성패를 나눈 것은 일본인의 '경제적 합리주의'와 조선인의 '유교적 합리주의'라는 설명이 전면에 등장하게 된다. 또한 이러한 '유교주의'에 대한 주목에서는 시카타 히로시의 연구와의 친화성도 엿보인다. 시카타는 조선 사회의 정체성의 원인을 '물심양면'에서 구하였는데 심(心)의 측면에서는 "주자학 사상의 철저한 지배"를 지적하였다. 안은 물(物)의 측면에 대해서는 "기본적으로 에도 시대의 일본 사회에도 타당하다."고 배격했지만 심의 측면에 대해서는 "계급적 지배의 이데올로기인 주자학 사상"의 폐해에 동의하였다(安 1969, 77-78·85).

조선에서의 '아시아형 부르주아 변혁'의 정점으로서 갑신정변을 자리매김하고, 또 경제결정론을 거부하고 '유교주의'에 주목한 안병태의 쉐마에 대해서는 크게 두 가지의 비판이 제기되었다. 먼저 갑신정변 이후의 내재적 발전의 시도를 어떻게 볼 것인가의 문제였다. 나카즈카 아키라는 "갑신정변의 실패가 조선의 근대적 자립을 해치는 데 결정적 요인이었다고 치더라도, 그렇다면 그 이후 조선의 내재적 발전의 길은 어떤 식으로 전망될 수 있는가."(中塚 1981, 264)라고 의문을 제기했다. 갑신정변 인식에 있어서 안병태와 유사한 견해를 보였던 강재언도 "갑신정변이 조선에서의 부르주아 혁명운동의 끝이라고 보는 것은 잘못이며 그것은 더욱 심화 발전의 과정을 걸었다."고 말했다(姜 1973, 139).

다음으로는 조선의 '유교주의' 혹은 '유교적 합리주의'와 일본의 '경제적 합리주의'를 대비시키는 구도에 대한 비판이었다. 가지무라는 다른 연구에서는 조선은 일본과 달리 '법가적 패도정치'가 아니라 '유가적 왕도정치'를 근본 원리로 삼고 있어 통치 시스템에도 차이가 있었던 점에 주목했지만(梶村 1977a, 114), 안의 연구에 대해서는 "유교 문화가 중앙집권적 관료 국가를 낳은 것이 아니라 역으로 그 체제가 지배계급으로 하여금 지배 이데올로기에 걸맞은 주자학을 통치 이념으로서 채용시켰다."면서 '문화론적 해석'에는 동의할 수 없다고 밝혔다(梶村 1976, 88). 나카즈카 아키라도 일본과 조선의 상이를 "가치체계만에서 구해도 괜찮을까."(中塚 1981, 264)라고 의문을 던졌다. 조금 시간이 흐른 뒤의 일이지만 일본뿐만 아니라 한국 학계에서도 "주체의 문제를 민족의 전통적 통념이나 관습(支配體制의 가치체계)에 연관시켜 해결하고자 함으로써 주체 형성의 세계사적 시야가 극히 애매하고 왜소하게 되고 있다."(편집부 1982, 39), 혹은 "유교적 대의명분이란 추상적 이데올로기에 귀결시켜 버림으로써 과학성을 결여하고 관념론에 빠져 버렸다."(오미일 1987, 155)는 비판이 행해졌다.

이러한 비판은 안의 연구가 갑신정변 이후의 내재적 발전의 노력을 설명치 못하고, '유교주의'에 집착하는 등 정체성론으로 회귀하고 있지 않은가라는 의문이었다. 실은 안은 『朝鮮近代経済史研究』에 실린 논문 이후의 연구에서 이러한 비판에 어느 정도 답하고 있었다. 미야지마 히로시가 안의 연구를 시기 구분하여 검토한 것은 전술한 대로이지만 그 가운데 '제3기'에 해당하는 연구가 바로 그것이다. 제3기는 미야지마에 따르자면 "한편에서는 일본 제국주의의 성격을 밝힘과 동시에 다른 한편에서는 일본 제국주의의 타파(요컨대 근대의 초극)를 지향하는 조선 민중의 주체적 역량이 어떻게 형성되어 가는가를 분석하는 것"(宮嶋 1977, 200)을 과제로 삼았던 시기였다.

1973년에 발표한 「조선의 경제적 개화운동과 일본 제국주의 형성의 일 특질 –조선 관료·상인과 정상(政商) 부르주아·거류 상인의 활동을 중심으로–」(安 1973)는 개국에서 대한제국 기에 걸쳐 '중간계층'을 중심으로 하는 조선의 자주적 근대화 노력과 이를 배제하면서 침투해 오는 일본 세력과의 대결을 그린 연구인데, 일본 국가의 강력한 보호와 더불어 상인들이 몸에 지니고 있던 '경제적 합리주의'가 일본 측이 조선 측을 압도한 요인임을 밝히고 있다. 1975년에 발표한 「일본인 지주의 경제적 합리주의와 경영 방식」(安 1975b)은 동양척식주식회사가 중층적인 토지 소유 구조에 의거하고 있던 조선의 '중간계층'을 배제해 가는 과정을 좇고 있다. 일본의 침략에 '합리주의'의 관철이라는 측면이 존재했음을 지적함으로써 식민지기까지를 포함하여 일본 제국주의의 성격을 이해하는 데 많은 시사를 준다.

나아가 1976년에 발표한 동양척식회사와 조선인 지주·민중과의 대립을 다룬 두 편의 논문(安 1976a, 1976b)은 '경제적 합리주의'를 내건 일본의 침략에 맞서 조선 측의 '유교적 이데올로기'가 역으로 '저항의 에네르기'로 전화해 가는 과정을 밝히고 있다. 안타깝게도 안병태의 새로운 모색은 그

출발 단계에서 중단되어 버렸기 때문에 아시아적 특질에 입각한 내재적 발전론의 전모를 제시하지는 못했다. 그런 의미에서 안병태의 연구에 대해서는 "'부성'(負性)이야말로 변혁의 발판이라는 발상에는 아직 이르지 못했다."(並木 1990, 20)는 비판이 있을 수 있었다. 다만 안병태의 말년의 연구는 조선의 전통에 입각한 민중의 저항에 주목함으로써 내재적 발전의 새로운 전개를 암시하고 있었다고 할 수 있겠다.

세계사적 보편과 아시아적 특질의 길항은 나가이 카즈(永井和)가 말하는 "마르크스주의의 '세계사의 이론'이 아시아 역사에 구체적으로 적용"되어 "수정에 이은 수정이 이론에 가해져"(永井 1996, 643) 가는 과정이기도 했다. 1960년대에 가지무라 히데키와 안병태는 정체성론·타율성론을 극복하고 조선의 내재적 발전을 밝힌다고 하는 동일한 출발점에 서 있었다. 다만 내재적 발전론이 등장한 시점의 문제의식은 이른바 '세계사의 기본 법칙', 즉 일국사적 발전단계론의 영향을 강하게 받고 있던 것이 사실이다. 이를 넘어서기 위해 가지무라의 역사학은 '외압'이라는 요인을 중시하고 '민중'의 역동성에 주목하는 길을 걷게 된다. 한편 안병태의 역사학은 자본주의 맹아론의 '부조적 수법'을 비판하면서 '아시아적 특질'에 주목하여 최종적으로는 민중의 저항에 대한 천착이라는 새로운 지평의 입구에 이르게 되었다. 고타니 히로유키(小谷汪之)는 아시아 연구에 나타나기 쉬운 "아시아적 특수성의 지적으로 기울 것인가, 혹은 아시아적 특수성을 사상한 유럽적 발전의 가능성의 주장으로 기울 것인가."라는 양쪽을 비판하고, "아시아 구 사회의 역사 전개, 특히 자생적·내발적 '근대화' 과정을 검증"하기 위해서는 "객관적인 법칙적 인식으로서의 경제사가 아니라 정치사·계급투쟁사의 시점"에 서야 한다고 말한 바 있다(小谷 1974, 64). 가지무라 히데키와 안병태의 역사학은 이러한 고타니 히로유키의 주장과 궤를 같이 하면서 내재적 발전론의 심화·극복을 시도한 것으로 평가할 수 있을 것이다.

1980년대 이후 조선사 연구의 분야에서 활발하게 논의된 다양한 '동아시아론'도 결국 세계사적 보편과 아시아적 특질의 문제에 답하기 위한 모색이었다고 이해할 수 있을 것이다. 한편 이즈음부터 한·일 간의 공동 연구가 활발해진 것도 새로운 시대상의 하나이다. 하야시 유스케(林雄介)는 1980년대를 "내재적 발전론에의 회의(회의라기보다는 심화를 모색하는 목소리였다는 편이 정확하겠지만)와 새로운 이론의 모색 시기"라고 규정짓고, 특히 '사회경제사' 분야에 대해서는 한·일 공동 연구의 결과인 中村哲·堀和生·安秉直·金泳鎬 編, 『朝鮮近代の歴史像』(日本評論社, 1988)에 수록된 논문에 주목했다(林 1990, 114-118). 이 책에서 예컨대 요시다 미쓰오(吉田光男)는 "일원적으로 서유럽의 역사에 환원될 수 없는 조선 사회의 고유성에 입각한 역사 해석"의 필요성을 강조한 바 있다(吉田 1988, 47-48).

어떻게 세계사적 보편에 입각한 아시아적 특질을 그릴 수 있을 것인가의 모색은 그 밖에도 다양한 형태로 이어졌다. 위의 공동 연구에 참가한 미야지마 히로시가 제창한 소농사회론도 그 가운데 하나일 것이다. 소농사회론에 대해 상론할 여유는 없지만, 이 글의 논지와 관계되는 점 하나만을 소개하고자 한다. 일찍이 미야지마는 아시아적 생산양식론에 입각한 조선사의 시기 구분을 시도하여, 농업생산력의 발전을 기준으로 '이조기'를 '제3차 아시아적 생산양식'(宮嶋 1984b, 64)으로 규정한 바 있다. 나아가 소농사회론의 다른 한 사람의 유력한 논자인 이영훈은 미야지마의 주장을 발전시켜, 소농민 경영의 안정성에 바탕한 지주제가 본격적으로 전개되는 것을 중시하여 조선 후기 사회를 '제4차 아시아적 생산양식'으로 규정하였다(이영훈 1987, 93-94). 흥미로운 사실은 미야지마의 최근의 연구에서는 그간의 소농사회론의 연구 성과를 반영하여 스스로 '제3차 아시아적 생산양식'으로 규정했던, 보다 구체적으로는 이영훈에 의해 '제4차 아시아적 생산양식'으로 규정되었던 16세기 이후의 조선 사회를 '초기 근대'(宮嶋 2004, 180)라고 부르고 있는 점이다. 그리고 이 '초기 근대'는 바로 안병태의 『朝鮮近代經濟史研究』가 다루고 있는 시기이기도 하다. 미야지마의 연구는 아시아적 특질에 입각한 내재적 발전의 해명이라는 안병태의 미완의 기획을 계승한 것으로 평가할 수 있다. 쓰키아시 다쓰히코(月脚達彦)는 미야지마의 연구를 "안병태가 '저지적' 요인이라고 한 조선의 역사 발전의 '조선적 특질'에 대해 그 평가를 역전시켜 적극적으로 주목하고자 하는 발상"(月脚 2009, 6)이라고 분석하였다.

6. 역사학자의 주체성

내재적 발전론의 일본적 맥락으로서 일국사적 발전단계론에 대한 비판이라는 측면을 검토했지만, 일본인과 조선인의 주체성의 격렬한 교차가 일어나고 있었던 것 또한 한반도와는 다른 일본적 맥락의 일 측면이었다고 할 수 있을 것이다.

> 뒤쳐졌으면 뒤쳐진 대로 그 논리 구조를 밝혀 그것을 완전히 과거의 것으로 삼을 길을 찾아내기만 하면 되는 것으로, 그것 자체 조금도 상관없는 일일 것이다. 굳이 말하자면 일본인 연구자야말로 앞선 측면을 평가하지 않으면 안 되고, 조선인 연구자는 오히려 뒤쳐진 측면에서 눈을 돌리지 않을 필요가 있을 텐데, 실제로는 그 반대로 되어 있다(梶村 1963, 43).

위의 인용은 일본인에 의한 전전의 조선사 연구와 그 전후적 계승을 비판하는 동시에 남북한에서의 자본주의 맹아에 관한 연구를 소개하면서 가지무라가 내뱉은 말이다. 역사학을 가치중립적인 학문이라고 믿는 사람에게는 상당히 곤혹스러운 이야기에 틀림없다. 듣는 이로 하여금 스스로 발 딛고 선 곳을 의식하지 않을 수 없게 만드는 그 절절한 호소로부터는 일본(인)의 역사학과 조선(인)의 역사학 사이에 놓여 있는 깊은 골에 대한 답답함이 느껴진다.

이로부터 수년 후에 등장한 안병태의 연구는 '발전적 계기의 실재라는 유행적 시각'을 거부하고 '저지적 요인'에서 '눈을 돌리지 않는'다는 점에서 바로 가지무라의 문제제기에 대답한 것으로 볼 수 있다. 가지무라는 "조선이 일본의 반식민지, 나아가 식민지로 전락한 주체적 요인은 무엇인가"라는 안병태의 물음(安 1975a, 189)에 대해 "'일본이 조선을 침략하고 식민지화해 버린 주체적 요인(안 씨에게는 객관적 조건)은 무엇인가?'를 안 씨와 똑같은 엄격함을 갖고 주체적으로 응시하지 않으면 안 된다."(梶村 1976, 83)고 응답하였다. 안병태와 가지무라의 대화에는 역사학에서의 주체성의 문제에 대한 자각이 스스럼없이 드러나 있다. "자주적 근대화 실패의 원인을 단지 외부의 압력에서 구하는 것이 아니라 조선 사회의 내부에 결함·약점이 있었던 것을 자각해야 한다."는 강만길의 언급을 소개하면서, "우리로서는 이 말에 편승하여 일본 제국주의의 부정적 역할을 경시하는 것은 용서될 수 없다."(旗田 1980, 19)고 말한 하타다 다카시의 결연한 자세도 같은 맥락에서 이해할 수 있을 것이다.

설령 학문의 가치중립성을 믿는 천진난만함을 벗었다고 해도 민족적 주체를 낡은 것으로 간주하는 오늘날의 '유행적 시각'에 길들여져 있는 우리로서는, 가지무라나 안병태의 역사학을 접했을 때 적이 불편함을 느끼게 되는 것이 사실이다. 안병태에게 있어 내재적 발전론은 조선인으로서의 주체성을 확립하기 위한 기도에 다름 아니었다. 그리고 가지무라의 내재적 발전론은 조선인의 주체성에 대한 존중으로 일관되었지만, 동시에 그것은 일본으로서의 바람직한 주체성을 형성해 가는 과정이기도 했다. 그럼에도 불구하고 가지무라나 안병태의 주장이 그저 일본을 비판하거나 한국 혹은 북한을 긍정하는 데 그치지 않고 늘 현실과의 긴장감을 유지할 수 있었던 것은 왜일까. 그것은 두 사람의 역사학이 일본 혹은 조선이라는 자기동일성의 추구에 갇히지 않고 그렇다고 해서 보편의 이름으로 현실을 덮는 것도 아니라, 자신이 안고 있는 피(被)구속성을 통절하게 자각하면서 바로 그 자각으로부터 상호 소통의 가능성을 열고자 했기 때문일 것이다. 이 점 또한 내재적 발전론의 내재적 비판 = 이해를 위해 놓쳐서는 안 될 하나의 측면이다.

안병태의 역사학을 꿰뚫고 있는 "허울 좋은 말로 넘겨 버릴 수 없는 민족사를 응시함으로써 주체를 진정으로 탈환하고자 하는 … (중략) … 강렬한 기백"(梶村 1976, 82-83)을 누구보다도 잘 간파하고 있던 가지무라는 안병태의 죽음을 아쉬워하면서 다음과 같은 말을 남겼다.

> 안 씨의 업적 내지 그 원형인 정념은 결코 어디서 어떻게 살아도 똑같은 것이 아니라(결코 보편성이 없다는 등의 의미가 아니라), 역시 재일 조선인으로서의 상황에 규정되면서 말하자면 이를 피하지 않고 지양하고자 한 것이라고 할 수 있을 것이다(梶村 1977b, 11).

참고문헌

김용섭. 1963. "朝鮮後期에 있어서의 身分制의 動搖와 農地占有."『사학연구』 15.

이영훈. 1987. "조선시기 토지소유 관계 연구 현황." 近代史硏究会 編.『韓国中世社会 解体期의 諸問題(下) -朝鮮後期史 연구의 현황과 과제-』. 한울아카데미.

이영훈. 1988.『朝鮮後期社會經濟史』. 한길사.

이영훈. 2004. "민족사에서 문명사로의 전환을 위하여." 임지현·이성시 엮음.『국사의 신화를 넘어서』. 휴머니스트.

윤해동. 2009. "'숨은 신'을 비판할 수 있는가? -김용섭의 '내재적 발전론'-." 도면회·윤해동 엮음.『역사학의 세기 -20세기 한국과 일본의 역사학-』. 휴머니스트.

오미일. 1987. "조선후기 상품유통 연구 현황." 近代史硏究会 編.『韓国中世社会 解体期의 諸問題(下)』. 한울아카데미.

카터 J. 에커트 지음(주익종 옮김). 1991(2008).『제국의 후예 -고창 김 씨가와 한국 자본주의의 식민지 기원 1876~1945-』. 푸른역사.

편집부. 1982. "内在的 発展論의 전진을 위한 方法論的 고찰 -일본의 韓国史硏究 수용과 관련하여-." 姜在彦 外.『封建社会 解体期의 社会経済構造』. 청아출판사 [방기중. 2010.『방기중저작집1 조선후기 경제사론』. 연세대학교 출판부, 수록].

林雄介. 1990. "1980년대 일본에서의 한국사 연구동향."『역사비평』 11.

安秉珆. 1968. "服部之総の発想について."『朝鮮史研究会会報』 22.

安秉珆. 1969. "朝鮮社会と停滞論."『思想』 546.

安秉珆. 1971. "朝鮮近代史研究上の問題点 -ブルジョア変革についての諸説検討-."『思想』 570.

安秉珆. 1973. "朝鮮の経済的開化運動と日本帝国主義形成の一特質 -朝鮮の官僚·商人と政商ブルジョア·居留日本商人の活動を中心に-."『経済学論集』 13(3). 龍谷大学 [安秉珆. 1977.『朝鮮社会の構造と日本帝国主義』. 龍渓書舎, 수록].

安秉珆. 1975a.『朝鮮近代経済史研究』. 日本評論社.

安秉珆. 1975b. "日本人地主の経済的合理主義と経営方式."『社会科学研究年報』 6 [『朝鮮社会の構造と日本帝国主義』 수록].

安秉珆. 1976a. "東洋拓殖株式会社の土地収奪について -全羅南道旧宮三面土地収奪事件-."『社会科学研究年報』 7. 龍谷大学 [『朝鮮社会の構造と日本帝国主義』 수록].

安秉珆. 1976b. "東洋拓殖株式会社の土地経営方式と在来朝鮮人地主の経営方式について."『経営史学』 8(1) [『朝鮮社会の構造と日本帝国主義』 수록].

安秉珆. 1977.『朝鮮社会の構造と日本帝国主義』. 龍渓書舎.

石井知章. 2008. “ウィットフォーゲルと北朝鮮問題.”『K.A.ウィットフォーゲルの東洋的社会論』. 社会評論社.
梶村秀樹. 1963a. “解題 南朝鮮の歴史学者による日帝時代の朝鮮史研究批判.”『朝鮮研究月報』15.
梶村秀樹. 1963b. “李朝末期の綿業について -開国直後期(一八七六～九四年)を中心として-.”『朝鮮史研究会会報』6.
梶村秀樹. 1963c. “李朝後半期朝鮮の社会経済構成に関する最近の研究をめぐって.”『朝鮮研究月報』20.
梶村秀樹. 1964. “朝鮮近代史の若干の問題.”『歴史学研究』288.
梶村秀樹. 1966a. “資本主義萌芽の問題と封建末期の農民闘争.” 朝鮮史研究会・旗田巍 編.『朝鮮史入門』.
梶村秀樹. 1966b. “朝鮮近代史と金玉均の評価.”『思想』510.
梶村秀樹. 1967. “朝鮮社会の歴史的発展 -朝鮮史研究会第四回大会をおえて-.”『歴史学研究』321.
梶村秀樹. 1969a. “〈日本におけるアジア′ アフリカ′ ラテン・アメリカ研究〉 朝鮮.”『アジア経済』10(6・7).
梶村秀樹. 1969b. “一九六九年度大会プランについて.”『朝鮮史研究会会報』29.
梶村秀樹. 1974(1993). “朝鮮史研究の方法をめぐって.” 神奈川大学.『自主講座朝鮮論』4(『梶村秀樹著作集 第2巻 朝鮮史の方法』. 明石書店).
梶村秀樹. 1976. “朝鮮社会における移行法則 -安秉珆 著『朝鮮近代経済史研究』(日本評論社, 1975)をめぐって-.”『商経論叢』11(3・4).
梶村秀樹. 1977a.『朝鮮における資本主義の形成と展開』. 龍渓書舎.
梶村秀樹. 1977b. “最も残念な訃報 -安秉珆先生を悼む-.”『朝鮮史研究会会報』45.
梶村秀樹. 1981. “東アジア地域における帝国主義体制への移行.” 冨岡倍雄・梶村秀樹 編.『発展途上経済の研究』. 世界書院.
梶村秀樹. 1990.『排外主義克服のための朝鮮史』. 青年アジアセンター.
梶村秀樹. 1993. “旧植民地社会構成体論.”『梶村秀樹著作集 第3巻 近代朝鮮社会経済論』. 明石書店.
姜元鳳. 2012. “一九六〇年代梶村秀樹の朝鮮史認識.” 東京学芸大史学会.『史海』59.
姜在彦. 1970.『朝鮮近代史研究』. 日本評論社.
姜在彦. 1973.『近代朝鮮の変革思想』. 日本評論社.
北村秀人・梶村秀樹. 1988. “一九六三年.” 史学会 編.『日本歴史学界の回顧と展望 16 朝鮮』. 山川出版社.
北村秀人・小林英夫. 1988. “一九六七年.” 史学会 編.『日本歴史学界の回顧と展望 16 朝鮮』.
権寧旭. 1966. “資本主義萌芽をめぐる若干の方法論.”『朝鮮史研究会会報』14.

小谷汪之. 1974. "〈資本主義世界の拡大と一九世紀の変革〉 アジアの変革と近代·はじめに." 歴史学研究会 編.『現代歴史学の成果と課題 3』.
座談. 1964. "座談会 朝鮮研究の現状と課題."『東洋文化』36.
座談. 1969. "座談 日本と朝鮮(そのまとめと展望)." 旗田巍 編.『シンポジウム·日本と朝鮮』. 勁草書房.
四方博. 1951. "旧来の朝鮮社会の歴史的性格について."『朝鮮学報』1∽3.
高瀬浄. 1973.『朝鮮社会主義経済の研究』. 博文社.
武田幸男. 1966. "朝鮮史像の新形成 -朝鮮史研究会第四回大会によせて-."『朝鮮史研究会会報』13.
武田幸男. 1967. "第四回大会の経過と反省."『朝鮮史研究会会報』15.
朝鮮史研究会·旗田巍 編. 1966.『朝鮮史入門』. 太平出版社.
月脚達彦. 2009.『朝鮮開化思想とナショナリズム -近代朝鮮の形成-』. 東京大学出版会.
遠山茂樹. 1963a. "近代史から見た東アジア."『歴史学研究』276 [『遠山茂樹著作集 第4巻 日本近代史論』. 수록]
遠山茂樹. 1963b. "東アジアの歴史像の検討 -近現代史の立場から-."『歴史学研究』281 [『遠山茂樹著作集 第4巻 日本近代史論』. 수록]
遠山茂樹. 1965. "世界史における地域史の問題."『歴史学研究』301 [『遠山茂樹著作集 第4巻 日本近代史論』. 수록].
遠山茂樹. 1966a(1992). "世界史把握の視点." 幼方直吉·遠山茂樹·田中正俊 編.『歴史像再構成の課題』. お茶の水書房 [『遠山茂樹著作集 第4巻 日本近代史論』. 岩波書店.].
遠山茂樹. 1966b. "日本近代と東アジア -いかにしてアジアの唯一の帝国主義は成立したか-."『世界』242.
中塚明. 1974. "〈資本主義世界の拡大と一九世紀の変革〉 アジアの変革と近代·朝鮮." 歴史学研究会 編.『現代歴史学の成果と課題 3』. 青木書店.
中塚明. 1981. "内在的発展論と帝国主義研究." 朝鮮史研究会 編.『新朝鮮史入門』. 龍渓書舎.
永井和. 1996. "戦後マルクス主義史学とアジア認識 -「アジア的停滞性論」のアポリア-." 古屋哲夫 編.『近代日本のアジア認識』. 緑蔭書房.
並木真人. 1990. "戦後日本における朝鮮近代史研究の現段階."『歴史評論』482.
朴慶植. 1964. "問題提起(近代)"『朝鮮史研究会会報』8.
旗田巍. 1951.『朝鮮史』. 岩波書店.
旗田巍. 1955. "朝鮮社会経済史の諸問題." 社会経済史学会 編.『戦後における社会経済史学の発達』. 有斐閣.
旗田巍. 1966a. "朝鮮史研究の課題." 朝鮮史研究会·旗田巍 編.『朝鮮史入門』. 太平出版社.
旗田巍. 1966b. "朝鮮史の時代区分について."『朝鮮史研究会会報』10.
旗田巍. 1969. "日本における朝鮮史研究の伝統." 旗田巍 編.『シンポジウム·日本と朝鮮』.

旗田巍. 1980. “朝鮮史の時代区分論序説 - 朝鮮統治美化論・停滞論と時代区分論.”『人文科学年報』10.
原田環. 1973. “許宗浩他『朝鮮におけるブルジョア革命運動』について.”『朝鮮史研究会論文集』10.
洪宗郁. 2011.『戦時期朝鮮の転校者たち -帝国/植民地の統合と亀裂-』. 有志舍.
馬淵貞利. 1978. “糟谷憲一報告 李朝末期政治史研究の成果と課題 -開化派・啓蒙派研究を中心に.”『朝鮮史研究会会報』53.
三上次男. 1988. “一九五一年.” 史学会 編.『日本歴史学界の回顧と展望 16 朝鮮』.
宮嶋博史. 1977a. “安秉玲氏の歴史学 -『朝鮮近代経済史研究』を中心に-.”『社会科学年報』8 .
宮嶋博史. 1977b. “書評 梶村秀樹 著『朝鮮における資本主義の形成と展開』(竜渓書舎).”『朝鮮史研究会会報』49.
宮嶋博史. 1981 “近代の社会経済史.” 朝鮮史研究会 編.『新朝鮮史入門』.
宮嶋博史. 1984a. “方法としての東アジア -東アジア三国における近代への移行をめぐって-.”『歴史評論』412.
宮嶋博史. 1984b. “朝鮮史研究と所有論 -時代区分についての一提言-.”『人文学報』167. 東京都立大学人文学部.
宮嶋博史. 2004. “東アジアにおける近代化 植民地化をどう捉えるか.” 宮嶋博史・李成市・尹海東・林志弦 編.『植民地近代の視座 -朝鮮と日本-』. 岩波書店.
村上勝彦. 1978. “書評 梶村秀樹 著『朝鮮における資本主義の形成と展開』.”『経済貿易研究 研究所年報』5(1977).
森谷克己. 1937.『アジア的生産様式論』. 育生社.
森谷克己. 1948.『東洋的社会の歴史と思想 -中国・朝鮮社会経済史論-』. 実業之日本社.
歴史学研究会 編. 1949.『世界史の基本法則』. 岩波書店.
渡部学. 1965. “朝鮮後期の社会的変動 -韓国における李朝史研究の動向-.”『武蔵大学論集』13(1・2).
吉田光男. 1988. “商業史から見た朝鮮の近世と近代 -李朝後期の経済構造をめぐって-.” 中村哲・堀和生・安秉直・金泳鎬 編.『朝鮮近代の歴史像』. 日本評論社.
吉野誠. 1987. “朝鮮史研究における内在的発展論.”『東海大学紀要 文学部』47.
吉野誠. 1991. “梶村秀樹の朝鮮近代史研究.”『朝鮮史研究会論文集』28.
“故安秉玲氏・山辺健太郎氏著作目録.”『朝鮮史研究会論文集』15. 1978.

4장

'일한(日韓)체제' 하의 민중과 '의미로서의 역사'

가지무라 히데키의 한국 인식과 역사인식

강원봉

1. 식민주의와 '일한체제'

1960년대 초 일본의 한국사 연구에서도 자생적으로 발전해 가는 역사, 이른바 '내재적 발전'(內在的發展)의 한국 역사상(歷史像)이 모색되기 시작한다. 이러한 새로운 흐름은 당시 일본 사회에 깊게 드리워져 있었던 타율성과 정체성으로 상징되는, 식민주의적인 한국사 인식을 근본적으로 해체하려는 치열한 탈식민주의적 문제의식에서 촉발된 것이었다. 한편 일본의 패전 후(이하 전후)부터 1950년대까지의 시기를 가지무라는 한국에 대한 일반적 무관심의 시대였다고 지적한다(梶村 1969(1993), 88-89). 식민지 시대 한국사 연구와 구별되는 일본인에 의한 새로운 시각에서의 한국사 연구가 거의 없었다는 의미에서도, 1950년대는 한국사 연구의 공백 지대였다고 할 수 있다.[1]

전후 십 수 여년이 경과한 상황에서도 새로운 변화가 없었던 일본의 한국에 대한 무관심의 배경에는 전후의 곤란한 상황 속에서 외부로 눈을 돌릴 수 없었던 이유도 있으나, 보다 근본적인 요인은 식민지 지배 책임 의식 및 가해자 의식 자체의 부재라는 사상적 정황에 있었다. 이러한 책임 의식의 부재는 한국에 대한 19세기 말 이래의 식민주의적 편견 속에서 역사적으로 형성된 것이었다. 존중할 만한 대상의 부재는 상대에 대한 자기중심적, 일방통행 식 대화·행동방식으로 이어졌다(米谷 124-127). 근대화를 위한 일시적 전술책의 하나로 아시아 연대를 제기하였으나, 결국 유럽 열강과 같은 아시아 침략의 길을 제창한 탈아론(脫亞入歐)의 후쿠자와 유키치(福澤諭吉)를 그 대표적인 예로 들 수 있다(梶村 1971(1992), 35-37).[2] 이러한 후쿠자와적 근대화주의는 전후 일본의 사상 속에서 근본적 변화 없이 여전히 작동되고 있었다.

이러한 일본 사회의 식민주의적 한국 인식에 전환의 계기를 마련한 것이, '과거의 조선역사 연구를 반성하고 새로운 방향'(朝鮮史研究会 1959, 3)의 모색을 목표로 내걸며 1959년 발족한 연구단체 '조선사연구회'와 '일본인의 손으로 일본인의 입장에서 일본인을 위한' 조선 연구를 목표로 1961년 발족한 연구·운동 단체 '일본조선연구소'이다.[3]

1_遠山(1963)은 식민지 지배의 경험을 통해서 형성된 일본의 한국에 대한 멸시 감정은 중국에 대한 것보다 훨씬 뿌리가 깊은 것이며, 일본 국민 사이에 존재하는 아시아에 대한 식민주의적 시각의 극복을 위해서도 한국 인식의 변혁이 긴요함을 지적했다.

2_후쿠자와의 정부 주도에 의한 효율적 근대화론에 대해서는 히로타(ひろたまさき 1972)를 참조.

3_'일본조선연구소'의 발족 배경과 식민주의에 대한 문제의식에 대해서는 和田春樹·高崎宗司(2005, 56-61),板垣竜太 (2010)를 참조.

이 글에서는 이 두 단체의 회원이며, 전후 일본 한국사 연구의 대표적 연구자 중의 한 사람인 가지무라 히데키(1935~1989)에 주목하고자 한다. 가지무라는 식민지 시대 일본의 한국사 연구자들과는 달리 한국어 문헌을 이해할 수 있었던, 한국 근현대사 연구의 대표적 인물이었다. 그는 근현대사 분야뿐만 아니라, 현대 한국 사회 전반에 걸친 다수의 평론을 남겼을 만큼 한국의 정치·경제·사회 및 문화 전반에 대해서도 지대한 관심을 보였다.

한편, 가지무라의 연구에 대하여 "서구적 근대를 하나의 도달점"으로 하는 근대주의적 연구라는 비판(並木 1990, 18)도 있었으나, 가지무라의 역사 연구에는 일본 '근대 백년'에 대한 비판이 동반된, 탈식민주의적이며 근대 비판적인 문제의식이 있었다.[4] 이러한 문제의식을 지니고, 그는 동시대 한국과 북한의 역사 연구 성과에 대하여 매우 민감하게 반응하며 남북한 역사 연구자와 역사 대화를 시도하였다. 또한 가지무라는 재일 한국인의 인권 옹호 등 실천 활동의 장에서 활약했던 사회운동가이기도 했다. 가지무라의 역사 연구와 실천을 통한 한국 및 북한과의 대화에는, 근대 이래 일본의 한국에 대한 일방통행 식 대화·행동에 대한 자각적 반성이 있었다. 이렇게 일본 근대 백년에 대한 성찰적 입장을 견지하고 있던 가지무라는 1965년 한일 국교 정상화 이후의 한국 사회의 변화에 있어서 일본의 역할과 관련한 많은 비판적 평론을 남겼다.

가지무라는 1965년 이후의 한일 관계에 대하여 '일한체제'(藤森一清(梶村秀樹 筆名) 1975b)라고 표현한 것에서 보이듯이 양국 관계를 '경제 중심의 종속적 분업관계'로 보고 있었다. 동시에 한국 민중의 '인간의 한계'를 넘나

4_1960년대 한국·북한·일본의 한국사 연구에 있어서의 '내재적 발전론'의 전개와 그 차이점 및 가지무라의 탈식민주의적·근대비판적 역사인식의 일단은 졸고 姜元鳳(2012)을 참조.

드는 가혹한 노동 환경 위에서 천하 태평한 일본 사회가 유지되고 있다고 비판하고 있다. 한편, 가지무라는 한국의 종속적 근대화 노선에 따른 모순과 맞선 민주화 운동과 그 사상에 대하여 비상한 관심을 보였다. 이와 대조적으로 1970년대 이후 성찰적인 문제의식이 희석화되어 가고 방향성을 상실해 가는 일본 사회에 대하여 가지무라는 총체적 위기의식을 심화시키게 된다. 이때 만나게 된, 역사 속에서 민중의 '고난의 의미'와 사명을 찾으려는 함석헌의 '의미(뜻)로서의 역사'론은 가지무라에게 충격적인 것이었고, 함석헌의 역사사상에 공명하게 된 가지무라는 이에 대한 인식을 심화시키게 된다.

역사 속에서 의미를 찾아내려는 함석헌의 정신 자세를 배우려고 한 가지무라는 '일한체제'가 던지고 있는 의미를 찾아가면서, '일한체제'의 기득권 속에 안주하며, 자기 점검·극복의 계기를 상실해 가는 일본 사회를 고발한다. 한국 노동자의 기본적 요구를 억압하는 '일한체제'는, 값싼 노동력을 찾아 끊임없이 확산되어 가는 자본주의 세계체제의 '선진-후진'적 질서를 상징한다고도 볼 수 있다. 이런 의미에서 '일한체제'적인 현실과 사상의 극복을 평생의 화두로 삼았던 가지무라의 사상적 격투는, 오늘날 우리의 참고 항목으로서의 가치를 가지며, 탈근대적인 연구·실천을 위한 또 하나의 자극이 될 수 있을 것이다. 또한 가지무라의 역사 연구·실천은 한일 관계사를 매개로 한 성찰적 역사 대화의 선구라고도 볼 수 있겠다. 오늘날 역사 문제가 동아시아의 첨예한 정치 문제로 대두하는 상황에서 가지무라의 사상을 지금의 시점에서 검토해 보는 것은 실천적 측면에서도 의미가 깊을 것이다.

이 글은 1970~80년대 가지무라의 한국 인식과 이와 밀접히 연동되어 있는 일본 사회에 대한 비판적 인식을 살펴볼 것이다. 그리고 '일한체제' =

근대주의 극복의 곤란성 속에서, 가지무라 자신이 적극적으로 주목하고 공감한 함석헌의 역사의 의미(뜻)론에 대한 인식을 생각해 보고자 한다. 이러한 과정에서 가지무라의 식민주의와 근대에 대한 근원적인 비판이라고 볼 수 있는 사상의 일단을 엿볼 수 있을 것이다.

오늘날 근대주의 비판의 흐름 속에서 가지무라의 역사인식 또한 근대주의적 역사인식으로 비판받고 있다. 그러나 당시와 비교하여 오늘날 한·중·일을 포함한 동아시아 각국의 사회가 근대 및 근대주의를 어느 정도 상대화시켰는가. 근대를 극복할 수 있는 실천과 사상의 면에서 질적으로 다른 축적이 있었는가를 묻는다면, 간단히 답할 수 없는 것이 오늘의 현실일 것이다. 당시나 오늘이나 본질적으로 동일한 근대와 직면하고 있는 상황 속에서, 1970~80년대 '일한체제'에 맞선 가지무라의 사상적 격투는 오늘의 시점에서도 충분히 음미할 가치가 있다고 생각된다.

2. 박정희 정권과 '근대화된 모순'

1970~80년대 가지무라의 한국 인식을 살펴보기 이전에 가지무라의 1960년대 한국 인식을 간단히 살펴보자. 1960년대 중반 이후의 한일 관계에 대한 가지무라의 인식은 '일본의 한국 진출·한국의 예속화'라는 말로 집약된다고 해도 과언은 아니다. 당시 가지무라가 작성한 논문의 제목들 「부정 축재 처리 문제와 남조선의 예속적 독점자본」, 「일한 경제협력의 본질」, 「종속 경제 관계 진행·정치적 개입 심화」에서 엿볼 수 있듯이 그가 보는 한국 경제는 일본과의 수직 분업적 관계 하의 종속적 경제이며, 비민중적

성격을 가진 것이었다.[5] 특히 1967년의 논문 「한국 경제의 구조와 현 국면」에서 분석하고 있는 한국 경제는 '36년간의 일본의 식민지 지배'와, '해방 후 20년간의 미국의 지배정책의 역사적 소산'인 식민지적 경제였다(吉永長生(梶村秀樹 筆名) 1967a, 26).

국교 정상화 이후 급속히 밀접하게 연결된 한·일 간의 경제 관계는, 1970년대 '일한체제'라는 용어가 상징하듯이, 일체화된 경제 관계를 형성하게 된다. 가지무라가 인식한 '일한체제'의 내용은 무엇인가. 1960년대 일본 자본주의 입장에서, 한국은 반공의 최전선이요, 값싼 노동력의 공급처로서 경제·군사 양면의 요구를 모두 충족시키는 하위 파트너였다. 그리고 1970년대 일본 자본의 직접 투자를 매개로 하는 경제 관계의 밀접화는, 한국 경제에 대한 일본의 영향력을 증대시키고, 경제의 '중층구조'라고 표현될 만큼, 한층 일체화된 경제 단위를 형성하게 된다. 물론 이러한 '일한체제'의 완성에는 박 정권의 '외자 의존적인 공업화 정책'이 있었고, 동시에 일본 자본의 안정적 투자를 유도하기 위한 노동자들의 임금 문제 등의 제반 요구를 봉쇄하는 강압적 노동정책이 있었다. 가지무라는 이와 관련하여 박 정권의 종속적 근대화 정책의 생생한 실상과 대중의 저항을 소개한다(藤森 1975 a , 11-12). 그러나 박 정권은 오로지 채찍만 동원한 것은 아니었다. 지금 현재의 고통을 참고 견뎌, 근대화가 달성되면 미국이나 일본과 같은 자유민주주의를 향유할 수 있다는 '근대화의 비전' 또한 제시하고 있었다(같은 글, 13).

가지무라는 70년대 박 정권이 제시하고 있는 대중 복지국가의 비전을,

5_梶村秀樹(1964 a . 1964 b . 1965), 吉永長生(1966 a . 1966 b . 1966 c . 1967 b) 참조

기약할 수 없는 청사진이며 환상에 지나지 않는다고 결론짓고 있다. 외부의 충격에 취약한 대외 의존적 종속 경제의 불안정성에 비추어 볼 때, 대중복지국가에 도달하기 위해 필요한 경제성장의 항상적인 안정성 확보 자체가 환상적인 기대라는 것이다(같은 글, 9). 이러한 박 정권에 대한 비판적 인식에도 불구하고, 당시 일본 사회에 유포되고 있던 한국에 대한 암흑 사회론적 이미지 및 박 정권 즉각 붕괴론에 대해서 가지무라는 신중한 시각을 유지하였다. 당시 일본 내 비판적 시각이 그리고 있는 한국에 대한 이미지에는, '절대적 궁핍에 내몰린 민중' 위에서 군림하는 공직자의 부정과 부패가 있었고, 이에 대한 민중의 불만을 억압하는 '가공할 폭력 장치와 정보 정치'의 박 정권, 이를 뒤에서 지원하는 미국과 일본이 있었다(같은 글, 5). 그런데 이러한 한국에 대한 단순하며 극적인 이미지로부터, 미국·일본의 박 정권에 대한 원조를 차단하고, 국제 여론을 통해 고립시켜 버리면, 독재정권은 즉시 붕괴하고 민중은 환호성을 지르며 일어설 것이라는 식의 단순한 전망이 유포되기도 하였다(같은 글, 6).

오늘날의 국제 시각에서도 적지 않게 볼 수 있는, 외부적 충격에 의한 현상타파론에 대하여 가지무라는 한국 민중의 주체적인 선택과 진정한 국제 연대라는 측면에서 의문을 제기하고 있다. 한국 근대사에 있어서, 갑신정변과 갑오농민전쟁을 통한 외세의 직·간접적인 개입이, 한국 근대사의 내재적 발전의 흐름에 복잡성과 고난을 가중시킨 예를 강조해 왔던 가지무라로서 자연스러운 문제제기였을 것이다(梶村 1977 c , 110-124).

그러나 독재정권 즉각 붕괴론에 대한 가지무라의 신중한 태도에는 한국 민중의 주체적 선택에 대한 존중만이 있었던 것은 아니었다. 거기에는 박 정권이 주도한 종속적 근대화 노선에 의한 경제발전과 사회의식의 변화가 있었다. '천리마 속도로 발전하는 사회주의 북한'과 대비되어 '부패와 정체의 남한 자본주의'라고 하는 일본의 1950년대 한국 인식은 이미 옛이야기가 되고 있었다. 객관적인 물량 지표에 있어서도 무시할 수 없는 수준에 도달해 있었던 것이다. 한국 경제는 1981년도를 목표로 한 수출 100억 달러를 1977년도에 조기 달성할 정도로 압축적인 성장을 보여 주고 있었다. 박 정권 붕괴 전야론은 빛이 바랠 수밖에 없었다. 가지무라의 발언을 보자.

> 과거 1950년대, 우리들은 남북 조선의 경제를 비교하는 데, 단순히 GNP 지표를 이용하였다. 천리마 속도로 발전하는 사회주의 북조선과 부패와 정체의 남조선 자본주의의 대조는, 그것만으로 일목요연하게 이치에 맞는 것으로 생각되었다(梶村 1976 b, 136).

> 확실히, 50년대에는 근대화라는 기준만으로도 남쪽을 비판할 수 있었다. 물량적 지표를 보더라도 북쪽의 남쪽에 대한 우위를 실증하는 것은 용이한 일이었다. 그러나 지금은 근대화의 물량적 지표를 붙잡고 있어서는, 이제는 남쪽을 비판할 수 없는 곳까지 와 있다(藤森 1975 a, 9).

이러한 급속한 경제성장이, 대중 속에서 생활 개선의 기대감을 형성하게 한 것도 사실이다. 1967년부터 상영된 근대화의 발전상을 선전하는 영화 〈팔도강산〉 시리즈[6]가 국책 홍보 영화임에도 불구하고 대중적인 인기를 끌고 있었다는 사실은 대중의 기대감의 일단을 보여 준다고 할 수 있겠다. '고속도로, 고층 빌딩 건설, 새로운 공업 제품 등장'을 통해 대중의 눈으

6_1967년 국립영화제작소에서 제작한 〈팔도강산〉을 필두로 〈속 팔도강산〉(1968), 〈내일의 팔도강산〉(1971)이 제작·상영되었다. 한국의 경제발전, 수출 신장 ,베트남 파병 등 당시 박 정권의 업적이 극적 재미와 함께 홍보되고 있다.

로 직접 확인되는 변화가 미래에 대한 기대로 이어졌다는 것을 부정할 수는 없을 것이다(桜井浩·梶村秀樹 1971, 10-11).

근대화주의·근대 비판의 시각이 확산되어 가던 1970년대 일본의 사상 흐름 속에서, 남북한 사회에 대한 평가의 기준에 있어서 1950년대식의 생산력(GNP)에 근거한 비교는 이미 래디컬(radical)한 비판이 될 수 없었다. 가지무라 역시 '고도성장'의 본질 및 실상에 비판의 중점을 두고 있었다. 가지무라는 박 정권의 정책이 오로지 물량적 기준만으로 평가되는 근대화주의이며, 서유럽이나 일본적인 국가를 목표로 물리적인 강제를 동원하고, 악착같이 돌진하는 것에 박 정권의 진정한 모습이 있다고 결론짓고 있다. 또한 이러한 근대화는 인간성의 해체를 강요하는 것이며, 봉건적인 전근대 사회의 모순보다 가벼운 것이 아니라고 평가한다(藤森 1975 a , 8-9).

가지무라는 이러한 한국 정부의 근대화 정책과 그 지향점을 보며, 박 정권이 주도하는 근대화 노선의 원형이라고 할 수 있는 메이지 유신 이후의 일본 근대를 생각하지 않을 수 없었다.

> 여기서 자연스럽게 깨달을 수 있는 것은, 박 정권이 보여 주고 있는 궤적이 근대 일본 백여 년의 궤적과 놀랄 정도로 비슷하다는 것이다. 값싼 노동력에 의거한 가공무역형 자본주의화라는 실태 면에서부터 '선진'국을 모방하는 그 의미부여 방식까지도 포함해서(같은 글 1975 a , 13).

그러나 가지무라는 가공무역형 자본주의라고 하는 점에서 일본과 한국은 비슷하지만, 식민지라는 모순 완화의 배출구가 있는가라는 측면에서, 모순의 배출구가 없는 한국 민중의 삶은 더욱 처참할 수밖에 없다고 말하고 있다. 이러한 박 정권의 근대화 노선에 대하여 가지무라는 '초 이코노믹

애니멀'적 가치관이며, 이를 정치적 레벨에서 '박체제'(藤森 1977, 42)라고 부를 수 있다며, 박 정권을 비판하고 있다.

3. '자기 점검의 계기'로서의 한국 민중

1960년대 전반, 일본에서 한일회담 반대 투쟁이 전개되고 있을 때, 혁신운동 측의 주요한 관심은, 한·일 간의 국교 정상화가 한·미·일의 군사적 연계를 강화하여, 결국은 북한·소련·중국과의 군사적 긴장을 고조시키는 것이 아닌가 하는 군사·안보적 문제에 있었다. 과거 일본의 식민지 지배에 대한 반성이나, 일본 사회 속의 재일 한국인의 차별 문제에 대한 인식은 희박하였다. 이러한 가운데, 한국에 대한 멸시 사상 및 재일 한국인에 대한 차별이 보여 주는 전후 일본 사회의 식민주의의 문제와 식민지 지배 책임을 제기한, 가지무라를 포함한 '일본조선연구소'의 입장은[7] "식민지 지배의 반성이라는 계기를 마련하지 못한 일반 혁신세력의 운동 속에서 고립"(和田 2006, 346)되고 있었다. 이와 같이 일본 사회에 식민지 지배 책임을 일찍부터 제창한 가지무라였으나, 재일 한국인과 한국 사회에 대한 당시의 인식은 추상적이고 구체적이지 못했다고 자기 고백하고 있다(梶村 1971(1992), 63). 1968년 2월에 발생한 김희로 사건[8]을 통해 강렬한 충격을 받은 가지

7_당시 가지무라를 비롯한 '일본조선연구소' 측의 식민주의 및 한국 근현대사에 대한 인식에 대해서는 安藤彦太郎·寺尾五郎·宮田節子·吉岡吉典(1964)을 참조.

8_김희로(金嬉老) 사건은 1968년 2월20일 재일한국인 김희로가 폭력단원 2명을 사살하고, 시

무라는 이 사건을 계기로 내재적 발전의 한국사 연구 속에서 '순수화하고 이상화'시켰던 한국의 문화나 인간 이미지에서 벗어나, 일본 사회 속의 재일 한국인이 '인간 해체'적인 상황에서 어떻게 고통을 받고 있는가를 알게 되었다고 말하고 있다(梶村 1974(1993), 122-125).

가지무라는 1971년 논문 「8·15 해방 이후의 조선 인민」의 서문을 통해 1970년대를 전망하고 있다.

> 70년 11월, 서울 동대문 평화시장의 노동자, 보세 가공무역 제품으로 일본으로도 대량으로 수입되는 값싼 양복 등을 만들기 위해, 일한체제 하의 최저변에서 최저한의 생활도 안 되는 임금 조건 속에서, 하루 15시간 이상 노동을 강요당하고 있는 남조선의 노동자, 전태일 씨가 분신자살이라는 충격적인 행동을 통해, 이러한 환경을 만들어 낸 모든 것을 고발했다. 이 사건을 자신들의 문제로 인식하는 가운데, 남조선의 학생운동은 새로운 질적 비약을 이루어 내고 있다(梶村 1971(1990) b, 190).

'일한체제' 하의 한국 민중에 대한 가지무라의 주목은 1970년 전태일 사건을 통해 본격화된다. 가지무라는 1971년 평론 「전태일 씨의 분신자살이 의미하는 것은 무엇인가?」에서 당시 한국의 '인간으로서 최소한의 요구' 조차 충족하지 못하는 노동 환경을 소개·고발하고 있다. 또한 이 사건과 관련한 학생들의 활발한 인권 옹호 활동을 언급하면서, 이러한 학생들의 움직임은 '70년대 한국 학생운동의 새로운 전개'를 알리는 것이라고 전망하

즈오카 현 후지미 여관에서 수십 명을 인질로 잡으며, 일본 사회와 국가를 차별과 억압자로 고발한 사건. 가지무라는 '金嬉老公判對策委員會'에 참가하여 재일한국인에 대한 차별 문제를 일본 사회에 제기하였다.

였다. 60년대 학생운동이 관념적이고 추상적인 면이 없지 않았음과 비교할 때, '학생과 노동자의 연대'의 조짐을 예고하면서, 70년대에 대한 기대와 전망을 내놓고 있다(吉永 1971, 16-17).

그렇다면 '인간으로서 최소한의 요구'조차 충족시키지 못하는 노동 환경을 통해서 가지무라는 무엇을 보았는가. 육체를 손상시킬 정도로 혹사당하는 저임금 노동자의 삶이 보여 주는 근대화의 실상이었다. 근대화를 통한 삶의 변화는 전근대적(농촌 사회)인 사회 속에서 가난하지만 비교적 안정된 삶으로부터, 장래에 대한 끊임 없는 불안과 정신없이 동분서주하는 삶으로의 이동이었다. 박 정권의 고도 경제성장 정책이 만들어 낸 민중의 생존 조건을 가지무라는 이렇게 말한다(藤森 1975 a , 11-12).

> 값싼 노동력을 유일한 무기로 한 수출 드라이브 정책이, 얼마나 처참한 저임금 노동을 강요하고 있는가 … (중략) … 이와 같은 외화 획득 증액 정책은 또 베트남 파병과 '인력 수출'로부터 기생 관광에 이르기까지 아수라장 속으로 대중을 몰아넣고 있다. 공업화 = 국제수지 균형이라는 한 가지에 목표를 한정한 정책 강행은 단순히 물질적 희생을 강요하는 것만이 아니라, 인간성의 황폐를 강요하는 것이기도 한 것이다. 이것이 박 정권이 목적의식적으로 만들어 낸, 남조선 민중의 생존 조건이다(같은 글, 12).

가지무라에게 있어 1970년대 고도성장의 이면에는 노동자의 육체적 손상과 함께 인간성의 황폐를 동반하는 가혹한 생존 조건이 자리 잡고 있었던 것이다. '무서울 정도로 급격한 산업구조의 변용'을 경험한 '일한체제'의 20여 년을 가지무라는 '인간으로서 견딜 수 있는 한계'를 넘나드는 노동 조건을 동반하는 '모순의 고도성장'이었다고 말한다(吉永 1985 b , 69).

그렇다면 가지무라는 1970~80년대 민중운동을 어떻게 보고 있었는가.

전술한 바와 같이 가지무라는 1970년 전태일 사건을 계기로, 지식인·학생들과 민중운동이 하나로 묶이려고 하는 조짐에 주목하기 시작한다. 가지무라는 70년대 초반 학생이 거의 유일한 민주화 운동의 실행력이었던 것에 비해 70년대 중반에 이르면 참가자 층이 현격하게 두터워지고 있다고 바라보았다. 그러나 여전히 운동 참가자의 대부분은 학생·지식인 등에 한정되어 있다고 본다. 그 이유로 가지무라는 박 정권이 민중의 내두를 능숙하게 차단하고 있다고 분석하면서, 운동세력은 민주화 운동과 '민중 간의 회로 탈환'에 집중해야 한다고 말한다(吉永 1975, 8-9). 이러한 지식인과 학생에 한정된 70년대 민주화 운동은 '광주를 거쳐' 80년대 중반에 이르러서는 독자적인 운동 주체로서의 민중운동의 등장과 함께 군사정권과 대결 구도를 형성할 정도로 비약적인 변모를 보여 주게 된다(吉永 1985 a , 17). 주지하는 바와 같이 80년대 중반 이후 한국 민중운동은, 1987년 6월 민주화 운동을 통해 저력을 보이면서, 그 정점을 맞이했다(吉永 1987, 10). 이처럼 새로운 국면이 열리면서 같은 해 7~8월에는 전국적으로 약 2,500여 건에 이르는 대규모의 노동쟁의가 발생한다(梶村 1988, 101). 그리하여 가지무라가 고발하는 '일한체제'하에서 억눌렸던 민중의 모든 목소리가 분출하기 시작한다.

이상과 같이 가지무라는 70~80년대 '일한체제'하, 경제성장의 이면에 가려진 가혹한 생존 환경에 내몰린 민중과 그들의 저항을 목격했다. 동시에 가지무라는 박 정권의 종속적 근대화 노선 속에 드리워져 있는 폭력적인 근대 일본의 그늘과 한국 민중의 고난을 응시하며, 자신과 일본 사회를 성찰하는 '자기 점검의 계기'로서 한국을 연구·실천한다(梶村 1971(1992), 59).

> 제국주의적인 이데올로기 속에 젖어 있다는 것을 자기 자신이 의식하고 자각하며, 끊임없이 자문하는, 그런 계기로서 조선 문제가 있다(같은 글, 18).

'일한체제'에 대한 가지무라의 동시대적 문제의식은, 일본의 메이지 유신과 같은 유형의 근대 국가를 지향한 갑신정변의 개화파에 대한 비판적 연구로 연결된다. 또한 이러한 시각은 민중을 계몽과 동원의 대상으로 간주하는 남과 북의 정치체제에 대한 비판으로 확장되어 간다(梶村 1966). 1970년 동학운동사와 관련한 번역서의 해설을 통해서, 가지무라는 '동학운동을 조선 민중의 근대의 출발점'으로 보고, 오늘날 '근대 세계의 퇴폐의 파도'를 집중적으로 뒤집어쓰고 있는, 한국 민중운동이 동학을 뛰어넘는 근대 극복의 과제를 짊어지고 있다고 기술하고 있다(呉知泳(梶村秀樹 訳注) 1970, 368).

가지무라는 1977년 논문 「한국·박체제의 빛과 그림자」를 통해, 한·일 간의 경제 관계의 성격을 다음과 같이 규정한다.

> 오늘날 '침략'의 양태는, 총체적인 국민경제가 (또 다른) 국민경제 위에 서서, 상대방의 국민생산력을 그 자발성도 포함하여 총동원하는 형태를 취하며 진행되고 있다. 이것을 '경단련'(일본경제단체연합회) 스타일로 직설적으로 표현하면, '기술·지식 집약적 산업과 노동 집약적 산업 간의 고도로 발달한 국제 분업'이 된다(藤森 1977, 39).

한 마디로, 한국의 국민생산력이 총동원되어 일본 경제를 떠받치고 있다는 것이다. 이러한 한·일 간의 '고도로 발달한 국제 분업' 관계는 일본 사회와 시민을 한국 민중을 짓밟는 위치로 내모는 구조이기도 했다. 이러한 구조적 현실에 대하여 둔감한 일본 사회를 고발하면서, 가지무라는 근대 이래로, 일본 사회가 고난의 한국 민중 위에 서 있는 구도를, 현재의 문제이자 자신의 문제로 자각해야 한다고 말한다. 그리고 이를 위해서는, "한국의 노동자가 하루 몇 시간 일하고 있고, 어떤 생활을 하고 있는지 현상적 사실에서부터 시작해서 왜 이런 형편이 되었는가라는 본질 부분까지 파고드는 방법"이 필요하다고 말한다(吉永 1985 a , 19). 한국 노동자가 처한 현실에 대한 구체적 이해를 통하여 일본 사회의 삶의 방식, 일본 자본주의의 본질을 자각하게 된다는 것이다. 국제적 차별·억압 구조에 대한 일본 사회의 부지와 무관심의 구조에 대하여, 가시무라는 이미 1970년경부터 일본 사회의 '중대한 사상적 위기'로 받아들이고 있었다.

> 우리는 이러한 이익, 기득권을 일체 거부하고 있다고 간단히 말할 수 있는가? 우리의 현재 존재 양식에 대하여 무자각적으로 살도록, 우리들의 의식은 규정되어 있다고 생각하지 않으면 안 된다. 재일 조선인의 전후 25년간을, 우리들이 무관심한 상태로 살아 온 것도, 이러한 의식 실태와 관계 있을 것이다. 중층구조가 일층 교묘하고 간접적으로 된 만큼, 무자각성이 일층 심화된 것은, 오히려 한층 중대한 사상적 위기라고 말해도 좋다(梶村 1971(1992), 46).

한편, 가지무라의 북한에 대한 인식은 어떠했을까. 그는 1960년대부터 어느 측면에서는 한국 문제 이상으로 북한의 역사 연구를 비롯한 북한의 움직임에 대해서, 깊은 관심을 기울이고 있었다.[9] 그러나 70년대에 들어서 북한이 경제통계를 일절 공표하지 않는 상황에서 일본의 연구자들은 "김일성의 연설 등에서 단편적으로 나오는 숫자를 모아서 지그소 퍼즐처럼 전체상을 그려나갈 수밖에" 없었다. 지그소 퍼즐을 통해 그려진 북한의 국민상

9_가지무라의 1960년대 북한의 역사 연구 및 개인숭배에 대한 비판적 시각에 대해서는 졸고 姜元鳳(2012) 참조

은 “오로지 생산하고 학습하는 사람들밖에” 볼 수 없다(谷浦 1978,14-15)고 할 정도로 북한과 관련한 자료를 입수하기가 곤란한 실정에 직면하고 있었다. 가지무라 역시 북한에 살고 있는 민중의 심상(心像) 파악의 곤란을 토로하며, 상상력을 동원하려고 해도 근거 자료가 부족한 현실을 언급하고 있다(梶村 1976 a , 31). 1960년대 북한 사회의 개인숭배 강화, 사회의 다양성 상실과 정보의 극단적 통제는 북한 민중의 삶에 대한 파악을 곤란하게 하였던 것이다. 가지무라는 북한 사회의 경직화에 대한 일본 사회의 비판에 대하여, 비판 자체에 대해서는 부정하지 않았으나 오늘날의 북한 사회 성립 과정에 있어서의 일본의 역사적, 현재적 역할을 고려하는 주체적인 ‘민족적 책임의 관점’(梶村 1971(1990) a ,92-93)이 전제되어야 함을 강조하기도 하였다. 한국에 대한 시각에서도 보이는 가지무라의 자기 점검의 계기로서의 북한 인식이 엿보인다고 할 수 있겠다.

4. 일본 사회의 가치관과 민중의 과제

1970년대 일본 사회가 값싼 한국산 수입 의류를 아무런 의문점 없이 애용하는 상황의 이면에는 전태일 사건이 말해 주고 있는, 한국의 극한적인 노동 환경 속에서 저임금을 강요당하는 노동자가 있었다. 이러한 국제적 규모의 희생과 차별 구조 위에 일본 사회의 일상생활이 있다고 가지무라는 말한다(吉永 1971,19). 또한 가지무라는 노동자 계급의 국경을 뛰어 넘는 국제적 연대라는 이념도 이미 퇴색하고 말았으며, 일본의 노동자나 노동조합이 제국주의적 기득권에 안주하여, 한국 노동자들의 고통을 같은 노동자로서 공감할 수 없는 지경에 이르렀음을 고발하고 있다(같은 글). 이와 함께 전술한 당시 일본 사회의 독재정권 비판론에 대해서도 그 문제점을 지적한다. 한국 민중의 희생 위에서 번영을 구가하고 있는 일본 자본주의체제 안에 안주하고 있는 자신을 직시하지 못하는 한계 속에서의 박 정권 비판은, 남의 눈 속의 티는 보면서 자기 눈 속의 들보는 보지 못하는 격으로 가지무라에게 비쳐졌던 것이다. 한 마디로 '일한체제' 전체를 보지 못하는 독재정권 비판은 자기 기만적인 부조리에 지나지 않았다. 게다가 독재정권 하의 한국 사회에 대한 동정심과 대비되는 일본의 전후 '자유와 민주주의'에 대한 긍지는 더욱 난센스한 부조리일 수밖에 없었다(藤森 1975 a , 13). 여기에서 가지무라는 일본의 근대 백년에 대한 부정과 근대화주의의 극복의 모색이 모순적인 한일 관계에 대한 근본적 해결의 길임을 제시하고 있다.

> 우리들이 서야 할 입장은 근대 일본 백년의 궤적을 깨끗이 모두 부정함과 동시에, 그의 도달점인 현재의 '자유와 민주주의'의 비참할 정도의 기만성을 보여 주는, 근대화주의를 극복하려는 입장이어야 한다. 이를 위해 우리들은 당분간 남조선 민중의 악전고투 속에서 획득된 감각으로부터 배우지 않으면 안 된다(같은 글).

한국 민중의 악전고투에서 가지무라는 무엇을 보고 있는가. 한국의 베트남 파병을 통해서 가지무라는 일본의 근대 백년의 추악함을 보게 된다. 가지무라는 1974년 논문 「베트남 파병의 상흔(傷痕)」을 통해서 박 정권의 베트남 파병을 정당화하는 논리 중에서 '조국 근대화'와 '국위 선양'에 주목한다. 그는 이를 통해 강렬한 '선진-후진' 의식이 배경에 깔린, 베트남을 이용하여 아시아를 벗어나, '선진국'의 대열에 들어가고자 하는 욕망을 본다(吉永 1974(1993), 289-290). 더불어 타 민족의 고난을 아랑곳하지 않고 모순의 배출구를 찾는, 가장 파렴치한 본보기를 제공한 일본의 근대 백년을 거론한다.

> 근대 백년의 일본이 창출해 낸 사상과 똑같지 않은가. 아시아를 벗어나 아시아를 희생양으로 삼아 홀로 '선진' 대열 속으로 출세하려 했던 후쿠자와 유기치의 '탈아론'과 닮은꼴이 아닌가? 객관 조건이 다를 뿐이다. … (중략) … 일본의 역사적 책임은 과거만의 문제가 아닌 것이다. 베트남 파병의 사상은 근대 일본을 떠받치고 있던 사상의 추악함을 또 한 번 보여 주고 있는 것이다(같은 글, 291).

가지무라에게 있어서 근대 일본의 사상은 베트남 파병의 사상 속에 여전히 살아 있었다. 그리고 한국전쟁과 베트남전쟁 특수(特需)를 통해 몸집을 불리어 가는 일본의 현실은 근대적 세계체제의 구조적 잔혹성과 그 주역 중의 하나인 일본 국가의 부도덕성을 또 한 번 여실히 증명하고 있는 것이었다.

> 내가 누누이 설명하는 것도, 일본-한국-베트남이라는 축을 따라서, 마치 자연적인 경제 현상처럼 생각되고 있는 구조를 지배하고 있는 세계체제가, 강요하는 잔혹함을 구체적으로 드러내기 위함에 다름 아니다. 일본 국가의 부도덕함이 어느 정도인지를 자각하기 위한 것에 다름 아니다(같은 글, 316).

한편 1975년 가지무라는 논문 「일한조약 체제 10년의 귀결」을 통해서 일본 사회 속의 민중의식과 사회의식이 악화되고 있다고 말한다. 한일 관계에 대한 10년 전의 비판의식과 비교하더라도 "제국주의에 마비"되어, '일한체제'에 대한 의미 있는 비판이 전개되지 못하고 있다고 결론짓는다. 게다가 근대주의적 감각에서 "박 정권은 생산력 향상을 그 나름대로 잘 조직"

하고 있다고 하는 박 정권 재평가론마저 대두되고 있다고 지적한다. 그리고 이러한 풍조를 허용한 일본 내 비판적 사상의 "불철저성"을 언급하면서, '일한체제'의 실상에 대하여 대중이 실감하고 본질을 파악할 수 있는 사상의 창출이 시급한 과제임을 이야기하고 있다(藤森 1975 b , 26-27).

'일한체제'의 실상에 대한 무지와 비판의식의 희석화 현상, 한국 민중의 고난에 대한 무관심에 직면하면서, 가지무라는 문제를 보다 근원적인 측면에서 고민하게 된다. '일본 정부는 한국에 대한 개입을 중지하라. 경제유착을 끊어라'고 하는 일반적인 슬로건에 대해서, 가지무라는 현상적이고 일반론적인 대응책으로는 이미 하나로 일체화된 경제체제 차원으로까지 도달하고 있는 '일한체제'에 대한 래디컬한 비판이 될 수 없다고 보았다. "일본 독점자본의 국내외에 걸친 지배체제와 총체적으로 대결하는 장기적인 전망"을 가져야 한다고 말한다(같은 글, 28).

한국이라는 종속적 경제 파트너의 존재를 필요로 하고, 수직적 분업체제를 떠받치고 있는 한국 민중의 희생 위에서만 존립이 가능한 일본 자본주의·국가체제와의 근본적인 대결을 가지무라는 고민하고 있었던 것이다. 어떤 의미에서는 제3세계 민중의 고난을 필요조건으로 하는, 일본 사회의 삶의 방식 자체에 대한 패러다임적 전환을 염두에 둔 것이라고도 할 수 있을 것이다. 그리고 가지무라의 비판은 일본의 민중을 향한다. 선진국 일본 사회의 민중들이 "이미 획득하여 기득권이라고 믿고 있는 무엇인가를, 잃어버릴 각오", 다시 말해 종속적 경제체제 하의 한국 민중의 고난이 있기 때문에 비로소 성립되는 기득권을 포기할 각오가 없는 이상, 한·일 간의 "민중적 연대"라는 가치의 상실은 물론, 제국주의적 무관심에서 벗어날 수 없다는 것이다(梶村 1976 b ,141). 그러나 일본의 노동조합이 한국 노동자의 현실을 외면하고 "자본과 공범 관계"를 형성하고 있는 상황 속에서 (内海愛

子·吉永長生 等 1978, 内海 발언 21-22) 이것은 좀처럼 벗어나기 힘든 구조이기도 했다. 어떤 의미에서 일본 사회는 이미 이 구조 속에서의 자신의 위치를 한국과 비교·확인하고, 그 지위를 안심하며 누리고 있다고도 할 수 있다. 가지무라가 이야기하는 일본 사회와 민중이 누리고 있는 기득권 = 제국주의 체제를 가지무라는 어떻게 인식하고 있었을까.

> 부평초와 같은 '번영'과 취약한 낭비경제, 여유 없는 정신적 소모 - 이러한 생활방식은, 결국 길게 가지 못할 것이고, 삶의 방식의 변화를 요구받고 있다. 제국주의 내부에서 사는 것이 익숙해져 삶의 방식에 대한 근본적인 문제의식이 희박해질 정도로 우리들은 방심 상태에 있는 것은 아닐까. …(중략)… 아마 적어도 남조선의 김지하[10]에게는 이미 악취를 풍기기 시작하고 있는 전후의 일본적인 삶의 방식의 문제성이, 보다 확실히 보일 것이다(藤森 1977, 44).

일본의 기득권은 가지무라에게 있어서 이미 악취를 풍기기 시작하는 삶의 방식이었다. 인간의 한계를 시험하는 한국의 노동 환경 위에서 "천하태평을 구가"하는(梶村 1987, 72) 일본 사회를 바라보면서, 삶의 방식에 대한 근본적인 문제의식을 가지기 힘들게 된, 즉 자기 점검의 능력과 계기를 상실한 일본의 사상 풍토에 대한 심각한 물음이었다고 생각된다.

가지무라의 이러한 문제의식의 심화와 함께 1970년대 이후 민중운동의 차원에서, 한·일 간의 차이는 점점 명확해져 간다. 70년대의 민중운동이 한국에서는 고양기에 접어들었고, 이와 대조적으로 일본에서는 침체일

10_한일 관계 및 일본에 대한 김지하의 비판은 김지하(金芝河, 1975)의 「櫻賊歌」, 「糞氏物語」, 「鎭惡鬼」 등을 참조.

로를 걷는다. 한국의 민중운동은 70년대 지식인·학생 중심의 운동에서 광주를 거쳐 기층 민중운동 중심의 길을 걸어간 반면, 같은 시기 일본에서는 "대중 의식은 평온무사"하였고, 지식인·대중들과 지배층 간에는 긴장관계가 사라진지 오래였다. 가지무라는 이러한 상황 속에서 지식인의 비판 포기와 대량 전향이라는 추세가 지배층과 대중의 일체화에 큰 영향을 주었다고 말한다(吉永長生 1985 a , 18).

80년대 들어서 일본의 민중운동과 한국의 민중운동 간에는 더욱 큰 격차가 발생하는데, 이는 가지무라에게 간단한 문제가 아니었다. 경제적 번영 속에서 기존 질서에 대한 저항성도 상실하고, 일종의 전향이라고 볼 수 있는 형태로, 저명한 지식인조차 문제의식을 상실해 가는 추세가 계속된다. 가지무라가 표현한 '전향'은 단순히 이념적 측면만을 이야기한 것은 아니었다. 자신이 속한 사회에 대한 비판적 시각, 자기 점검의 작업에 대한 포기를 상징하고 있었다. 이러한 현상은 당시 한국과 비교할 때, 더욱 더 선명하게 인식됐다(吉永 1985 b , 72).

가지무라는 일본의 '전후 민주주의' 자체에 대해서도 의구심을 내비친다. 제국주의적 기득권에 안주한 속에서 문제의식을 상실하고, 기존 국가와 사회체제에 대한 '저항권'을 행사한 경험이 별로 없었다는 점을 언급하며(같은 글, 73), 국가에 대한 상대화의 경험·시점의 부재를 지적한다(梶村 1985 b , 26-27). 그리고 일본 사회에 광범위하게 침투되어 있는 국가 지상주의와 비교하여 한국 현대사 속에는 이와 대비되는 "국가를 상대화하는 경험과 시점"이 존재한다고 가지무라는 보고 있었다(같은 글, 27). 이러한 견해는 당시의 한국 사회에 대한 인식의 정확성 여부는 놔두더라도, 가지무라의 일본 사회에 대한 문제의식이 한국 근현대사 연구를 통해 투영된 것이라고도 말할 수 있겠다. 이처럼 가지무라는 일본인과 다르게 국가와 자기의 관계를 상대화시켜 보고 있는 재일 한국인(정주 외국인)과의 공생의 경험을 통해서 많은 것을 배울 수 있다고 이야기한다(같은 글, 30). 그러면 가지무라는 일본 사회의 사상적 정체 상황을 타개할 열쇠를 어디에서 찾고 있었는가에 대해 다음 절에서 살펴보자.

5. 의미상실 시대의 역사인식

80년대 일본에서는 일본 사회와 역사에 대한 비판적인 시각의 근거가 되고 있던 마르크스주의적 역사관이 구시대적 사상으로서 집중포화를 맞고 있었다. 그러나 가지무라는 마르크스주의적 역사관을 고집스럽게 옹호한다. 물론 가지무라는 현존 사회주의 국가에 대하여 비판적 입장에 서 있었고, 교과서적인 역사 발전 단계론에 얽매인 것도 아니었다. 가지무라가 견지하고자 한 것은 마르크스주의적 사회 분석틀이 가지고 있는 자본주의적 근대에 대한 비판 가능성과 약자에 대한 옹호에 있었을 것이다.

가지무라는 전술한 바와 같이, 자기 점검의 계기와 지향점을 잃어 가는 일본 사회 속에서 진보에 대한 믿음과 실천적인 힘을 가진 "진정한 의미의 역사학이 재건"되지 않으면 안 된다고 주장한다(梶村 1985 a , 108-109). 이런 맥락에서 가지무라가 1960년대 초 '일본조선연구소' 시대부터 일본 사회의 식민주의적 한국 인식 및 재일 한국인 인권 문제와 씨름하면서 연구자와 운동가로서의 삶을 병행해 왔으며, 그의 글에는 이러한 특징이 짙게 배여 있다는 점을 기억해 두자.

학자도 아니고 그렇다고 해서 정치운동이라는 측면에서 운동가도 아닌 영역에서 — 가능한 한 조선인과 진정한 의미에서 함께 걸어가는 작업을 계속할 셈입니다 (같은 글, 117).

이러한 가지무라의 실천운동가로서의 문제의식과 시점은 일찍부터 한국의 근대 민족사학의 선구라고 할 수 있는 신채호에 대한 주목으로 연결된다. 그가 신채호에 대하여 주목한 것은 신채호가 아카데미 세계와는 다른 독립운동의 현장 속에서 역사 연구를 하였기 때문이었고, "식민지적 상황과 정면으로 승부한 성실한 혁명적이고 민족주의적인 인테리겐차"였기 때문이었다(梶村 1977ａ, 54-55). 역사 연구자이면서 운동가로서의 삶을 살았던 가지무라에게 있어서 신채호는 이상형이었다고도 할 수 있다. 가지무라에게 있어서 "진정한 의미의 역사학의 재건"을 위해 비판적으로 계승해야 할 가치가 있는 쪽은, 일본의 실증사학이 아니고 신채호의 민족 독립을 위한 '민족사학'이었다(梶村 1969, 20, 30).

가지무라는 1977년 논문 「일본 제국주의의 문제」에서 식민지의 희생을 무시하고, 일본의 근대 백년을 문명의 진보로 자화자찬하는 식의 일본 사회의 지배적인 역사인식에 강한 의구심을 표명한다. 또한 진보적 일본 역사학계의 제국주의 파악을 위한 역사 방법론이 아무리 정밀하게 진행되더라도, 국민의 역사의식 변혁에 실제로 힘이 되지 않는다면 의미가 없다고 신랄하게 발언하고 있다. 즉 아카데미 속에서만 유효한 방법론의 정밀화가 중요한 것이 아니고, 일본 사회 전체를 시야에 넣는 "역사의 의미를 우리들이 어떻게 인식하고 있는가라는 이른바 총체적인 사상의 문제"라고 지적하고 있다(梶村 1977ｂ, 335).

한일 강제 병합에 대하여 "약육강식의 시대였으니까 어쩔 수 없었지 않았겠는가."라거나, "그런 식으로 일본이 쳐들어 간 것은 조선인이 야무지지 못해서다. 불쌍하지만 어쩔 수 없다."는 반응(梶村 1974(1993), 117)이 대부분인 당시 청년들의 역사인식을 보며, 가지무라는 제국주의적인 근대 일본의 역사를 상대화하거나 극복하지 못하고 있는 일본 사회를 다시금 인식하게 되었을 것이다.

가지무라는 앞의 1977년 논문을 통해, 역사를 보는 데 있어서 주체적인 의미의 영역을 중시할 것을 제창하고 있다. 공통의 법칙적 이해에서 출발해도 역사에 대한 평가 및 실천적인 과제와 관련한 구체적인 역사상은 각각 주체적인 것임을 설명하며, 중시해야 할 것은 이러한 주체적인 역사의 의미의 영역이라고 설명한다.

예를 들어 가지무라는 갑신정변의 지도자 김옥균을 높게 평가하고 있는 60년대 북한의 역사인식을 소개하면서, 그 속에는 내재적 발전의 역사상의 강조와 한국사 연구에 있어서의 일본의 강좌파적(講座派的) 시각의 영향, 즉 특수성 = 낙후성을 강조하는 경향에 대한 비판이 있었다고 지적하고 있다. 이러한 가운데 가지무라는 마르크스주의 역사학이 영원불변한 진리이자 단 하나뿐인 '과학적 역사상'이 아닌, 상황적 진리임을 재차 가르쳐 주고 있다고 말한다. 즉 직면한 상황 속에서, 주체가 취하는 입장에 따라 역사의 의미가 다르게 해석된다는 것이다. 이것은 역사적 사실에 대한 엄밀한 실증·분석을 전제로 한, 역사를 보는 주체의 '의미의 영역'이 있음을 설명한 것이다(梶村 1977 b , 343-350).

이러한 '의미로서의 역사'는 마르크스주의적 역사 연구에서만 볼 수 있는 것은 아니었다. 가지무라는 1984년 논문 「역사와 문학」에서 이러한 '의미로서의 역사'를 60년대 이후의 한일 국교 정상화를 계기로 촉발된, 한국의 '민족사학'의 재인식에서도 볼 수 있다고 지적한다. 또한, 사대주의에 맞서 민족의 주체성을 회복하려는 신채호의 '사실의 의미 있는 체계적 인식'이 보여 주는 박력에 비해, '세밀(些末)주의'에 빠진 일본의 역사 연구가 제시하는 역사상은 '의미로서의 역사' 차원의 사회적 공감대를 획득하고 있는 정도에서 신채호를 능가하지 못한다고 이야기한다(梶村 1984 a , 56).

한편, 1976년 미야지마 히로시는 해방 후 한국역사 연구를 개관하면서, 민족사학의 선구인 신채호의 역사 연구의 기초에는 노예 상태의 굴욕 속에서도 여전히 존재하는 "민족과 민중에 대한 깊은 신뢰감"이 있었다고 언급했다(宮嶋 1976, 14). 이러한 신채호의 민족과 민중에 대한 신뢰에 공감하던 가지무라는 지식인이 민중으로부터 배우는 것과 함께, 민중의 감성에 궁극적 가치의 근거를 두어야 한다고 말한다(梶村 1984 b , 337).

이렇게 민중과 함께 가야 한다고 생각한 가지무라에게 함석헌의 『뜻으로 본 한국역사』(咸錫憲(金学鉉 訳) 1980)는 생각하지도 못한 충격을 주게 된다. 함석헌의 역사관은, 원래 1934~35년에 걸쳐 잡지 『성서조선』에 연재되었던 「성서적 입장에서 본 조선역사」에서 처음 기본적인 시각이 등장하였고, 연재 내용은 1950년 출간된 『성서적 입장에서 본 한국역사』(함석헌1960)에 수록되었다. 함석헌은 한국 민중의 역사를 '고난의 역사'라고 본다. 그러나 그저 고난만의 역사는 아니었다. 원래 고난 속에 의미(뜻)가 있다는 성경의 가르침에 의거하여, 한국 민중의 고난의 역사 속에서 의미와 사명을 찾으려는 함석헌의 역사인식에 가지무라는 충격적인 감동을 받는다. 그리고 그 고난의 의미는 단순히 한 민족에 한정되는 것이 아니라 세계사적 의미를 가진다(梶村 1977 b , 353).

'일한체제'를 피와 눈물로 떠받치고 있는 한국 민중과 함석헌의 세계사적 의미를 가진 민중의 고난은 가지무라에게 오버랩 되면서, 강렬한 메시지를 주었던 것으로 보인다. 전술한 김옥균 평가와 신채호의 '민족사학'의 예를 통해 보여진 가지무라의 역사에 있어서의 '의미의 영역' 또한 함석헌의 영향이라고 말할 수 있다. 한편, 함석헌은 이러한 고난의 세계사적 의미로서 '역사의 하수구'라는 표현을 사용한다.

> 이것은 하나님의 섭리이기도 하다.…(중략)… 세계의 불의를 짊어짐으로써 인류의 역사를 도덕적으로 한층 올리는 일이다. 이것이 역사의 하수구가 아닌가(같은 글, 354),

가지무라는 이러한 세계의 불의를 짊어진 세계의 하수구인 한국과 제3세계 국가인 한국의 상황을 오버랩 시키고 있다. 또한 한국을 세계의 하수구 역할로 내몬 일본 사회를 직시해야 한다고 외치고 있다. 1980년 한국이 격동의 한복판에 있을 시기에 작성된 가지무라의 다음 글을 보자.

> '한국은 세계의 불의의 결과를 짊어진 세계의 하수구다'라고 한다. 비유는 충격적이나, 이러한 인식은 우리들의 역사과학적인 사실 인식과 일치하고 있다고 생각한다. 현재의 한국 민중이 짊어지고 있는 여러 가지 부조리는, 확실히 전후의 양 체제 간 모순과, 자본주의 세계 속에서의 '선진국' - '후진국' 간의 모순에 크게 조건 지워져 있는 것이다. 미국이나 일본의 고도로 발달한 자본주의 경제의 번영과 '풍요로운 생활'이 만들어 낸 모순이, 제3세계 전반, 그 중에서도 모순이 집중된 지역인 한국의 민중에게 전가되고 있는 구조가 있다는 것을 직시하지 않으면 안 된다(梶村 1980, 50).

그리고 이러한 한국 민중의 고난과는 또 다른 차원과 의미에서 일본 사회가 직면하고 있는 고난과 과제를 말하고 있다. 그것은 한국 민중의 고난 위에 자리 잡고 있는 일본 사회의 삶의 방식에 대한 고발과 그 극복을 위한 물음이기도 하였다.

> 이러한 체제의 틀 속에 사로잡혀 있다는 것이, 우리들의 고난인 것이다. '하수구'에 스스로가 발생시킨 독소를 흘려보내고 있는 것이 우리들인 것이다. 독소를 '깨끗하게 세척하는 역할'을 한국 민중에게 떠맡겨 두는 것이 옳은 일인가? 대량의 독소를 발산하고 있는 우리들의 생활 실태 전체를 문제 삼지 않아도 좋단 말인가? (같은 글)

이처럼 한국 민중과는 또 다른 상황에서 다른 차원의 '고난' = '시험 문제'에 직면하고 있는 일본 민중은 한국 민중의 "고난의 짐을 능동적으로 져 온 정신의 실상"에서 배워야 한다고 말한다(같은 글, 49). 즉 독소를 발생시켜 한국으로 흘려보내고 있는 자신의 위치가 가지는 의미를 자각하고, 이를 극복하기 위한 길을 주체적으로 찾아내야 한다는 의미일 것이다. 이것은 어떤 의미에서는 가지무라가 일본 민중에게 정면으로 던지는 문제제기였다고 할 수 있는데, 1960년대 가지무라의 이른바 '역사 발전의 주체 = 민중'이라는 사회경제적 조건에 입각한 마르크스주의적 민중관이나, '민중에게 배우며 함께 간다.'는 것과는 다른 시야와 뉘앙스를 엿볼 수 있다. 즉 가지무라의 민중관에 함석헌적인 민중관이 가미된 것이라고도 생각해 볼 수 있겠다.

한편, 어떤 의미에서는 일본에게 주어진 고난과 시험은, 오늘날 한국을 포함한 이른바 선진국의 영역에 도달한 나라와 미래의 선진국을 지향하는 모든 나라에 놓인 고난과 시험일지도 모른다. 당시의 가지무라는 '제국주의 내부의 인간'으로서 어쩌면 한국보다 더 곤란한 사상 혁명의 과제를 짊어지고, 고독하게 일본의 과제와 사명을 밝히려고 했는지도 모른다. 가지무라는 함석헌이 말하는 한국 민중의 "약육강식의 세계를 평화를 제일의 가치로 하는 세계로 역전시켜, 세계를 구하는 세계사적 사명"(같은 글, 49-50)을 언급한다. 일본을 포함한 세계사적 과제의 제시를 보며, 가지무라는 자신과 일본 사회에 주어진 역사의 의미와 사명을 보았을 것이다. 아마도 '일한체제'의 기득권을 향유하며, 자기 점검의 계기를 상실한 채 자신들이 직면하고 있는 상황의 의미와 방향마저 잃어버린 일본 사회 속에서 외로운 싸움을 전개하던 가지무라에게, 이러한 '의미로서의 역사'는 방법의 차원을 넘어 깊이 체감되고 공감되는 메시지였을 것이다.

> 읽어 보니, 그것은 단순한 '가치중립적'인 사실의 나열과는 차원이 다른 '의미로서의 역사'의 영역이 있다고 하는, 결정적인 문제제기를 내포하고 있는 것처럼 느껴졌다(梶村 1984 a, 53).

그러나 가지무라의 역사인식이 함석헌의 '의미로서의 역사' 인식으로 일원화된 것은 아니었다. 역사로부터 의미를 획득하기 위해서는 자신이 서 있는 위치가 지니는 의미를 현실적·과학적으로 인식하기 위한, 보편적인 '사실로서의 역사'가 뒷받침되어야 하기 때문이다(같은 글, 55).

6. 한국을 통해 일본의 문제를 보다

가지무라는 평생 역사 연구자와 실천운동가의 삶을 병행하였는데, 이러한 두 가지의 삶과 실천을 통해서, 일반적인 역사 연구에서는 보기 힘든 독특한 연구와 실천의 스타일을 낳았다. 보편적인 '사실로서의 역사'와 개성적인 '의미로서의 역사'의 긴장관계를 통해 과학적인 역사가 성립한다(같은 글, 55)는 그의 만년의 역사론은 그의 연구·삶의 도달점의 일단을 보여준다고 할 수 있을 것이다. 1965년 가지무라는 한일 국교 정상화에 따른 한일 관계의 행로를 역사 연구자로서 책임 의식을 지니고 집요하게 추적하겠다고 선언한다(梶村 1965(1993), 107). 가지무라의 역사 연구와 실천은 1960년대 일본 사회의 식민주의적 한국(역사) 인식과 대결한다는 자세로 시작되었다. 1970~80년대 '일한체제'와의 사상적 격투 과정을 통해, 가지무라는 근대적 세계 구조의 폭력적 본성을 여실히 보여 주었다. 근대의 폭력이 식민지적 관계를 통해 노골적으로 드러난다는 점에서 '일한체제'는 식민지적 근대, 그 자체였다고 말 할 수 있다.

그런데, 식민지적 근대 = '일한체제'는 가해자 일본에게도 현재와 미래에 대한 의미의 상실이라고도 할 수 있는 피해자 이상의 심대한 사상적 타격을 주었다. 이러한 상황의 한복판에 있었던 가지무라는 '일한체제'의 근본적인 극복을 모색한다. 메이지 유신 이래 근대 일본의 백년을 전부 부정하며 선진국 일본의 기득권을 포기하고, 삶의 방식을 근본적으로 바꾸자고 외친 것이 그것이다.

그러나 이것은 인간의 근원적인 욕망과의 대결이라고 할 수도 있는 것이었다. 벗어나기 힘든 세계 구조이며, 극복하기 힘든 현실일 수도 있었다. 당시 유일한 대항적 사고체계였던 마르크스주의 또한 믿을 만한 존재가 아님이 증명되고 있었다. 이러한 상황 속에서 "홀로의 탄식이며 반성"이고, 친구에 대한 "위로며 권면"이었던, 그리고 "우리의 기도요 신앙"이지 역사 연구가 아니었던(함석헌 1960, 머리말 2) 함석헌의 역사 철학과 가지무라의 만남이 이루어진다.

한국을 통해서 일본의 문제를 보는 가지무라의 시각을 오늘의 시점에서 보면, 일본에 국한되지 않는 보편적인 문제의식으로 다가온다. 1970~80년대 당시와는 비교도 안 될 정도로 정치·경제·사회·문화 모든 면에서 국제화된 오늘날, 한국 사회는 자신의 번영의 기반이 어떻게 유지되고 있는지를 어느 정도나 자각하고 있는 것일까. 자기성찰의 계기를 마련하며, 자신이 서 있는 위치가 가지는 의미를 찾아 가고 있는지. 오늘날 한국적 삶의 방식은 가지무라의 비판을 견딜 수 있는 것인가. 가지무라가 일본 사회에 던진 질문은 오늘 우리 사회를 향하고 있다고 말할 수 있지 않을까.

참고문헌

함석헌. 1960(1950년 초판). 『성서적 입장에서 본 한국역사』. 新生館.

金芝河. 1975. 『金芝河全集』. 東京: 漢陽社.

梶村秀樹. 1964a. "「不正蓄財処理問題」と南朝鮮の隷属的独占資本." 『朝鮮研究月報』 第26·27合併号.

梶村秀樹. 1964b. "「不正蓄財処理問題」と南朝鮮の隷属的独占資本 二." 『朝鮮研究月報』 第31号.

梶村秀樹. 1965. "「日韓経済協力」の本質." 『歴史学研究月報』 第70号.

梶村秀樹. 1965(1993). "日韓条約のゆくえを追跡します."(1965年 執筆) 『梶村秀樹著作集』 第5巻, pp. 105-107. 東京: 明石書店.

梶村秀樹. 1966. "朝鮮近代史と金玉均の評価." 『思想』 第510号.

梶村秀樹. 1969. "申采浩の歴史学." 『思想』 第537号.

梶村秀樹. 1969(1993). "日本における朝鮮研究." 『梶村秀樹著作集』 第2巻, pp. 86-107. 東京: 明石書店.

梶村秀樹. 1971(1992). "排外主義克服のための朝鮮史." 『梶村秀樹著作集』 第1巻, pp. 13-77. 東京: 明石書店.

梶村秀樹. 1971(1990)a. "朝鮮民族解放闘争史と国際共産主義運動." 『排外主義克服のための朝鮮史』. 青年アジア研究会.

梶村秀樹. 1971(1990)b. "8·15解放以後の朝鮮人民." 『排外主義克服のための朝鮮史』. 青年アジア研究会.

梶村秀樹. 1974(1993). "朝鮮史研究の方法をめぐって." 『梶村秀樹著作集』 第2巻, pp. 108-125. 東京: 明石書店.

梶村秀樹. 1976a. "私の読んだ三十册の本." 『思想の科学』 第59号.

梶村秀樹. 1976b. "日韓体制の再検討のために." 『三千里』 秋号 第7号.

梶村秀樹. 1977a. "申采浩の啓蒙思想." 『三千里』 春号 第9号.

梶村秀樹. 1977b. "日本帝国主義の問題." 『岩波講座 日本歴史24』. 岩波書店

梶村秀樹. 1977c. 『朝鮮史一その発展』. 東京: 講談社.

梶村秀樹. 1980. "苦難を背負う一咸錫憲氏の『苦難の韓国民衆史』によせて." 『福音と世界』 第35巻 第10号.

梶村秀樹. 1984a. "歴史と文学." 『歴史評論』 第409号.

梶村秀樹. 1984b. "語りはじめた労働者たち." 『梶村秀樹著作集』 第5巻, pp. 329-338. 東京: 明石書店.

梶村秀樹. 1985a. “歴史の発展は幻想だろうか.” 菅孝行 編.『モグラ叩き時代のマルキシズム』. 東京: 現代企画室.
梶村秀樹. 1985b. “定住外国人としての在日朝鮮人.”『梶村秀樹著作集』第6巻, pp. 13-34. 東京: 明石書店.
梶村秀樹. 1987. “韓国民衆運動の歩みと展望.”『「朝鮮問題」学習・研究シリーズ』第31・32合併号. 朝鮮問題懇談会.
梶村秀樹. 1988. “80年代韓国の労働経済と労働政策.” 神奈川大『経済貿易研究』第14号.
藤森一清(梶村秀樹 筆名). 1975a. “朴政権の価値体系と韓国の民衆.”『情況』第78号.
藤森一清(梶村秀樹 筆名). 1975b. “日韓条約体制一〇年の帰結 - 日韓体制の軌跡と変革の視座.”『破防法研究』第24号.
藤森一清(梶村秀樹 筆名). 1977. “韓国・朴体制の光と影.”『破防法研究』第32号.
吉永長生(梶村秀樹 筆名). 1966a. “南朝鮮からの「労働力導入」問題について.”『朝鮮研究』第48号.
吉永長生(梶村秀樹 筆名). 1966b. “日韓経済関係 従属経済関係へ進む.”『東京大学新聞』1966. 4. 25日字.
吉永長生(梶村秀樹 筆名). 1966c. “対韓経済進出の具体化状況.”『朝鮮研究』第50号.
吉永長生(梶村秀樹 筆名). 1967a. “韓国経済の構造と現局面.”『国際問題』第88号.
吉永長生(梶村秀樹 筆名). 1967b. “朴政権の経済政策の意味するもの.”『朝鮮研究』第66号.
吉永長生(梶村秀樹 筆名). 1971. “全泰壱氏の焼身自殺の意味は何か？”『朝鮮研究』第103号.
吉永長生(梶村秀樹 筆名). 1974(1993) “ベトナム派兵の傷痕.”『梶村秀樹著作集』第5巻, pp. 278-317. 東京: 明石書店.
吉永長生(梶村秀樹 筆名). 1975. “南朝鮮の民主回復闘争.”『朝鮮研究』第146号.
吉永長生(梶村秀樹 筆名). 1985a. “日本の対韓政策と民衆意識.”『新地平』第127号.
吉永長生(梶村秀樹 筆名). 1985b. “「日韓条約」二十年を考える.”『クライシス』第24号.
吉永長生(梶村秀樹 筆名). 1987. “新局面きりひらいた韓国民衆運動.”『世界から』第29号.
朝鮮史研究会. 1959. “日本の学会.”『朝鮮史研究会会報』第1号.
遠山茂樹. 1963. “朝鮮にたいする民族的偏見について.”『歴史評論』第152号.
安藤彦太郎・寺尾五郎・宮田節子・吉岡吉典. 1964.『日・朝・中三国人民連帯の歴史と理論』. 日本朝鮮研究所.
呉知泳(梶村秀樹 訳注). 1970.『東学史－朝鮮民衆運動の記録』. 東京: 平凡社東洋文庫.
桜井浩・梶村秀樹. 1971. “南朝鮮民衆の意識と行動.”『朝鮮研究』第105号.
ひろたまさき. 1972. “福沢諭吉における第三の転回.”『思想』第580号.
宮嶋博史. 1976. “韓国における「民族史学」について.”『歴史学研究』第439号.
内海愛子・吉永長生等. 1978. “座談会 韓国経済の「脅威」を論ず.”『朝鮮研究』第183号.
谷浦孝雄. 1978. “朝鮮民主主義人民共和国.”『発展途上国研究』. アジア経済研究所.

咸錫憲(金学鉉 訳). 1980.『苦難の韓国民衆史 -意味から見た韓国歴史』. 新教出版社.
並木真人. 1990. "戦後日本における朝鮮近代史研究の現段階 -「内在的発展論」再考-."『歴史評論』第482号.
米谷匡史. 2004. "アジア連帯論のコンテキスト 誰が誰に語るアジア連帯なのか."『理戦』第76号.
和田春樹・高崎宗司. 2005.『検証 日朝関係60年史』. 明石書店.
和田春樹. 2006.『ある戦後精神の形成 -1938~1965』. 岩波書店.
板垣竜太. 2010. "日韓会談反対運動と植民地支配責任論."『思想』第1029号.
姜元鳳. 2012. "一九六〇年代梶村秀樹の朝鮮史認識." 東京学芸大史学会『史海』第59号.

5장

일본 '전후 역사학'의 전개와 미완의 가지무라 사학

국가와 민중은 어떻게 (재)발견되었는가

도베 히데아키(戸邉秀明)

1. 문제제기 -20세기 역사학 운동을 역사화할 필요성-

이 글은 가지무라 히데키(梶村秀樹)가 생산한 역사 연구의 의미를, 그가 태어난 20세기 후반 일본의 역사학, 특히 그 중에서도 가장 특징적인 조류라고도 할 수 있는, '전후 역사학'(戰後 歷史學)이라 불리는 학문운동 안에 자리매김하는 것을 과제로 한다. 그렇다면 왜 이런 시각이 필요한 것인가에 대해 두 가지를 이야기하는 것으로 시작하고자 한다.

첫째, 가지무라의 역사 연구를 '전후 일본의 역사학 운동 전체 안에 자리매김한다.'는 시점(視點)이다. 지금까지 가지무라에 관한 사학사적 검토는 대개 일본에서의 조선사 연구의 발전을 검증하려는 관점에서 진행되어 왔다. 그러나 그의 역사 연구를 사학사상사(史學思想史)의 관점에서 다시 이해하려고 할 때 '(일본에서의) 조선사 연구 안의 가지무라'라는 위상은 충분하지 않다. 가지무라 연구의 독특한 스타일이나 방법 의식은 일국사적 조선사 연구의 틀만으로는 결코 생겨나지 못했을 것이기 때문이다. 가지무라의 방법적 혁신은 전후 역사학과 만나는 과정에서 형성됐다. 보다 정확히 말하자면, 전후 역사학이 실질적으로 확립되는 1960년대에 그 중요한 역할을 담당한 이가 가지무라였다. 따라서 가지무라가 전후 역사학으로부터 영향을 받았다고 말하는 것으로는 부족하다. 그 자신이 전후 역사학을 만들었다고 할 수 있기 때문이다. 그런 점에서, 조선사 연구에 대한 공헌을 척도로 가지무라를 평가하기보다는, 가지무라가 조선사가(朝鮮史家)라는 전문성을 지니면서도 동시에 그것을 넘어서 20세기 후반 일본의 역사학을 기안한 역사가 중의 한 명이라는 점, 다시 말해 가지무라가 동시대의 다른 역사학 동향과 어떤 관계를 맺었으며 또 그에 대해 어떤 생산적 발언을 수행했는가 하는 점에 주목하고자 한다.

둘째, 이런 검증을 일본 내부의 사학사적 검증으로 한정하지 않는 것, 이를테면 검증의 규모를 동아시아로 확대하여 진전시킬 필요가 있다. 지금껏 학문사는 대부분 일국 내에서, 그것도 연구 장르별로 정리되든가 또는 막스 베버의 국가별 수용 양태 등과 같이 국제적인 연관을 상정하더라도 기원과 전파의 관계 정도로 이해되어 왔다. 그러나 마르크스주의를 수용하고 전개시켰던 20세기 동아시아 각지의 창조적인 탐구를 상정하는 순간, 기원(서양)과 각 전파 지점(비서양)이라는 일 대 일 관계의 단순성은 큰 의미를 지니지 못한다. 전파 과정 자체가 꽤 복잡한 경로를 거쳐 이루어졌고 그 형태 역시 다양했으며 서로 영향을 주고받기까지 했다는 역사적 사실을 환기할 필요가 있다. 체제 간의 단절이 심각했던 20세기 후반에도 이런 교류는 직간접적으로 존재했다. 게다가 오늘날과는 비교할 수 없을 정도의 혹독한 조건 아래에서 학문을 창조하는 과정이기도 했다.

우리가 오늘날 직면한 상황은 그 당시를 능가하는 문명사적 전환을 요구받고 있다는 점에서 보다 심각하게 받아들여야 한다. 그런 이유에서라도 과거의 당위는 쉽게 내버릴 수 없다. 남김없이 씹어 삼킬 각오로 탐구하고 전진하는, 말하자면 배워서 버리는 (unleran) 작업이 요구되는 것이다. 예상과는 달리 냉전 후에도 내셔널리즘이 성행하고 그로 인한 대립이 심각해진 현재의 동아시아에서 국가의 틀을 넘어선 타자를 이해하기 위해서라도 이런 작업은 더욱 절실하다고 하지 않을 수 없다.

역설적이지만 이 글에서는 우선 가지무라 히데키라는 조선사 연구자의 지적 궤적을 일본의 학문사 내부에 위치시키고 그 문맥의 다면성을 드러낼 생각이다. 예컨대 이 책에 게재된 홍종욱 논문이 한국과의 교차 속에서 가지무라 사학을 고찰하는 것처럼, 가지무라 사학을 보다 넓은 지적 문맥 속에 위치시키기 위한 준비 작업이라고 할 수 있다. 다소 도식적으로 사례를 소개하는 느낌이 없지 않지만, 마무리에서도 밝혔듯이 이 논문은 앞으로 가지무라 사학을 보다 본격적으로 검증하기 위한 하나의 출발점일 뿐이다.

2. 가지무라는 어떻게 잊혀 졌는가

이렇게 가지무라를 강조하고 나면 일본 사학사에서 가지무라가 제법 유명하다는 인상을 받을지도 모르겠다. 그러나 반드시 그런 것도 아니다. 솔직히 일본의 젊은 세대 역사 연구자들 중 조선사를 전공하는 이들이 아니라면 '가지무라'라는 이름은 들어봤어도 정작 그의 연구 내용까지 아는 이는 많지 않을 것이다.

왜 그럴까. 하나의 뿌리에서 연유하는 세 가지 이유가 있다. 그 뿌리라 함은 가지무라가 1989년 5월, 53세로 세상을 떠났다는 사실이다. 1935년생이니까 아직 건재하다고 해도 크게 이상할 것 없는 나이이다. 역사가의 연구란 것이 오랜 시간의 성숙을 필요로 하는 것인 만큼 '이제부터'라고 해도 좋을 시기에 돌연히 세상을 떠났다고 하지 않을 수 없다. 그리하여 다음과 같은 문제들이 생겨났다.

첫째, 그의 저명함에 비해 가지무라는 자신의 체계적인 저작을 별로 남기지 못했다. 생전에 그가 출간한 단독 저서는 3권으로 그 중 2권은 비교적 짧은 논문들을 묶은 논문집과 통사적으로 조선사를 개설한 책이다. 나머지 한 권이 그의 대표작인 『조선에서의 자본주의의 형성과 전개(朝鮮における資本主義の形成と展開)』(龍渓書舎 1977)다. 그러나 이것 역시 체계적인 관점에 근거하여 저술한 것은 아니고 몇 편의 논문을 다시 고쳐서 묶은 것이었다. 고쳐 묶는 작업을 통해 역사가 가지무라의 혁신이 드러나기는 하지만, 아무래도 이것만으로는 가지무라의 전체상을 파악하기에 부족한 점이 있다.

가지무라가 세상을 떠나고 얼마 지나지 않아 전체 6권으로 된 『가지무라 히데키 저작집(梶村秀樹著作集)』(明石書店 1992~93年)이 간행됐다. 이 저작집이 대표적인 논문을 망라하고 있기는 하지만 수록된 문헌은 가지무라의 논문이나 발언 중 일부분일 따름이다. 조선사 연구자로서 그가 직면하고 있던 '일한 관계' 및 재일 조선인 문제 등에 성실하게 임했던 가지무라는 스스로를 서재 앞에 묶어 두는 것이 쉽지 않았다. 그런 까닭에 그가 남긴 말들 중에는 사회운동으로부터 요청받았던 발언이나 문헌이 상당한 분량을 차지한다. 단편적, 혹은 논점을 제한한 비교적 짧은 논문이 많아진 이유이기도 하다. 가지무라 사학의 전체상을 재구성하기 위해서는 이처럼 저작집에서 빠진 문헌까지도 고려해야만 한다. 이 글에서는 역사 연구와 관련된 짧은 논고들도 헤집어 보고 또 그것들을 서로 연결하는 방식으로, 다시 말해 이론이나 역사상(歷史像)의 체계성보다는 가지무라의 시대적인 변화에 주목하는 방식으로 가지무라 사학을 재검토할 것이다.

둘째, 앞서 언급한 (1977년에 간행된) 주저를 상재한 후 세상을 떠날 때까지 가지무라는 그 자신의 주 전공이라 할 수 있는 조선 근대경제사에 관한 논문을 불과 몇 편밖에 남기지 않았다. 이 시기 그는 재일 조선인 지문날인 거부 운동 등을 있는 힘껏 지원했다. 그로 인해 그의 삶이 단축되었고 그의 연구마저 지체되었을 것이라는 추측을 해볼 수 있다. 아마 사실일 것이다. 다른 한편으로는 1980년대 경제적으로 성장한 한국에 대해, 혹은 현대 아시아 경제의 현상(現狀) 분석과 관련하여 한국에 대해 이야기할 기회가 늘었다는 점도 그의 조선 근대경제사 연구를 지체시켰다. 가지무라 사학을 이야기하면서 1977년의 주저를 언급하는 것으로 끝나는 경우가 많아 보이는 것은 아마도 그 때문일 것이다. 그러나 그의 연구는 죽음 직전까지도 '새로운 전개'를 멈추지 않았다. 이 글의 후반부에서는 1980년대에 나온 가지무라의 저작을 집중적으로 재독해하고 이를 다시 전후 역사학의 추이와 나란히 펼쳐 놓음으로써, '너무 빨랐던 만년'의 '새로운 전개'에 함축된 사학사적 의의를 밝힐 것이다.

셋째, 그가 죽은 시기가 중요하다. 그가 죽은 1989년 5월 29일은 천안문 사건이 일어나기 6일 전이고 베를린 장벽이 붕괴되기 5개월 전이었다. 다시 말해 그의 죽음은 세계적인 냉전의 붕괴와 그 후의 글로벌리제이션 그리고 새로운 적대관계의 세계가 시작되는 시기와 정확하게 일치했다. 유물사관적 발전단계론을 전제로 한 가지무라의 연구, 특히 '내재적 발전론'이라 불리는 그의 방법론적 태도가 그의 사후에 전개된 세계사적 변화로 인해 얼마나 옹색하게 보였을까 하는 점은 굳이 언급하지 않아도 좋을 것 같다. 이데올로기적인 열세에 몰린 것만이 아니다. 한국 경제의 발전은 80년대 이후 세계적으로 주목을 끌면서 오늘날의 국제적 지위를 확립하는 방향으로 전개됐다. 이런 현실로 인해 한국 경제의 '종속 발전'을 줄곧 강조해 온 가지무라의 현실 분석은 급격하게 논의의 대상에서 제외됐다. 만약 그가 살아 있었다면 이론적 반성을 포함하여 크게 논쟁을 벌였을 테지만, 죽음은 그런 작업을 불가능하게 만들었다.

가지무라가 죽은 다음 해에 발표된 나미키 마사히토(並木真人)의 논문은 그런 부정적 평가를 결정적인 것으로 만들었다(並木 1990). 나미키는 현재 일본의 조선 근대사 연구를 대표하는 중견 역사가 중 한 명이다. 그는 이 논문에서 전후 일본의 조선 근대사 연구를 크게 세 단계로 구분하고, 자신의 연구가 서 있는 지점을 밝히고자 했다. 그런 점에서 이 논문은 일종의 '매니페스토'였다.

나미키는 이 논문에서 조선 정체성론 및 타율성 사관에 근거한 패전 이전 일본의 조선사 연구를 제1단계로 규정하고, 제1단계와의 격투를 거쳐 1960년대 후반 이후 내재적 발전론을 확립하는 제2단계가 성립한다고 하는, 지금도 꽤 유명한 계보를 굵직하게 그려 보였다. 이어서 그는 대만이나 한국의 고도성장이 현저해진 1970년대 이후 내재적 발전론이 동요를 보이기 시작하여 80년대 후반에 이르러서는 그것을 극복하고자 하는 새로운 단계가 도래했다고 정리한다. 그 자신이 바로 새로운 단계에 서 있음을 확인하고 있는 것이다.

왜 동요를 일으킨 것인가. 나미키는 내재적 발전론이 "보편적 발전 법칙에 근거한 서구적 근대를 전제로 하는 역사상"이고 "근대주의 지향"이기 때문에 눈앞에서 전개되는 한국의 고도성장에 비판적으로 대치하지 못하고 '발전' 예찬으로 끝나고 말 가능성이 있기 때문이라고 말한다. '제3세계' 한국을 추월했어야 할 아시아의 사회주의 국가들이 부진과 혼미에 빠지면서 그와는 대조적으로 경제성장을 이룩한 한국과의 역전 현상을 제대로 설명하지 못하는 유물사관 공식의 한계성도 지적됐다. 그리고 그는 미야지마 히로시(宮嶋博史)나 요시노 마코토(吉野誠)가 제기하는 "조선의 고유한 것, 전통적인 것 안에서 근대 극복의 계기를 발견하자"는 관점을 향후 연구의 축으로 제시하고, 이것이야말로 "진정한 의미에서 조선에서의 내재적 발전론의 정위(定位)"로 이어질 것이라고 확언한다(이상 並木 1990, 20·26).

나미키는 현상을 추수한 것도 아니고 포스트모던의 우쭐함으로 앞 세대를 비판한 것도 아니었다. 오히려 한국의 고도성장이라고 하는, 종래 예상할 수 없었던 "'저개발국가'의 고도성장"에 영향을 받아 한국 군사정권을 적극적으로 평가하는 풍조를 강하게 견제하고자 했다. 그럼에도 불구하고 오늘날의 시점에서 보면, 나미키의 내재적 발전론 비판은 다소 단순화된 측면이 있다. 내재적 발전론에 대한 나미키의 견해는 가지무라의 역사 연구에 타당한 것이라 보기 어렵다. 그의 비판은 가지무라 사학의 전체상을 시야에 넣을 기회가 결여된 상태에서 충분히 검토되지 못한 사학사적 견해였다. 실제로 나미키의 논문은 가지무라가 1970년대 후반 이후 더욱 관심을 쏟았던 '발전'에 관한 복합적인 이해와 그 '발전'의 담당자로 '민중'을 주목했던 것에 대해 언급하지 않았다. 이 글에서는 가지무라의 80년대의 업적을 실마리로 이 두 가지 문제에 대해 검토할 생각이다.

3. '내재적 발전론'과 전후 역사학

가지무라 사학의 형성을 이야기할 때면 내재적 발전론에 대한 설명이 빠지지 않는다. 지금까지 이 시점(視點)의 발생에 대해서는 ① 일본에서의 조선사에 내장된 정체성론 비판, ② 남북한 양국에서의 주체적 역사학의 발흥이라는 두 흐름이 지적되어 왔다(여기에 대한 자세한 논의는 姜 2012 참조). ②의 영향, 그 중에서도 조선민주주의인민공화국(이하 북조선)의 역사 연구를 그대로 받아들인 것에 불과하다는 오해도 있기에 ①의 자생적 요소에 무게를 두는 것이 중요했다. 그렇지만 비판을 통해 새로운 역사상을 세우려고 할 때 무엇을 유효한 자원으로 삼았는지, 그 경로가 무엇이었는지를 설명해야만 한다. 여기서 확인해 두고 싶은 것은 일본의 역사 연구를 크게 규정했던 전후 역사학과의 관련성이다.

한국에서의 발표라는 점을 고려하여 '전후 역사학'에 대해 간단하게 설명해 두는 것이 좋을 듯하다. 전후 역사학은 일반적으로 마르크스주의적 방법, 특히 사적 유물론을 방법적 기초로 삼는 역사 연구 중 1945년의 패전 후 / 제국 붕괴 후 = '전후' 일본의 역사학을 주도한 특정 경향 및 연구자 집단(예컨대 후술하는 '역사학연구회')을 가리킨다. 니노미야 히로유키(二宮宏之)의 정식화(二宮 2000, 125-128)를 참조하여 전후 역사학의 사고 양식을 정리하면 다음과 같다. ① 변혁을 지향하는 목적론적 역사의식, ② 세계사를 보편적 발전 법칙의 관철로 보는 인식, ③ 국민적 유형을 기초로 한 발전단계론, ④ 계급과 민족을 주축으로 삼는 주체형성론, ⑤ 내적 일관성을 중시하는 닫힌 구조 분석.

이 경향은 역사 연구만이 아니라 전후 일본의 사회과학 일반도 비슷한 방향성으로 이끌었다. 그 과정에서 근대 일본의 역사를 반성하고 미래 변혁의 주체를 창출하려고 하는 노력이 오랫동안 이어졌다. '전후 역사학'이라는 말이 포괄적 명칭임에도 불과함에도 고유명사처럼 사용해 온 것도 그런 사정과 관련되어 있다.

1960년대까지 전후 역사학의 중심은 줄곧 구조론적인 사회구성체사 연구에 집중됐다. 그러나 발전 단계를 상정하는 이상, 구성체가 변화하는 이행기의 설정과 그 담당자, 즉 역사를 추진하는 '변혁 주체'를 어떻게 검출할 것인가 하는 과제를 피할 수 없게 된다. 그런 의미에서 전후 역사학은 구조만이 아니라 주체(성)에도 깊은 관심을 보였다. 양자의 긴장관계가 새로운 연구 영역의 발견으로 이어지는 등 주체에 대한 전후 역사학의 천착은 자기 혁신의 원동력이 되기도 했다. 그러나 실제로는 변혁의 담당자 = 주체의 성격 규정이나 변혁 주체에 적합한 사회계층을 계급 구성 안에서 포착하려고 했기 때문에 전후 역사학의 주체론은 구조 분석에 종속되어 있었다고도 말할 수 있다.

그렇다면 이런 연구 동향과 가지무라의 내재적 발전론은 어떤 관계가 있었던 것일까. 나미키의 정리를 빌리자면, 내재적 발전론의 특징은 "일국사의 발전 원동력으로서 국내의 계기가 중요하다는 점"(반면 바깥으로부터의 계기는 '외압'으로 파악된다), 그리고 "그 발전 과정에서 서구적 근대를 하나의 도달점으로 여기는 보편적 합법칙성의 관철"을 논증하기 위해, 특히 "조선 내부에 존재하는 서구적 제 요소—부르주아적인 것—를 발견하기 위해 노력한다."고 정리될 수 있으며, 앞서 말한 전후 역사학의 전개와 동일한 시기에 전개되었다. 그런 점에서 내재적 발전론은 전후 역사학의 격률(格律)을 가장 전형적으로 표현한 방법적 태도라고까지도 할 수 있다(並木 1990, 18-19).

그러나 이런 규정은 추상화된 강령 같은 것이기에 가지무라 자신의 역사 연구를 통해 실제로 검증되어야 할 문제이다. 예컨대 그의 주저인 「조선에서의 자본주의의 형성과 전개」에서 '내재적 발전'은 어떻게 이해되어야 하는 것일까. 이 책은 1970년대에 이르기까지의 '조선(에 특유한) 자본주의' 형성 과정을 개항기부터 1960년대까지의 시기 중 몇 개의 시기에 한정하여 검증한 논문들을 정리한 것이다. 이 책에서 일관되게 주목한 점은 근대세계의 변혁 주체로서 그 역할이 기대되는 부르주아지가 조선 근대사에서는 '뒤틀린' 형태로만 존재한다는 것이었다. 그러나 오해하지 말아야 할 것은 가지무라가 이 '뒤틀림'으로 내재적 발전의 좌절을 검증한 것이 아니라, 식민지 상황이라는 '뒤틀림' 속에서 관철되는 자본주의 '발전' 및 그런 조건에서 출현하는 경제 주체(부르주아지)의 주체성과 종속성이라는 양면성을 파악하려고 했다는 점이다(그 중에서도 가장 중요한 성과가 이 책에서 처음으로 발표된 梶村 1977의 이론적 정리다).

세계사적 발전 법칙의 관철을 증명하는 '구조론'과 구체적·개성적인 변혁 주체를 석출(析出)하고자 하는 '주체론' 사이의 긴장·알력은 "식민지 하의 강권적 개편 속에서 조선 부르주아지 등의 '종속적' 계기와 '민족적' 계기의 대항과 갈등·성쇠"(梶村 1986a, 56)로 표현된다. 가지무라의 마지막 논문에서 정식화된 표현을 빌리자면, '내재적 발전의 제 계기'가 '개편'으로 '왜곡'되면서도 여전히 '관철'되어 가는 과정(梶村 1990b, 189)을 경제 주체의 행동에 맞춰 해명한 것이라고 할 수 있다. 따라서 이 책에서 '내재적 발전'의 함의는 보편 법칙적인 '발전'을 조선적으로 증명한 것이라기보다는 "변혁 주체의 '종속 발전'"이라고 하는 형용 모순적 표현에 함축된 '조선 근대의 복잡한 동태'를 주체에 초점을 맞춰 그려내는 데 있었다. 이때 '관철'되는 것은 조선에서의 자본주의 발전의 합법칙성이 아니라, 어떠한 형태이든간에 그 '발전'을 담당했던 조선의 주체의 모순에 가득 찬 존재 양태 그 자체였다. 경제발전론적인 시점에서는 크게 멀어진 셈이다.

특히 가지무라의 내재적 발전론이 처음부터 이런 시점을 지니고 있던 것은 아니다. 가지무라는 1970년에 행해진 어느 강연에서 "이른바 '경제과정이 토대'라는 도식을 암묵적으로 지지하면서 사회경제사를 정밀하게 훑어 나가면 된다고 하는 발상이 바로 우리가 '내재적 발전'이라는 말에서 처음 끄집어낸 의미였다."고 반성한 바 있다(梶村 1990a, 54). 77년에 발표된 주저는 그런 경제결정론적인 '사회경제사주의'를 극복하는 자기 갱신 과정에서 정리된 논문집이다. 따라서 각각의 논문이 처음 실릴 때, 즉 개별 논문의 시간과 저작집 안에서 다시 배열되면서 새로운 의미를 부여받는 77년판의 시간 사이에서 미묘한 의미의 차이가 발생하기 때문에 읽고 난 뒤의 느낌 또한 달라진다. 그런 만큼 가지무라의 내재적 발전론의 '발전'을 신중하게 검토하고 향후 우리가 무엇을 이어 받고 무엇을 비판할 것인가를 분명히 해야만 한다.

4. 가지무라의 내재적 발전론의 심화·변용을 재촉한 두 가지 요인

가지무라의 내재적 발전론을 가장 정리된 형태로 표현한 그의 주저에는 이미, 나미키가 정리한 내재적 발전론의 틀로는 해명하기 어려운 측면을 지니고 있었다. 가지무라의 시점(視點) 변화를 보다 구체적인 '방법적 혁신'으로 재해석할 수 있다면, 그것을 가능하게 한 것은 과연 무엇일까. 여기서는 다음의 두 가지에 주목하려고 한다.

1) 마르크스주의 역사학·사회과학의 혁신과 궤적을 공유하며 - '세계사' 속에서

앞 장에서는 가지무라의 내재적 발전론과 전후 역사학의 방법에 대해 정태적으로 비교해 봤다. 그러나 실제의 사정을 보면 가지무라의 내재적 발전론이 그 형태를 갖추는 1960~70년대는 전후 역사학의 변동기에 해당하기 때문에 이론의 변모 과정에 주목하는 '동적인 파악'도 필요하다(이 시기의 전후 역사학에 대해서는 戸邉 2012 등을 참조).

가지무라는 1960년대 전반 '역사학연구회'(歷史學硏究會)의 위원이 된다. 역사학연구회는 1933년에 창립되어 현재 일본에서 역사 연구자들이 모인 민간단체로는 최대 규모를 자랑한다. 전문으로 다루는 지역이나 시대를 따지지 않는, 전후 역사학의 방법을 지지하는 사람들의 센터라고 할 수 있다. 그리고 가지무라는 한때 그 중심 멤버로 활동한 바 있다. 당시의 역사학연구회는 50년대까지의 기계적·교조적인 법칙 적용에 근거한 역사 연구, 그리고 그 배후에 존재하는 공산당의 정치 방침에 밀착된 연구 방식을 극복하기 위한 방법적인 모색에 진력했다. 그 가운데 제출된 세 개의 문제 제기는 이후 가지무라의 연구를 크게 자극했다.

첫째, 가지무라를 비롯한 위원들이 공동 토의를 통해 역사학연구회의 종합 기획으로 제출한 '동아시아 세계론'의 제창(板垣 2012). 북조선, 중국, 베트남 등의 사회주의 국가들의 발전을 목도하면서 일본 사회의 '후진적 아시아'상을 극복하고 공통의 틀로 아시아의 역사를 논의하자는 문제제기였다. 구체적으로는 동아시아 각국의 발전 단계를 개별 국가 차원에서 논의할 것이 아니라 19세기 유럽의 외압에 반응하여 각국의 근대화가 분기해 가는 과정을 전체적이고 정합적으로 파악하기 위한 방법을 마련하자는 연구 과제가 제기됐다. 연구 초기의 가지무라가 제기한 바 있는, 내재적 발전론에 근거하여 조선 근대사의 시대를 구분하려고 했던 문제의식은 동아시아 세계론을 준비하는 위원 토의를 위해 작성된 것이었다(梶村 1964). 동아시아 세계론은 그 후 사회주의 중심의 정세 파악이나 선진/후진이라는 틀, 나아가 '외압' 이해의 단순함 등으로 비판을 받았고, 1980년대 이후에는 파산 선고까지 받았다(宮嶋 1984·1988). 그 비판은 타당한 것이었지만, 고립감을 느끼던 당시의 젊은 아시아사 연구자들에게 일국사를 넘어서는 인식 틀을 제기했다는 점에서는 중요한 의미를 지닌다.

둘째, 60년대 중반부터 크게 연구가 진전된 '밑으로부터' 혹은 '저변으로부터'의 시점을 중요하게 여긴 사회운동사. 여기에는 '인민투쟁사'와 '민중사상사'라고 하는 두 개의 흐름이 있었다. 인민투쟁사는 노동자 계급의 계급투쟁을 중심으로 놓고 다른 피지배 집단들의 다양한 운동과 그 사이의 연대 양태 및 가능성을 '인민항쟁'이라는 이름의 통일성으로 이해하는 연구를 지향했다. 그리고 이 연구 흐름은 당시의 혁신 지자체 등을 만들어 낸 주민운동의 성장에 호응하는 방식으로 정치 실천과 밀착되어 있었다(戸邉 2012). 민중사상사도 피지배층에 착목했지만 각각의 운동이나 담당자를 변혁 주체의 역량 여하에 따라 평가하는 인민투쟁사의 태도에는 의문을 제기했다. 인민투쟁사가 변혁 주체여야 할 '인민'이나 '계급'을 좇았다면, 민중사상사는 '민중' 독자의 세계관이나 논리를 드러내고 마르크스주의와 근대화론이 공유하는 근대적 가치 그 자체의 문제성을 비판했다(戸邉 2009, 2010). 이 시도는 동시대의 다양한 마이너리티들이 제기하는 항의들에 공명하는 한편, 계급이나 민족으로 수렴되지 않는 다양한 주체를 역사 서술 안에서 회복시키려는 흐름을 예고하는 것이었다. 가지무라의 사회운동사 서술을 시간 순서에 따라 통람하면 이런 연구 흐름들의 영향을 분명하게 확인할 수 있다.

셋째, 가지무라와 거의 같은 시기에 역사학연구회 위원을 역임한 젊은 (아직 조수급) 연구자들의 '새로운 연구'와의 혼융. 현재는 조선사 연구자로도 유명한 러시아사의 와다 하루키(和田春樹)나 이슬람사의 이타가키 유조(板垣雄三) 등 새로운 세계사상(世界史像)을 모색하던 이들과의 교류는 연구의 확장을 촉진했다. 그것은 조선사 내부의 논의만으로는 얻기 힘든 새로운 지평이었다. '동아시아 세계론'이라는 문제제기 자체가 동아시아 지역의 연구자들에 한정되지 않는, 일국사의 집합을 넘어선 '세계사'를 지향하며 각 지역을 연구하던 연구자의 융합을 겨냥한 것이었다. 그런 교류를 통해 가지무라가 습득한 것 중 매우 중요한 것이 내셔널리즘의 파악이다. 이타가키 유조가 이론화한 민족주의와 민중운동의 관계는 이를 가장 명확하게 정식화한 것이다(板垣 1973). 구미의 위협에 대항하는 형태로 형성된 내셔널리즘은, 그러나 민족주의자의 담론에서 자주 볼 수 있듯이, 대항관계에 놓인 침략자와 같은 가치관을 공유하면서 민중을 계몽·지도하려고 한다. 그런 이유로 민족주의자의 반제국주의는 민중의 해방 열망을 이끌어 내면서도 한편으로는 오히려 그 전면적인 해방을 억압하는 방향으로 작동한다. 따라서 근대 세계의 기본적인 대항관계를 이해하기 위해서는 제국주의와 민족주의 사이의 공범 관계를 비판하고 국민국가 틀에 갇히지 않는 민중의 반근대적/비근대적인 열망이나 실천의 의의를 살펴야 한다. 인도 근대사 연구자들의 서발턴 스터디 또는 식민지 근대성(colonial modernities)론의 선구라고도 할 수 있는 이타가키의 논의는, 독립 후 생겨난 제3세계의 고투나 혼미를 복안적(複眼的)으로 이해할 수 있도록 해주었던 까닭에 내셔널리즘 분석에 큰 영향을 주었다.

역사학 내부의 문제제기와 더불어 1970년대 종속론과의 조우는 가지무라의 사고를 심화하는 데 큰 영향을 미쳤다. 가지무라는 1973년 가나가와(神奈川)대학에 자리를 얻었는데 경제학부에서는 아시아 경제를 가르치는 강좌를 담당했다. 이를 계기로 당시 마르크스주의 경제학의 혁신, 특히 종속론이나 세계시스템론 등의 논쟁으로부터 적지 않은 자극을 받았다. 이들은 순수 경제이론이라기보다도 식민화된 지역의 역사와 현상을 종합적으로 파악함으로써 실천적 과제를 제시하기 위한 연구 흐름이었다. 물론 그렇기 때문에 가지무라도 그 흐름들에 주목했다(이 점은 이 책에 게재된 홍종욱의 논문과 겹치기 때문에 언급만 하도록 한다).

2) 현대 한국과의 대치(對峙) - '민중'의 발견을 향하여

그러나 여기서 중요한 것은 이러한 복수의 방법적 혁신을 받아들인 가지무라가 대상을 분석하면서 그것들을 얼마나 창조적으로 활용했는가 하는 점이다. 또한, 이론을 얼마나 정확하게 이해하고 적용할 수 있었는가가 아니라, 가지무라가 특정한 이론이나 관점을 왜 자신의 것으로 채택했으며 그 필연성은 어디에 있었는가를 말하는 것이 더 중요하다.

그 필연성은 이들 새로운 방법과 대화를 하던 바로 그 무렵 가지무라가 본격적으로 현대 한국의 민중을 발견했다는 점과 깊이 관련되어 있다. 가지무라는 70년대에 들어 비약적으로 증가한 한국의 사회운동이나 민중 생활의 실정 보고를 접하면서 같은 시대를 살아가지만 다른 가치관이나 정동을 지닌 '살아있는 인간', 말하자면 자신이 연구하는 지역의 '현재'를 살아가는 구체적인 형상을 발견했다. 가지무라가 여기서 무엇을 얻었는가에 대해서는 이 책에 게재된 강원봉 논문에서 자세하게 분석하고 있다. 현대 한국을 바라보는 가지무라의 시선, 특히 종속 경제 아래에서 고통을 강요받는 민중을 주목하고자 했던 가지무라의 태도가 1980년대에 구상된 '민중사', 다시 말해 조선 근현대사의 '원상'(原象)을 주조해 냈다는 점만 덧붙이자. 이런 태도는 앞서 지적한 것처럼 마르크스주의 사회과학의 방법적 혁신을 자기 것으로 받아들인 결과였다.

현대 한국과의 대치는 '고도성장' 속 인간들의 정신 구조까지 포함한 한국 사회의 전기구적 변용(全機構的 變容)에 대한 관심도 촉발시켰다. '변용'에 착목한 가지무라는, 이른바 정통적인 근대화 패턴을 따라 전개되지 않는, 전통과 근대의 갈등을 직시했다. 신채호나 함석헌에 대한 가지무라의 지속적이고도 깊은 관심은, 조선 민족의 전통문화 일반이 아니라, 민중 세계에 뿌리를 내린 전통 혹은 그 안에서 근대 비판적 지향을 고안하려는 논리를 주목하면서 나온 것이라는 점에 주의할 필요가 있다(梶村 1984).

5. 1980년대의 심화
– 미완의 가지무라 사학 –

1) 민중운동사에서 민중사의 전체상으로

앞 장에서 서술한 동향에 자극을 받아 간행된 1977년의 주저 이후, 가지무라의 역사 연구는 어떤 궤적을 그리게 되었을까. 그것은 바로 이 글의 부제이기도 한 '국가와 민중의 재발견'이었다. 가지무라 자신의 언어를 빌리자면, 그는 한국의 경제발전에 관한 현실 분석을 포함하여 "'종속 발전'의 특질과 한계를 구체적으로 밝힐 방법론의 확립과, 극복의 가능성을 잉태한 민중운동의 특질 해명"을 과제로 하는 새로운 연구 단계로 들어선다(梶村 1986a, 56).

먼저, '민중'이라는 측면에 대해. 간명한 논의를 위해 발표된 연도가 다른 두 개의 논문을 대비하는 방식으로 논지를 풀어 보자. 하나는 1968년에 발표된 「신간회 연구를 위한 노트」(梶村 1968)이다. 이 논문은 그 당시까지도 평가가 분분했던 신간회를 "조선 민족해방 투쟁의 이니셔티브가 부르주아로부터 프롤레타리아트로 이행되는 큰 역사적 흐름의 일환"으로 위치 짓고, 그 과도기에 필연적으로 나타나는 민족주의자와 사회주의자의 "공동전선"으로 그 역사적 역할을 적극적으로 평가했다. 사료를 다루는 것부터 선구적인 연구였다(梶村 1968, 293·312). 또 하나의 논문은 20년 후에 씌어진 「1920~30년대의 민중운동」(梶村 1987)이다. 짧은 논문이기는 하지만 가지무라의 주장을 명확하게 보여 준다.

두 논문을 비교하면 운동사를 서술할 때의 주체 표현에 결정적인 변화가 있음을 알 수 있다. 68년 단계에서는 조선인의 주체성을, 최종적으로는 노동자 계급의 정치적 구현인 '당'(또는 그에 준하는 조직)으로 표상하는 것이 당연한 것처럼 되어 있다. 이 논문의 '진정한 주체'는, 당시의 조선 마르크스주의자들도 아닌, 법칙성이 조선에서 관철되는 것 그 자체였다. 60년대 가지무라의 내재적 발전론이 기대고 있던 '사회경제사주의'가 사회운동사에서도 법칙성의 검출을 중시하는 방향으로 작동하고 있었던 것이다. 전후 역사학의 전개라는 측면에서 보자면, 조선 근대사에서 인민 투쟁의 실태(실제로 가지무라는 신간회를 '통일전선체'라고 부른다)와 그 사상적 가능성을 증명하려고 한 논문이었다.

그런데 87년의 논문에서는 사람들의 주체성·내발성은 '민중'이라는 집합 표상으로 표현되고 분석 단위도 개별 투쟁으로 하강하는 방식으로 서술되거나 평가된다. '민중'을 쓰게 된 것은, 사상적으로 각성된 인텔리 청년 또는 농민 등의 '민중운동자'의 개별적인 행동이 지니는 역사적 의의나 역할을 적극적으로 평가하는 쪽으로 가지무라의 평가축이 변화했기 때문이다. 이런 변화의 연장선 위에서 70년대 말의 가지무라는 단편적인 사료를 취합하여 개별 투쟁 이상의 역사적 의의를 밝히는 논문도 몇 편 발표한다. 가장 좋은 사례가 1929년에 일어난 갑산 화전민 사건(甲山火田民事件)에 대한 실증적 논문이다(梶村 1979). 서술의 변화는 개별 투쟁을 검토할 만한 사료적 조건이 충족되었기 때문에 생긴 것이 아니었다. 가지무라 내부에서 평가축이 크게 이동한 점이 결정적으로 중요했다.

그 변화는 '전위 = 당 조직' 또는 '프롤레타리아 = 노동자'의 성장을 운동 발전의 지표로 간주하고 그것에 집착하는 관점을 포기한 데서 비롯됐다. 또한 이는 동시대 한국의 '민중적 민족주의'라는 발상을 수용함으로써 '식민지적 영세농'을 역사의 주체로 발견하는 과정과 표리일체의 관계에 놓여 있었다.

가지무라가 말하는 '민중적 민족주의'란, 아주 단순하게 정리하면, 광범위한 민주주의와 인간 해방 그리고 자기실현을 갈구하기 때문에 식민지 권력과 첨예하게 대립하지 않을 수 없는 민중의 집단적 열망이라고 표현할 수 있다. 가지무라는 광주항쟁 얼마 뒤에 쓴 시론(試論) 「조선 민중의 1930년대」에서 이미 '민중적 민족주의'와 거의 같은 뜻으로 "토착화된 '사회주의'"를 쓰고 있다. 그는 이를 "굳이 규정하자면 일반민주주의의적인 것"이며 "사회주의 이데올로기를 접하지 않은 사람들과 과제를 공유할 수 있는 영역"이라고 말한다(梶村 1980, 25). 이 '영역'은 1968년의 논문이 전제로 하던 운동사의 발전 단계로 보자면 불충분한 단계일 수밖에 없다. 그러나 이 논문에서는 '식민지적 영세농' 중심의 당시 조선 민중을 그 담당자로 높이 평가했다. 가지무라는 1977년 주저에서 이미 "민족운동을 정치사적으로 이해하기 위해서는 부르주아의 민족주의와 식민지 민중의 민족주의를 준별하는 시점을 확립할 필요"(梶村 1977, 351)가 있다고 지적했는데, 이러한 '준별'이 이타가키 유조의 내셔널리즘 분석과 상통하는 것은 더 이상 우연이라고 할 수 없다.

이런 시점의 변화는 그가 뜨거운 애정을 갖고 지켜본 동시대 한국의 '민주 회복 투쟁'과 관련되어 있다. 1980년대의 민주화 투쟁은 곧장 "30년대에 싹을 틔운 민중사상의 정통 계승자"라고까지 평가된다(梶村 1980, 25). 같은 맥락에서 가지무라는 북조선의 사회주의를 비판하기도 한다. "30년대 토착 사회주의를 계승한 (북조선에서) 다음 단계를 어떻게 선택할 것인가는 오히려 지금부터의 과제일 것이다. 조선사에서 이 문제는 통일 문제와 분리해서 생각할 수 없다."(梶村 1980→1982, 288-289). 여기서 북조선의 '발전'을 평가하는 기준은 마르크스주의 정통성에 얼마나 합치하는가가 아니다. 그 기준은 "민중적 민족주의가 얼마나 실현되어 있는가."이며, 북조선의 현실에 대해서는 "지금부터의 과제"라고 제한했다. 가지무라의 비판적 관점을 분명하게 보여 주는 지점이다. 게다가 민중적 민족주의가 통일의 전망에 해당하는 것으로 상정됐다는 점에서 대단히 실천적 관심을 드러낸 개념이었다.

상당히 흥미로운 점은 1987년 논문이 운동사 논문임에도 불구하고 그 결론에서 '민중운동'이라는 말을 한 번도 사용하지 않았다는 점이다. 오히려 "민중의 생활사와 정신사를 발굴하는 작업"을 진전시켜 "민중 개개인의 개성적이고 창조적인 인간으로서의 생활방식(生きざま)을 중요하게 파악하

고 그와 관련된 성과를 축적하여 보다 구체적인 민중사의 전체상"으로 나아가는 것을 향후의 연구 방향으로 제시한다(梶村 1987, 367). 인용문 안의 '정신사', '생활방식' 또는 '이해'라는 어휘는 앞서 말한 민중사상사 연구에서도 특징적으로 사용되던 것들이다(실제로 梶村 1979(322)에서는 '민중사상사'라는 용어도 사용했다).

경제결정론적인 (좁은) 의미의 내재적 발전론이나 60년대의 인민투쟁사적 관점에서 벗어난 가지무라가 모습을 드러낸다. 사회주의나 민족주의 등의 대립적인 개념 틀은 배경으로 물러나고 '민중운동'이라는 틀 속에서 조선 근대사 전체를 그리고자 하는 것이다. '민중운동사'는 이제 발전 단계의 증명 도구가 아니라 '민중사의 전체상'을 귀착점으로 하는 전체사적(全體史的) 지향을 위한 기초 작업으로 상정된다.

2) 국가와 제도를 고려한 전기구적 파악(全機構的 把握)으로

'사회경제사주의'를 극복하고 "조선 민중의 해방투쟁 사상과 그 내적인 발전의 경과를 진정한 흐름으로 파악하기 위해 노력하겠다."(梶村 1990a, 56)는 1970년의 예고처럼, 가지무라는 과연 조선사의 '발전'과 주체성의 표현을 운동사 연구에 의탁하는 형태로 자기 연구를 수렴시킬 수 있었을까.

1980년대 후반의 가지무라는 자기 연구의 출발점으로 되돌아가 실증적인 경제사 연구 논문을 발표했다. 이런 사실은 무엇을 의미하는 것인가. 그는 국가 혹은 넓은 의미에서의 제도성에 관심을 기울였으며 이는 그의 민중사적 지향을 고취시켰다. 현대 한국에 이르는 '종속 발전'의 역사를 시야에 넣고 그 전제가 되는 근대 경제 과정을 재구성하고자 할 때, 국가와 그것이 만드는 제도에 대한 고려 없이 자본의 운동을 이해하는 것은 불가능하다. 자생적인 자본주의 발전, 자주적인 근대의 창조라는 '본래 있었어야 할 발전'에 대한 전망을 포기하지 않기 위해서라도 "그 '본래'를 가능하게 하는 제도란 대체 무엇인가" 하는 질문을 구체적으로 생각해야 했던 것이다. 그런 검토 과정을 통해 가지무라는 마침내 그 '본래'라고 상정되었던 단일한 '발전'관 자체를 재고하게 된다. 그 결과 '발전'은 점차 복합적인 성격을 띤다.

1980년대 전반만 해도 국가나 제도에 주목하는 연구 과제의 설정은 어느 정도 공유된 문제였다. 미야지마 히로시는 1980년대 초반 연구사를 정리하면서 19세기 후반의 조선사를 대상으로 하는 내재적 발전론의 "방법적 약점"으로 "변혁의 대상이 되는 해당 시기의 국가권력 분석이 결정적으로 빈약한 점", "지향하고자 하는 근대적 변혁의 내용 자체를 규정"하는 외압(外壓)이라는 세계사적 규정성의 위상이 불충분한 점을 지적했다(宮嶋 1983, 318). 그리고 80년대에 발표된 가지무라의 경제사 관계 논고는 흡사 미야지마의 물음에 답하는 양상으로 전개됐다.

우선 이론적인 면에서 1981년에 2편의 긴 논문이 발표됐다. 하나는 19세기 후반의 '외압'에 대한 대응의 차이가 빚어낸 동아시아 내부의 지배/피지배라는 '양극 분해'를 이론적으로 정리한 논문이다(梶村 1981a). 또 하나는 그 이후의 식민지기를 이해하기 위해 사회구성체에 관한 종속이론을 전용하는 방식으로 식민지 사회의 사회구성체 규정을 검토했다(梶村 1981b). 여기에 대한 구체적인 내용과 검토는 이 책에 게재된 홍종욱 논문을 참조하기 바란다. 여기서는 두 번째 논문에 대해서만 잠시 언급을 하고자 한다.

식민지 근대성론이나 '유교적 근대'론이 제기되고 있는 현재, 식민지 지배 하의 사회 구성을 어떻게 생각할 것인가 하는 점에서 이 논문은 다시금 조명되어야 할 귀중한 작업이라고 생각한다. 특히 가지무라가 식민지 과정 속에서 전통사회가 재구성되고 존속된다는 점에 주의를 기울이면서 전근대(봉건제)/근대(자본제)의 이분법을 비판했다는 점이 중요하다. 식민지 근대성론이 문화론·표상론으로 떨어지고 있다는 비판이 늘고 있는 요즘, '식민지 사회 구조의 생성과 발전'의 관점에서 근대성의 실태를 다시 검토할 필요가 있기 때문이다. 또한 이러한 '새로운 전개'에도 불구하고 가지무라가 일관되게 '일국사적 발전' 틀에 집착했던 것은 국가의 기능과 그에 따른 '국민 경제의 제 조건의 창출과 보호'를 수행할 수 있는 일국 규모의 제도가 지니는 역사적 의의를 중시했던 것으로 이해할 필요가 있다.

이런 검토를 바탕으로 80년대 후반의 가지무라는 몇 편의 실증적인 경제사 논문을 썼다. 이들이 대상으로 삼은 시기는 대한제국 시절부터 1910년대의 식민지기 초기에 걸쳐 있다. 1977년 주저에서 간략하게만 다루었던 시기를 집중적으로 재검토하고 있는 것이다. 가지무라는 1977년의 모티프를 유지하는 한편 그것의 갱신을 염두에 뒀다.

그 중에서도 1986년 역사학연구회 대회의 근대사 모임에서 행해진 보고(梶村 1986b)는 이 시기 가지무라의 관심을 집약한 논문이다. 가지무라는 이 보고에서 상권(商權) 문제를 발판 삼아 '근대 국가가 확립되지 않은 틀 안에서의 상인 자본의 동태'를 통해 '일국적 부르주아적 발전'을 보증하는 '국가의 역할'을 강조한다. 여기서 '국가의 역할'이라 함은 '강력한 국민적 통합'이자 '모든 정치권력의 민족적 결합'을 가리킨다. 그러나 가지무라는 국가의 역량으로부터 민족의 우열을 가늠하려고 하는 안이한 논의에 빠져서는 안 된다고 분명하게 이야기한다. 문제는 '민족적 결집'을 곤란하게 하는 저해 요인이 "단순한 내적 요인의 발현이 아니라 정치적 외압의 내부 전화(內部 轉化) 형태이기도 했다."는 것이다. '내부 전화'는 가지무라가 조선사를 이해할 때 줄곧 유지했던 관점이지만, 여기서는 그 이상의 의미, 즉 '국가의 역할'이라는 단어에 집약된 제도의 유무(有無)와 국가 혹은 제도가 국내의 주체에 미치는 영향에 대한 관심에 초점을 맞췄다. 미야지마가 비판한 '방법적 약점'에 대해 가지무라 역시 사회경제사적 관점에서 극복을 시도한 것으로 볼 수 있다. '국가의 역할'은, 식민지화(국가의 단절)에 의해 무로 되돌아가는 것이 아니라, 식민 통치 권력 아래에서도 제도성의 차원에서 부식(扶植)되고 사회에 스며들어 한국이 '종속 발전'하는 시점에서는 국가의 내실(內實)로도 이어진다고 해석됐다.

그 뒤에 나온 두 편의 실증적인 경제사 논문도 1981년의 이론적 재설정에 의거하여 작성된 것이다(梶村 1990b, 1990c). 그 중에서도 국지적인 지역경제의 자율성과 역외관계를 따진 논문(梶村 1990c)은 다소 이채롭게 보인다. 당시 주목되던 '민족경제'론을 역사적으로 직접 증명하려고 한 연구라기보다는, 식민지 사회구성체에 포섭된 복수의 경제·사회 시스템의 존재와 그 상호관계를 해명하기 위한 준비 작업이었다고 생각한다. 요컨대 그 시스템이 '국가의 역할'과 적대한다든가 모순된다든가 하는 단순한 논의가 아니라, 민중에 초점을 맞춰 각 시스템의 자립성·토착성 및 상호 관련성을 새삼 문제 삼아야 한다는 것을 의미했다.

3) 가지무라 사학의 위치와 미완성의 평가

앞 절에서는 가지무라가 말한 '발전'의 내실이 무엇인가 하는 점을 논의함으로써 만년의 가지무라가 '발전'에 대해 얼마나 복합적인 이해를 하게 되었는지를 살펴봤다(梶村 1986c가 이 문제를 방법론적으로 명확하고 정리하고 있다). 오늘날의 역사 연구에서는 '발전'이라는 어휘는커녕 단계론적 지향 내지 시기 구분을 하는 것조차 기피하는 경향이 있다. 그러나 역사를 서술하면서 무엇인가를 기준으로 삼아 역사적 사실에 질서를 부여하려는 수고 없이도 가능한 설명이나 분석은 신뢰하기 힘든 것이다. 이 문제는 발전 단계를 비판한 후에도 여전히 남는 문제 중의 하나다(岸本 2002). 그런 점에서 가지무라의 '발전' 개념을 둘러싼 사고의 심화는 오늘날에도 여전히 숙고해야 할 미완의 과제라고 할 수 있다.

국가와 민족이라는 대관계(對關係)로 문제 영역을 새롭게 설정한 연구는 전후 역사학의 흐름과 관련되어 있다. 1970~80년대에는 전후 역사학의 경직된 사적 유물론 이해나 사회경제 과정에 집착하는 분석 방법을 적극적으로 비판하고 이를 극복하려는 모색이 활발했다. 한편으로는 민중사상·민중운동의 역사적 실태를 구명하는 것으로부터 출발하여 사회사의 동향과 융합된 민중사의 흐름으로 이어졌다. 다른 한편으로는 민중의 동향과 대치하는 국가권력의 제도 및 운용 실태를 해명하는 국가사(제도사) 연구가 본격화됐다. 특히 역사가 개개인의 차원에서는, 예컨대 인민투쟁사에서 민중사상·민중운동사로 이행한다는 것이 간단한 문제가 아니었다. 그런 사정으로 말미암아 전후 역사학의 실제 '발전' 안에는 세대나 방법적 태도의 측면에서 다양한 균열이나 단층이 새겨져 있다(戸邉 2012, 210-216).

경이롭게도 가지무라는, 위에서 살펴 본 것처럼, '전개(展開)의 두 흐름'을 그 혼자서 체현하여 조선 근대사의 전체상을 새롭게 그리려고 했다. 일본사(=자국사) 연구자를 포함한 일본 사회의 비판적 위기의식을 바탕으로, 앞서 말한 '방법적 혁신'과 한국의 현실이 던지는 충격을 진지하게 수용한 결과였다. 이런 자기 혁신은 전후 역사학을 일관했던 역사가들 중에서도 매우 드문 경우에 속한다.

가지무라의 새로운 시도는 아쉽게도 그 자신이 제기한 과제를 충분하게 해명하지 못한 채 도중에서 끝났다. 자기 혁신에 내재된 이론적 문제와 직면할 기회를 놓쳤다는 것을 의미하기도 한다. 민중사적 접근 방식의 추구와 민중과 적대적 혹은 긴장관계에 놓인 국가(혹은 국가만이 만들 수 있는 제도성)의 의의, 이 두 영역이 얼마나 정합적으로 파악될 수 있는가는 가지무라가 목표로 삼았던 조선 근현대사의 '전체사적인 파악'에서도 어려운 문제였다. 그가 추구했으나 쉽게 해결될 수 없었던 역사 연구의 과제는 여전히 '미완'인 채 우리에게 예리한 질문을 던지고 있다고 해도 좋을 것이다.

일본어로 된 조선사 연구에 한정하여 말하자면, 1990년대 이후 이 과제를 정면으로 다룸으로써 조선 근대사의 새로운 상을 세우려는 연구가 등장했다. 예를 들어 재일 조선인 연구자인 조경달(趙景達)의 정력적인 연구는 주로 전통사회로부터 에너지를 길어 올리는 민중운동의 측면에서 조선 근대사를 재구성하는 것이었다(趙景達 1998, 2002, 2008). 다른 한편 미야지마 히로시의 연구는 동아시아 소농사회론(小農社會論)에서 시작하여 현재의 '유교적 근대'론에 이르는 동아시아의 장기 변동을 일관되게 해석하고자 했다(宮嶋 1994, 2004, 2010).

이들 연구는 내재적 발전의 극복을 자기 과제로 설정하고 정력적인 문제제기를 통해 새로운 연구 흐름을 만들어 나갔다. 그 때문이라고 할까, 젊은 연구자들에게는 가지무라의 연구가 이미 과거의 것이 되어 버린 듯한 인상마저 주었다. 그러나 앞서 살펴본 가지무라의 만년 작업까지 시야에 넣을 때 비로소 조경달이나 미야지마가 염두에 둔 '극복의 의의'가 명백해질 것이다. 비판자들이 가지무라로부터 무엇을 배웠으며 어느 지점과 원리적으로 충돌하고 무엇을 비판하고자 했는가, 그 비판자들이 가지무라와 주고받은 가상 대화를 후속 연구자들이 다시금 꼼꼼하게 검토하고 그 대화를 자기 자신의 가상 대화 안에서 되살려 낼 필요가 있다.

가령 조경달이 발견한 조선 민중과 가지무라가 도달한 민중상은 우선 그 대상에서부터 차이가 난다. 전자의 민중상은 어떤 이유로 선택되었으며 어떤 가능성과 과제를 지니고 있는 것일까. 조경달의 연구가 갖는 가장 중요한 의의는 운동의 전개 과정 그 자체로부터 민중의 제 요구와 세계관을 읽어 내는 방법을 전면적으로 채용한 점에 있다고 생각된다. 그렇다면 이는 가지무라가 실현하지 못한 '민중사의 전체상'으로서의 근대 조선의 전체사라는 전망과 어떠한 관계를 갖고 있는가. 이 문제의 탐구는 '민중사'라는 역사 서술 방법을 생각하는 데 있어서 구체적이면서도 보편적인 문제를 검토할 수 있는 장을 제공해 줄 것이다.

또한 미야지마가 근래 제기한 '유교적 근대'론은 나미키가 80년대 말에 '(서양적; 인용자) 근대 극복의 계기'라고 평가했던 미야지마 연구의 모티프로부터 상당히 변화한 것이라 할 수 있는데, 가지무라가 지니고 있던 근대 비판의 문제와도 명확하게 구별된다. 미야지마의 문제제기에 대해서는 최근 중국사 연구자인 기시모토 미오(岸本美緒)가 강하게 반발한 바 있다(岸本 2011). 동아시아 세계의 이해와 맞물려 앞으로도 논쟁이 계속될 지점이다. '발전'에 대한 가지무라의 집착을 반추하는 것은, 우리들이 눈앞에서 전개되고 있는 현실의 격동에 즉자적으로 반응하는 것이 아니라, 어떻게 '역사적 현재'와 대치하면서 자신의 역사상을 만들어 갈 것인가를 생각하는 데 있어서, 보다 많은 시사점을 줄 수 있을 것이다.

물론 '민중'이나 '발전' 그 어느 것도 조선사 연구에 한정된 문제가 아니기 때문에, 가지무라가 남긴 연구의 족적을 좇으면서도 '(일본의) 조선사 연구'라는 틀을 넘어서는 그와의 가상 대화는 계속되어야만 한다.

6. 지금, '미완의 유산'을 상속하기 위하여

서둘러 살펴본 탓에 꽤나 도식적인 정리를 한 것 같다. 가지무라의 역사 서술이 지닌 특유의 풍부함을 충분히 전달하지 못한 점도 유감스럽다. 그렇지만 가지무라 연구의 심화나 발전 과정은 대략이나마 훑어본 셈이다. 가지무라 히데키는 일본의 조선사 연구를 혁신한 연구자일 뿐 아니라 전후 역사학의 취지와 방법을 가장 철저하게 일관해 온 연구자였다. 가지무라가 도달한 지점에서 보면 그의 역사 연구가 간단하게 '근대주의 지향'으로 정리될 수 없다는 점은 자명하다.

마지막으로 가지무라 사학의 재검토라는 이번 프로젝트가 지닌 현재적 의의를 확인하는 것으로 이 논의의 마무리를 대신하고자 한다.

오늘날 인문·사회 과학에서도 글로벌한 연구 환경 조건이 갖춰지고 있다. 하나의 연구 분야가 세계적으로 동일한 경쟁 구조 속에서, 그리고 그 논의의 방향이 점점 하나로 수렴되거나 단일화되는 경향도 생겨났다. 그 국제적인 투기장(鬪技場)에서는 대상국의 원어민 연구자와 동등한 어학력이나 사료 해독 능력을 요구할 뿐 아니라 그 테마에 대해서 공통의 의식을 배양시키기도 한다. 이런 시대적 감각으로 보자면, 40대 후반까지 조선 반도에 건너가는 일도 없이 일본 사회의 조선 인식을 비판하는 '일본인에 의한 조선사 연구'에 집착했던 가지무라의 역사 연구가 낡은 것처럼 보일 지도 모른다. '글로벌 히스토리' 운운하는 요즘, '외국사/자국사'라는 사고틀 자체가 인식의 감옥처럼 보이는 일도 종종 있기 때문이다.

물론 이런 추세는 연구 환경의 고도화라는 점에서 바람직한 면도 있다. 그러나 단일한 경기장 안에서는 특정 연구가 지배적인 의견으로 일방적으로 쏠릴 위험도 없지 않다. 각각의 연구자가 처한 사회 환경의 차이에서 생기는 '시점의 복수성'이라는 존재 피구속성(存在被拘束性)의 문제를 무시하거나, 자국사(반드시 국가를 단위로 해야 하는 것은 아니다)와의 긴장관계 속에서 대상 영역의 역사나 사회를 이해하고자 하는 '타자 이해의 감각'조차 무뎌질 위험성 또한 존재한다.

가지무라가 살았던 냉전기 동아시아는 그런 추세와 대극적이었다. 당시는 연구 대상 국가나 지역으로 유학을 가는 것조차 생각만큼 쉽지 않은 시대였다. 연구자가 이데올로기적 입장에 따라 재단되거나 특정한 관점(일종의 도그마)을 강요받기도 했다. 그러나 그런 사정 때문에 그들의 연구를 낡은 것으로 평가해서는 안 된다. 가지무라의 연구가 냉전기의 적대적인 사고에 의해 심각한 제약을 받았음은 사실이다. 그러나 세계적인 냉전 구조가 붕괴된 오늘날의 우리 자신은 과연, 어떤 제약도 없이 연구를 하고 있다고 자신할 수 있을까? 규제의 틀이 보이지 않는 만큼 현대 세계에 대한 연구자 자신의 시점을 보다 분명한 형태로 자각해야만 한다.

사료적 또는 학설적으로 이미 극복된 연구라는 비판이 있을 수 있겠지만, 가지무라 사학이 보여 준 '자기 혁신의 방법적 태도'나 '타자 감각'은 여전히 우리가 배우고 익혀야 할 현재적 대상이다. 세 개의 post C의 시대(post-colonial, post-communism, post-cold war)인 오늘날이야말로 그 비판적 계승의 가능성의 조건이 마련되었다고 할 수 있다. 물론 이때의 '포스트'라는 말은 '끝났다.'는 것을 의미하지 않는다. 특히 동아시아에서는 '끝내야 한다.'는 당위의 다른 이름에 가깝다. 그 당위의 가능성을 확산시키기 위해서는 우리 자신이 공유하는 재산을 보다 풍요롭게 할 필요가 있다. 그 과정에서 여전히 중요한 것은 각각의 연구가 생성된 역사적 조건을 함께 이해하는 것이다(이런 관점의 필요성에 대해서는 戸邉 2009, 2010, 2012에서도 논의한 바 있다).

가지무라 사학을 '일본의 역사학' 속에 가둬 둘 필요도 없다. 전후 역사학이라는 고유의 조건에 주의하면서도, 한편으로는 동아시아의 사상·학문 전개 안에서 가지무라의 새로운 위상을 마련해야만 한다. 그 과정에서 국경을 넘어선 지(知)의 연쇄나 동시대성을 발견하는 것, 이것이야말로 다양한 장소에 묻혀 있는 가지무라(와 같은 위치의 존재)의 발견을 재촉하는 마중물이 되어 줄 것이다. 전쟁과 혁명의 시대가 집약됐던 20세기 동아시아의 비판적 사회과학이 겪어야 했던 고투의 서사화(敍事化)라는 점에서, 가지무라 사학은 우리가 공유해야 할 지적 자원이다. 그리고 여전히 우리가 배워야 할.

【付記】

이 글은 2012년 9월 13일 고려대학교 아시아문제연구소에서 개최된 국제 심포지엄 "한일 관계를 되묻는다"의 제3부 '가지무라 히데키와 한반도'에서 발표한 원고이다. 게재를 위해 논문의 체재를 손보고 약간의 가필을 거쳤다. 미야지마 히로시 선생님을 비롯한 토론자들로부터 유익한 지적을 많이 받았지만, 보고 후의 가필은 오해의 소지가 있는 표현을 가다듬는 것으로 제한했다. 토론 과정에서 받은 지적은 이후의 연구에 반영할 계획이다.

참고문헌

* 본문 안에서 가지무라의 문헌을 저작집에 수록된 논문으로 인용할 때는 저작집의 페이지를 표시했다.

* 가지무라의 문헌 중 한국어로 번역된 것이 있을 경우에는 문헌 끝에 ★표를 붙였다.

趙景達. 1998.『異端の民衆反乱: 東学と甲午農民戦争』(岩波書店, 1998).

趙景達. 2002.『朝鮮民衆運動の展開: 士の論理と救済思想』(岩波書店, 2002).

趙景達. 2008.『植民地期朝鮮の知識人と民衆: 植民地近代性論批判』(有志舎, 2008).

板垣雄三. 1973. "民族と民主主義."(『歴史学研究』 別冊特集 「歴史における民族と民主主義: 1973年度歴史学研究会大会報告」, 1973. 11) pp. 2-8.

板垣雄三. 2012. "歴史家 遠山茂樹と「東アジア」歴史像."(『歴史学研究』 895号, 2012. 8) pp. 2-13.

梶村秀樹. 1964. "朝鮮近代史の若干の問題"(『歴史学研究』 288号, 1964. 5) pp. 55-63, 11. →『梶村秀樹著作集』 第2巻, pp. 36-59.

梶村秀樹. 1968. "新幹会研究のためのノート".(労働運動史研究会 編『米騒動50年「労働運動史研究49」』1968. 12) pp. 181-212. →『梶村秀樹著作集』 第4巻, pp. 292-319. ★

梶村秀樹. 1977. "『民族資本』と『隷属資本』: 植民地体制下の朝鮮ブルジョワジーの政治経済的性格解明のためのカテゴリーの再検討."(梶村『朝鮮における資本主義の形成と展開』龍渓書舎, 1977) pp. 213-242. →『梶村秀樹著作集』 第3巻, pp. 328-353. ★

梶村秀樹. 1979. "甲山火田民事件(1929年)について."(旗田巍先生古稀記念会 編『朝鮮歴史論集』下巻, 龍渓書舎, 1979) pp. 381-409. →『梶村秀樹著作集』 第4巻, pp. 321-349. ★

梶村秀樹. 1980. "朝鮮民衆の1930年代." (『世界』 412号, 岩波書店, 1980.12) pp. 22-25. → 梶村『朝鮮史の枠組と思想』(研文出版, 1982.) pp. 288-289. * 収録にあたり, 一部改稿あり.

梶村秀樹. 1981a. "東アジア地域における帝国主義体制への移行."(富岡倍雄·梶村秀樹 編『発展途上経済の研究』 世界書院, 1981) pp. 53-79. →『梶村秀樹著作集』 第2巻. pp. 275-301. ★

梶村秀樹. 1981b. "旧植民地社会構成体論."(富岡倍雄·梶村秀樹 編『発展途上経済の研究』 世界書院, 1981) pp.81-108. →『梶村秀樹著作集』 第3巻. pp.237-264. ★

梶村秀樹. 1984. "歴史と文学: 朝鮮史の場合."(『歴史評論』 409号, 1984. 5) pp.53-60. →『梶村秀樹著作集』 第2巻, pp. 361-371.

梶村秀樹. 1986a. "「報告予告概要」近代朝鮮の商人資本等の外圧への諸対応."(『歴史学研究』 554号, 1986. 5) pp. 56-57.

梶村秀樹. 1986b. "近代朝鮮の商人資本等の外圧への諸対応: 甲午以後(1894~1904年)期の『商

権』問題と生産過程."(『歴史学研究』560号, 1986. 10) pp.148-158 →『梶村秀樹著作集』第3巻. pp. 135-156.

梶村秀樹. 1986c. "朝鮮近代史研究における内在的発展の視角."(勝維藻ほか編『東アジア世界史探究』汲古書院, 1986) pp. 575-588. →『梶村秀樹著作集』第2巻. pp. 164-178.

梶村秀樹. 1987. "1920~30年代の民衆運動."(旗田巍ほか『朝鮮の近代史と日本』大和書房, 1987) pp. 254-266. →『梶村秀樹著作集』第4巻. pp. 357-367.

梶村秀樹. 1990a.『排外主義克服のための朝鮮史』(青年アジア研究会, 1990) →『梶村秀樹著作集』第1巻. pp. 13-76.

梶村秀樹. 1990b. "1910年代朝鮮の経済循環と小農経営."(中村哲ほか 編『朝鮮近代の経済構造』日本評論社, 1990) pp. 203-248. →『梶村秀樹著作集』第3巻. pp. 188-234. ★

梶村秀樹. 1990c. "旧韓末北関地域経済と内外貿易."(『商経論叢』26巻 1号, 神奈川大学, 1990.9) pp. 297-326. →『梶村秀樹著作集』第3巻. pp. 159-187. ★

姜元鳳. 2012. "1960年代梶村秀樹の朝鮮史認識: 戦後朝鮮史研究における内在的発展論の展開と分岐."(『史海』59号, 東京学芸大学, 2012.6) pp. 27-41.

岸本美緒. 2002. "時代区分論の現在."(歴史学研究会 編『歴史学における方法的転回「現代歴史学における成果と課題1980~2000 I」』青木書店, 2002. → 岸本美 緒『風俗と時代観「明清史論集 I」』研文出版, 2012).

岸本美緒. 2011. "東アジア史の「パラダイム転換」をめぐって."(国立歴史民俗博物館 編『「韓国併合」100年を問う: 2010年国際シンポジウム』岩波書店, 2011) pp. 228-239.

宮嶋博史. 1983. "近代(I)."(『アジア歴史研究入門2 中国II・朝鮮』同朋舎出版, 1983) pp. 313-344.

宮嶋博史. 1984. "方法としての東アジア：東アジア三国における近代への移行をめぐって."(『歴史評論』412号, 1984. 8) pp. 9-39.

宮嶋博史. 1988. "光武改革論."(『歴史学研究』586号, 1988. 10) pp. 12-22.

宮嶋博史. 1994. "東アジア小農社会の形成."(宮嶋ほか 編『アジアから考える6 長期社会変動』東京大学出版会, 1994) pp. 67-96.

宮嶋博史. 2004. "東アジアにおける近代化, 植民地化をどう捉えるか."(宮嶋ほか 編『植民地近代の視座: 朝鮮と日本』岩波書店, 2004) pp. 167-192.

宮嶋博史. 2010. "儒教的近代としての東アジア『近世』."(『岩波講座 東アジア近現代通史1』岩波書店, 2010) pp. 53-78.

並木真人. 1990. "戦後日本における朝鮮近代史研究の現段階:『内在的発展論』再考."(『歴史評論』482号, 1990.6) pp. 15-30.

二宮宏之. 2000. "戦後歴史学と社会史."(歴史学研究会 編『戦後歴史学再考』青木書店, 2000) pp. 123-147.

戸邉秀明. 2009. "'민중사상사' 연구의 출발 -야스마루 요시오(安丸良夫)의 방법적 혁신."(윤해동 외 편, 『역사학의 세기: 20세기 한국과 일본의 역사학』 휴머니스트, 2009) pp. 397-439. ★
戸邉秀明. 2010. "戦後史学史のなかの安丸民衆史: ある全体性のゆくえ."(安丸良夫・磯前順一編『安丸思想史への射程』ぺりかん社, 2010) pp. 53-79.
戸邉秀明. 2012. "社会運動史としての戦後歴史学研究のために: 史学史の再検討にむけたいくつかの提言."(『日本史研究』 600号, 2012. 8) pp. 194-218.

6장

가지무라 히데키의 한국 자본주의론

내재적 발전론으로서의 '종속 발전'론

홍종욱

1. 내재적 발전론과 한국 자본주의

가지무라의 내재적 발전론은, '외압'을 중시하고 그에 맞서는 '민중'에 주목함으로써, 정체성론·타율성론을 배제하는 동시에 일국사적 발전단계론도 넘어선다고 하는 일견 상반되는 이중의 과제와 맞서고자 한 것으로 평가할 수 있다(洪 2010). 이와 같은 가지무라의 역사 연구는 줄곧 현상 분석과 결합되는 모습을 보였는데, 특히 1970년대에 들어서면서 현상 분석에 관한 글들이 양적으로 늘어나게 된다. 여기에는 가지무라가 이른바 생활면에서 분과 학문으로서의 역사학과 조금 거리를 두게 된 사정이 관계가 있지 않을까 생각된다. 1969년 도쿄(東京)대학 동양문화연구소 조수의 임기가 끝난 뒤 이른바 재야의 학자가 된 가지무라는, 재일 조선인에 대한 차별 문제로 사회적 이슈가 된 김희로(金嬉老) 사건의 재판 지원을 비롯하여 보다 적극적으로 사회운동에 투신하게 된다. 1973년 가나가와(神奈川)대학에 다시 자리를 잡게 되지만 경제학부에 소속되어 아시아경제론 등의 과목을 담당하였다. 가지무라는 후일 "역사학의 세계로부터 어쩐지 쫓겨나 직업상으로는 경제학의 세계"(梶村 1985a, 106)에 있게 되었다고 언급한 바 있다.

역사 연구를 통해 가다듬어진 내재적 발전론이 현상 분석에 있어서도 관철되었는가에 대해서는 평가가 엇갈린다. 미즈노 나오키(水野直樹)는 가지무라 저작집 제5권 『현대 조선에의 시좌』에 붙인 해제에서 "가지무라는 한국 경제를 둘러싼 국제적인 환경을 중시하는 한편, 경제발전을 내재적으로 이해하는 노력을 게을리 하지 않았다. 그리고 무엇보다도 한국 민중에게서 내재적인 역사 발전의 주체를 찾고자 하는 입장에 서서 한국 경제를 분석하는 작업을 행했다."(水野 1993, 428)고 평가하여, 현상 분석에 있어서도 내재적 발전론이라는 역사 연구의 방법론이 오롯이 살아 있었다고 보았다. 한편 박현채의 '민족경제론'에 대한 연구로 잘 알려진 다키자와 히데키(滝沢秀樹)는 "'가지무라 사학'의 이 '내재적 시각'이 해방 후 남한 사회를 보는 경우에도 견지되어 남한에서의 '내재적 발전'이 파악되고 있는가."라는 것이 스스로 느끼는 가장 큰 문제라고 하면서, "남한 사회와 변혁운동을 보는 눈은 어딘지 '외재적'인 것처럼 생각된다."는 평가를 내린 바 있다(滝沢 1996, 182). 이 글에서는 이상과 같은 엇갈린 평가를 의식하면서, 가지무라가 해방 이후 한국 자본주의의 전개를 어떻게 보았는가에 대해 역사 연구와 현상 분석의 결합이라는 관점에서 검토하고자 한다.

그러면 여기서 이 글의 제목과 부제에 대해 간단히 언급해 두고자 한다. 먼저 제목에서 '경제'가 아니라 '자본주의'라는 말을 쓴 것은, 가지무라의 관심이 그 형성 과정에서 극복의 전망까지를 포함하여 어디까지나 '자본주의'에 맞춰져 있었기 때문이다. 또한 '자본주의'라는 말을 통해 가지무라의 연구가 단순한 현상 분석에 머물지 않고 이론화의 시도를 포함하여 역사 연구의 축적이 그 속에 관철되고 있음을 드러내고자 했다. 부제의 '종속 발전'은 가지무라 자신이 만든 말이다. 얼핏 모순적으로 보이는 '종속'과 '발전'이라는 두 개념을 통일적으로 파악한 것으로, 그야말로 모순에 찬 길을 걷고 있던 한국 자본주의를 설명하기 위한 핵심적 개념이다. 미즈노 나오키는 "가지무라의 한국 경제 이해의 기본은 '종속 발전'이라는 말에 나타난다."(水野 1993, 432)고 평가한 바 있다. 결론을 서두르는 감이 없지 않지만, 가지무라의 '종속 발전'론은 외압을 중시하고 민중에 주목하는 그의 내재적 발전론의 연장선상에서 이해될 수 있다는 것이 이 글의 기본적인 입장이다.

2. 남북한의 '민족주의'와 대중 의식

내재적 발전론에 입각한 1960~70년대 가지무라의 역사 연구의 정수가 담겨 있는 작품으로서 『조선에서의 자본주의의 형성과 전개』(1977a)를 들 수 있다. 조선 왕조 말기에서부터 '조선 자본주의'의 전개 과정을 좇고 있는 이 연구는 1960년대의 한국에까지 서술의 범위가 미치고 있다는 점에서 현상 분석으로서의 성격 또한 띠고 있었다. 특히 마지막 장인 「1960년대 초두의 지배구조와 이른바 예속자본」이라는 논문에 대해서는 가지무라 스스로 '70년대의 현상 분석의 출발점'(梶村 1977a, 274)으로 위치 지은 바 있다. 당초 1963년에 열린 조선사연구회 제1회 대회에서의 발표 요지로서 이듬해 『조선사연구회 회보』에 실린 글이라는 점에서, 동시대의 한국의 상황을 그린 말 그대로 현상 분석의 성격이 짙은 글이다.

가지무라는 당시 한국의 '이른바 예속자본'에 대해, 이를 '매판자본'과 같은 것으로 보아 '민족자본'에 대립되는 것으로 파악하는 경향에 반대하고, 2차 대전 후의 '예속자본'의 특징으로서 단순한 유통 과정의 기생자가 아니라 생산수단의 독점을 통해 시장을 지배하고 있는 점, 그리고 매판자본처럼 외국 자본과 직접적으로 연결되는 것이 아니라 국가 기구를 매개로 하고 있는 점에 주목했다. 또한 대자본을 '예속자본', 중소자본을 '민족자본'으로 파악하는 일반적인 경향을 비판하고 둘 사이의 구별을 고도의 '정치적 범주'로서 이해했다(같은 책, 247). 가지무라는 한국의 '독점재벌'의 경우, 제국주의 국가, 즉 미국의 자본과 기술에 의존할 수밖에 없지만 동시에 자본의 성장 요구, 예컨대 중공업화를 억제 당함으로 인해, '예속적'이면서 '민족적'이라는 양면성을 띠게 된다고 보았다(같은 책, 265-266).

가지무라는 한국 '독점재벌'의 '민족적' 성격을 박정희(朴正熙) 정권의 '민족주의'와 연결 지어 이해했다. 1963년 10월 이른바 '민정 이양'을 위해 치러진 대통령 선거는 박정희와 윤보선(尹潽善)의 대결로 펼쳐졌다. 가지무라는 윤보선 측의 '미국 원조 증대 불가결론'에 대해 박정희 측이 '자주 자립 경제 건설'이라는 슬로건을 내걸고 있는 상황에 주목하고(같은 책, 246), 결국 낡은 정치가의 노골적인 '대미 종속 노선'과 박 정권의 '일정한 반미적 노선'이 상호 보완하면서 '독점재벌'의 이해를 대변하고 있는 것으로 평가했다(같은 책, 266).

일반적으로 박 정권의 '민족주의'는 특히 정권 초기에 강하게 드러난 것으로 평가된다. 기미야 다다시(木宮正史)는 쿠데타 직후 박정희 정권의 경제개발 전략을 '내포적 공업화 전략'으로 규정하고, 1963년 이후의 수출 지향형 공업화 정책을 초기의 전략이 미국의 반대로 좌절된 이후의 '잔여적 전략'으로 보았다(木宮 1994). 가지무라도 쿠데타 당시의 박 정권의 정책은 '국가사회주의'를 방불케 했지만, '부정 축재' 처리 실패 및 1963년의 '통화 개혁' 좌절을 계기로 급속히 자본에 대한 굴복·유착이 진행되었다고 분석했다(梶村 1967, 27).

1965년 한일 기본조약 체결 이후 일본과의 '경제협력'이 본격화되면서 한국의 '발전'이 현실화하는 가운데, 1970년대에 들어 한국 자본주의를 설명하는 개념으로서 '종속 발전'이라는 표현이 등장한다. '종속 발전'이라는 말이 처음 등장하는 것으로 생각되는 글에서 가지무라는 박정희 정권을 다음과 같이 설명하였다.

> 70년대 이후 박체제의 '종속 근대화 노선'이란 무엇인가. 간단히 말하자면 어떠한 종속관계도 꺼리지 않고 자기의 존립을 지켜 일본 경제의 하청이라는 형태로라도 GNP의 상승을 꾀하겠다는 것으로, 한국 노동자의 출혈적인 희생을 동반한 저가격으로 일본이나 미국에 대해 수출을 늘리는 것이 경제의 발전이며 한국 국민의 행복으로 이어진다고 하는 '노선'이다(藤森 1975b, 19, 藤森一清는 가지무라의 필명 중 하나).

가지무라는 '존립'을 위해서라면 '종속'을 꺼리지 않으며 노동자의 '희생'을 통해 국민의 '행복'을 이루고자 하는 것을 박정희 정권의 속성으로 보았다. 이처럼 모순에 찬 영위를 설명하기 위해 고안된 '종속 발전'이라는 개념은, 1977년의 저서 『조선에서의 자본주의의 형성과 전개』에서 역사 연구와 현상 분석을 잇는 핵심 개념으로 자리 잡는다. 위에서 살핀 「1960년대 초두의 지배구조와 이른바 예속자본」에서도 1964년의 초출 단계에는 보이지 않던(梶村 1964b) '종속 발전'이라는 개념이 각주를 통해 몇 차례 등장하고 있고, 특히 「민족자본과 예속자본」이라는 글을 통해 '종속 발전'의 개념이 본격적으로 제기되었다.

1965년 8월 국회에서 한일 기본조약에 하루 앞서 비준된 베트남 파병은 한일 '경제협력'과 더불어 박정희 정권의 '종속 발전' 노선을 뒷받침하는 두 개의 기둥 중 하나였다. 가지무라는 베트남 파병이 박정희 정권의 '주체적 선택'이며 그 안에는 '조국 근대화'와 '국위 선양'이라고 하는 '사상성'이 극명하게 드러나 있다고 보았다. 그리고 이를 "근대 일본을 지탱해 온 사상의 추악함을 재판(再版)하여 보여 준다."라고 비판했다(吉永 1974, 279-291, 吉永長生는 가지무라의 필명 중 하나). 자신이 발 딛고 선 일본 근대에 대한 비판을 통해 한국의 근대를 비판할 시좌를 끌어내는 혼신의 사상적 영위가 느껴지는 대목이다. 나아가 가지무라는 한국의 근대화는 참된 근대화가 아니라는 말은 더 이상 박정희 정권에 대한 비판이 될 수 없다면서, 경제성장이라는 현실을 직시하고 한국의 현상을 '근대화된 모순'으로서 받아들일 것을 역설했다. 그리고 이를 비판하기 위해서는 근대 일본이 성취한 '자유와 민주주의'의 기만성을 포함하여 '근대화주의' 자체를 넘어설 필요가 있음을 주장했다(藤森 1975a, 10-13).

더욱이 이와 같은 "박 '근대화' 노선"(梶村 1976, 93)을 대중 의식과 관련지어 설명하고 있는 점은 주목할 만하다. 가지무라는 베트남 파병과 관련해 예컨대 '해외 웅비'나 '국위 선양' 등의 구호가 '민중의 심정'에 호소하는 바가 있어, "'민족적 가치의 회복'이라는 환상이 베트남 전쟁이라는 허위의 출구를 향해 나아가는 듯한 구조를 만들어 내고 있는 것은 중대한 문제"(같은 글, 94)라고 지적했다. '환상'이나 '허위'라는 말을 보고 계몽주의적 지식인의 한계를 지적하는 이가 있을지 모르나, 여기서는 가지무라가 그와 같은 이데올로기가 객관적으로 작동하고 있는 상황을 간파하고 그것을 '중대한 문제'로 받아들이고 있었던 점을 중시하고 싶다.

대중 의식을 중시하는 가지무라의 태도는 해방 직후의 '반탁운동'에 대한 평가에서도 드러난다. 1945년 12월 모스크바에서 열린 미·영·소 3국의 외상 회의에서 조선에 대한 5년간의 신탁통치가 결정되었다는 소식이 전해지자 전국적으로 거센 반탁운동이 일어났다. 그러한 가운데 좌익의 주류는 이에 거스르면서 찬탁의 입장을 취함으로써 여론의 역풍을 맞게 되었다. 이를 놓고 민족주의적·통일지향적 역사 연구에서는 대중의 반탁운동을 우익의 여론 조작의 결과로 보고 좌익의 선택이 보다 현실적이었다고 평가하는 경향이 있다. 그러나 가지무라는 "결과론적으로 생각하면 5년간 참는 쪽이 그나마 현명했던 것이 아닌가."라는 '객관주의'적인 입장을 비판하고, 신탁통치에 대해 "조선 인민이 커다란 의문을 느낀 것은 당연"하다며 (梶村 1976, 43), 대중의 의식을 존중하는 입장을 취하였다.

임지현은 나치스 시대에 관한 독일의 일상사 연구를 참조하면서 박정희 정권에 대한 민중의 지지에 주목하여, "일상에서의 저항이 체제 전체에 대한 동의와 공존하기도 하고, 독재를 지지하는 원천으로서의 근대성이 저항의 동력이 되기도 하는 등 지배에 포섭된 저항과 저항을 낳는 지배의 복합적 현실"(임지현 2004, 23)을 설명하기 위해 '대중독재론'을 제창하였다. 이에 대해 조희연은 "'전 국민적 성찰'이 요구되는 가해 민족의 사례인 독일 파시즘의 경우와 '피해 민족'으로서 식민지 민족의 경우를 준별하지 않는 오류"(조희연 2004, 140)를 지적하고 '강압과 동의' 가운데 어느 한 쪽만을 부각시켜서는 안 된다고 비판했다. 가지무라의 대중 의식에 대한 착목은, 베트남 파병을 통해 드러난 '가해 민족'으로서의 한국에 대한 선구적인 비판인 동시에, '반탁운동'이나 박정희 정권의 '근대화' 노선 분석에서 보이듯이 대중의 저항과 동의를 틀 짓고 있는 식민지·주변부 민족으로서의 피구속성을 중시하고 있다는 점에서, '대중독재론'을 둘러싼 일련의 논쟁에도 중요한 참조 축이 될 수 있을 것으로 생각된다.

그렇다면 가지무라는 자본주의 체제로부터 벗어나 사회주의의 길을 걷고 있던 북한 경제에 대해서는 어떤 평가를 내리고 있었을까. 1963년 6월 12일자 북한의 노동신문은 「자력갱생과 자립적 민족경제의 건설」이라는 제목의 사설을 실었다. 가지무라는 이 사설의 내용을 소개하면서, 국제 분업이라는 이름 아래 부등가교환을 강요하는 소련의 태도를 비판하고, 북한에서 '민족 공산주의'가 일어나고 있는 것을 소련의 '대국주의적 경제정책'의 결과라고 분석했다(梶村 1969, 236).

주목되는 것은 남한과 마찬가지로 북한의 상황에 대한 분석에 있어서도 "대중 의식이 결국은 김일성 정권의 선택을 규정"(같은 글, 225)했다고 분명하게 밝히고 있는 점이다. 1956년 8월 북한 정권 내부에서는 각각 중국 및 소련과 연결된 연안파·소련파와 김일성이 이끄는 빨치산파 사이에 권력투쟁이 벌어졌다. 경제 노선으로 보자면 연안파 및 소련파의 그것은 국제분업론에 가까워, 중공업 중심주의를 비판하고 소비재 생산의 우위를 주장하는 것이었다(서동만 2005, 619-620). 가지무라는 내핍을 강요하기보다는 소비생활을 생각하자는 연안파와 소련파의 '일견 상식적인 주장'이 권력투쟁에서 패배하게 되는 원인을 대중의 의식에서 구하였다. 즉 "먹지도 자지도 말고 힘을 내자."는 대중의 정서가 김일성의 '자립적 민족 경제 노선'을 지탱했다는 분석이었다(梶村 1976, 79). 나아가 가지무라는 조선 사회의 봉건적 성격을 강조하던 역사학자 이청원(李清源, 본명 李青垣)이 같은 시기 숙청된 것에 대해서도 "구래의 연구와 공화국 민중에게 필요한 자국사 상(像) 사이에 어긋남이 생긴 것"을 이유로 들고 있다(梶村 1977c, 318).

이상의 가지무라의 분석에서 두 가지 특징을 추출해 볼 수 있겠다. 하나는 냉전을 상대화하는 시좌이다. 가지무라는 남북한을 비교할 때 자본주의 대 사회주의라는 측면보다 '종속 발전' 대 '자립적 민족경제'라는 쪽을 보다 중시하게 되어간 듯하다. 위에서 언급한 「1960년대 초두 남조선의 지배구조와 이른바 예속자본」에서도 1964년의 초출 단계에서는 박 정권의 '민족주의'를 '근로 대중이 요구하는 민족주의 = 사회주의'(梶村 1964b, 37)와 대비시키고 있던 것이 1977년의 같은 글에서는 '사회주의'가 빠지고 '근로 대중이 요구하는 민족주의'(梶村 1977a, 266)라는 표현으로 바뀌었다. 또한 다른 글에서는 "금일 남한에서의 전면적인 '종속 발전'하에서 굳이 '사회주의'적이지 않은 민중의 민족주의 조류의 전개"(같은 책 1977, 240)를 전망하여, 사회주의라는 말을 쓰지 않고 한국의 미래를 그리고 있다. 또 하나는 대중 의식에 대한 천착이다. 가지무라는 박정희 정권과 김일성 정권이라는 두 개의 독재 정권을 꿰뚫는 '민족주의'에 대한 지향을 읽어 내고 다시 이를 '대중 의식'의 차원에서 설명하였다. 냉전의 상대화와 대중 의식의 존중은 모두 내재적 시각에서 남북한 사회의 본질을 파악하려는 노력의 결과였으며, 외압을 중시하고 민중에 주목하는 가지무라의 내재적 발전론의 문제의식이 구체화된 것으로 이해할 수 있을 것이다.

3. '종속 발전'의 이론화 시도

1970년대 중반 한국 자본주의를 '종속 발전'이라는 개념으로 설명한 가지무라는 나아가 이를 세계사의 전개 속에 위치 짓는 작업을 시도하게 된다. 일국사적 발전 과정을 세계사적 보편성 속에 조화시키려는 이와 같은 모색이 드러난 논문이 「구식민지 사회구성체론」(梶村 1981b)이다. 이 논문에서 가지무라는 1970년대 들어 식민지·종속국의 처지를 설명하는 틀로 각광을 받고 있던 종속이론을 비판적으로 수용함으로써 '종속 발전'의 일반 이론화를 시도하였다.

동아시아의 식민지 경험에 대한 역사 연구의 방법론으로서는 '식민지 반봉건사회론'이 존재했다. '식민지 반봉건사회론'은 마르크스주의 역사 유물론을 식민지 상황에 적용하고자 하는 모색의 결과였으며, 그 자체가 중국 혁명의 과정에서 동시대적으로 도출된 현상 분석이기도 했다(久保 1982, 참조). 식민지 조선을 포함하여 동아시아의 사상·운동이 도달한 이론적 정점이라고 할 '식민지 반봉건사회론'을 둘러싸고는, 그것이 역사 유물론에서 말하는 사회구성체론의 보완인가 아니면 그로부터의 일탈인가에 대해 줄곧 논란이 일어 왔다. 이와 관련해 가지무라는 "식민지 사회도 자본주의 사회구성체라는 공식주의 견해와, 식민지 반봉건 사회구성체로 보는 실용주의적 견해"(같은 글, 86)가 존재한다고 보고, 자신은 후자를 옹호함으로써 '공식주의 견해'와는 거리를 두었다. 그리고 '식민지 반봉건사회론'과 사미르 아민(Samir Amin)의 '주변부 사회구성체론'의 접합을 시도하게 되는데 이는 역사 연구와 현상 분석을 결합시키려는 노력으로 평가할 수 있겠다.

아민의 '신이론'은 남미의 경험에 바탕한 기존의 종속이론을 아시아·아프리카 등을 포함시켜 보다 체계화하고, 특히 자본주의의 제 문제를 중추(metropolis)-위성(satellite) 관계로만 환원하는 경향이 있었던 프랑크(A.G.Frank)와 달리 서로 다른 생산양식의 '접합'(articulation)에 주목했다는 점에서 그 획기성이 인정된다. 가지무라는 두 가지 점에서 아민의 이론을 높이 평가했다. 먼저 '사회구성체'를 '생산양식'과 명확히 구별함으로써, 마르크스가 『정치경제학 비판을 위하여』 서문(1859)에서 언급한 아시아적,

고대적, 봉건적, 근대 부르주아적에 원시공산제와 공산주의를 더한 여섯 개의 생산양식 = 사회구성체밖에 상정하지 않는 '정통파' 사회구성체론의 '스콜라적 불모성'을 돌파한 점, 그리고 종속국의 사회 내부의 변화에 무관심한 기존의 종속이론의 한계를 넘어 중심부 자본주의의 임팩트에 의한 '상이한 생산양식의 이종 혼합성'을 주변자본주의 사회구성체의 특징으로 삼은 점이 그것이다(같은 글, 88-91). 위에서 사회구성체론의 '공식주의 견해'라고 부른 것에 대해 '스콜라적 불모성'이라고 보다 확실히 비판하고 있는 것이 확인된다. 그리고 '상이한 생산양식의 이종 혼합성'에 대한 주목으로부터는 '식민지 반봉건사회론'이라는 동아시아의 경험과의 소통 가능성이 엿보인다.

하지만 가지무라가 아민의 이론을 전면적으로 답습한 것은 아니었다. 가지무라는 '전(前) 자본주의 사회 구성'이 중심과의 접촉을 통해 '주변자본주의 사회 구성'으로 이행한다고 하는 아민의 이론에 대해 그 역사성의 부재를 비판했다. 먼저 '전 자본주의 사회 구성'의 역사 이론이 미완성이어서 아시아적 생산양식론 등의 '문화유형학으로 후퇴'하고 있다고 지적하고, '양(洋)의 동서를 꿰뚫는 일반이론을 정립'할 필요성을 제기했다. 다음으로 '주변자본주의 사회 구성'에 대해서도 그 내용이 정태론적·유형학적이라고 비판하고 주변부에도 독자적인 발전 법칙이 있음을 주장했다(같은 글, 92-93). 후일 다른 글에서는 '종속이론'은 "숙명론으로 흐르기 쉬운 '구조'론 고유의 함정"을 안고 있다면서, '내재적 발전'이 세계 자본주의의 역학 속에서 뒤틀리면서도 '종속 발전'으로 이어지는 과정을 직시할 필요가 있다고 주장한 바 있다(梶村 1985b, 161).

가지무라는 아민의 '주변자본주의 사회 구성' 안에 '식민지 반봉건'의 단계를 설정하여 '전(前) 자본주의 사회구성체 → 식민지 반봉건 사회구성체 → 주변자본주의 사회구성체'(梶村 1981b, 94)라는 주변부에서의 '종속 경제'의 법칙을 제시했다. 또한 '중심부(본국)'와 '주변부(식민지)' 사이의 국제 분업 체계를 ① '경공업(소비재 생산)-농업', ② '중공업(생산재 생산)-경공업', ③ '기술지식 집약 산업-기타 제 산업'의 세 단계로 나누고, '식민지 반봉건 사회구성체'를 ①단계, 그리고 '주변자본주의 사회구성체'를 ②단계에서 ③단계에 걸친 것으로 위치 지음으로써(같은 글, 98-104), 세계 자본주의의 역사적 변천을 통일적으로 파악하는 틀을 제시하고자 했다. 아민의 '주변부 자본주의 사회구성체'가 서로 다른 생산양식의 '이종 혼합'으로서 일단 완성된 후에는 그 성격이 강화될 뿐 어떤 변화도 일어나지 않는 '화석화'(本多 1985, 136)된 구조인 것과 차이가 있다.

다만 가지무라는 주변부의 '발전'이란 '모순의 확대·심화 과정'에 다름 아니므로, '종속 발전'과 종속이론에서 말하는 '저개발의 발전'에 따른 비자본주의 변혁이라는 전망이 반드시 배치되는 것은 아니라고 보았다(梶村 1981b, 93). 또한 다른 글에서 "제3세계 각국 인민은 세계 자본주의의 전면적 붕괴를 기다리는 것 이외에 해방의 길이 없는 것이 아니라 세계 자본주의 체계로부터의 일국적 상대적 이탈의 권리와 가능성도 분명히 보유"하고 있다고 주장했다(梶村 1986b, 167). 이런 문제의식 하에 월러스틴의 세계체제론 또한 세계를 '조감도' 식으로 바라보면서 '알맹이 없는 세계 혁명'을 말하고 있다고 비판되었다(梶村 1985a, 111-112). 가지무라는 「민족자본과 예속자본」에서 식민지·반식민지에서의 사회구성체론이 의의를 갖는 것은 '식민지 권력 붕괴 후의 민족사회 내에서의 운동의 전망'과 관련이 있기 때문이라면서, 식민지 반봉건 사회 구성을 '모식화'(模式化)해 볼 필요성을 제기한 바 있다(梶村 1977a, 231). 「구식민지 사회구성체론」은 바로 이러한 모색의 결과였던 셈이다.[1]

이상이 주변부에서의 독자적인 '발전'을 해명하기 위한 모색이었다면, 가지무라의 관심은 애시 당초 주변부는 어떻게 해서 주변부가 되었는가라는 문제에도 맞춰졌다. 이 문제를 본격적으로 다룬 글은 한·중·일 삼국이 각각 식민지, 반식민지, 제국주의로 '양극 분해'되는 과정을 고찰한 「동아시아 지역에서의 제국주의 체제로의 이행」(梶村 1981a)이다. 이 글에서 가지무라는 도야마 시게키(遠山茂樹)의 '동아시아 지역사론'을 기본적으로 수용한 위에 자신의 역사상을 제시한다. 도야마는 세계사와 일국사 사이에 지역사의 단위로서 동아시아를 설정한 뒤, 1860년대 서구로부터의 외압이 일시적으로 이완된 점에 주목하여, 1860년대부터 1894년경까지 일본과 중국이 기본적으로 '병행 동질 발전'해 왔다고 설명함으로써, 발전된 일본과 정체된 중국이라는 고정관념으로부터 벗어나고자 시도한 바 있다(梶村 1981a, 61-62).

가지무라는 중국과 일본의 관계를 설명하기 위해 제시된 '도야마 쉐마(scheme)'에 한국을 포함시켜 보다 정치한 설명 틀을 만들어 내고자 했다. 먼저 가지무라는 일본과 중국뿐만 아니라 한국에도 내재적 발전이 있었음을 강조했다. 1861년 중국에서 양무파(洋務派) 정권이 수립되고 1867년 일본에서 메이지(明治) 유신이 있었다면, 한국에서도 기본적으로 동일한 성격

1_가지무라의 이론은 종속사회 내부의 정치적 다이나믹스를 중시한다는 점에서 이색의 종속이론가로 후일 스스로 브라질의 대통령이 된 카르도소(F.H.Cardoso)의 '연합 종속적 발전론(Associated-Dependent Development)'(카르도소 1986)과 상통하는 면이 있다. 일찍이 가지무라는 "한국 경제의 금후 전망은 대중의 지향이라는 정치적 요인에 가장 크게 규정"(吉永 1967, 34)된다고 분석한 바 있다. 종속이론의 정태론·구조론적 측면에 대한 카르도소의 비판과 관련해서는 恒川(1980)을 참고할 것. 한편 "카르도소 어프로치를 한국 자본주의 분석에 적용"(朴一 1991, 51)했다고 평가되는 바론(C.A.Barone)은 "한국은 외국 자본에 종속되면서도 자본주의적 공업화를 성공리에 이뤄왔다."(バローネ 1983, 69)고 논했다.

의 움직임이 1884년의 갑신정변(甲申政變)으로 드러났다는 것이다. 나아가 도야마에 대해 1860년대 이후 중일의 발전 템포의 차이를 관계사적으로 설명하지 않음으로써 "다시 내인(內因) 비교론자에게 길을 열어 주는 약점"(梶村 1981a, 62)을 갖고 있다면서, "중국 전근대 사회의 구조적 특질이 양무파 정권밖에 낳을 수 없었던 것이 아니라 외압이 보다 광범한 민족적 역량의 결집을 방해한 것"(같은 글, 75)이라고 비판하였다. 외압의 차이를 강조함으로써 역으로 동일한 내재적 발전의 과정이 존재했음을 확인하고자 한 것이다.

다음으로 막연하게 외압의 강약을 말할 것이 아니라 특정한 시기에 가해진 외압의 성격을 규명할 필요성을 강조했다. 가지무라는 전(前) 자본주의 지역이 자본주의 세계와 접촉하는 과정을 ① 개국(開國), ② 개국 이후 민족적 위기를 거치면서 드러나는 결정적인 정치 변혁의 시점, ③ 유약한 국내 산업을 최대한 보호·육성하여 후진자본주의 발전의 궤도에 오르는 시점 등의 세 시기로 나눈 뒤, 이 가운데 불가피적으로 내란 상태에 빠지는 ②의 '결정적인 정치 변혁의 시점'에서의 정치·군사적 외압의 크기에 따라 운명이 갈리게 된다고 보았다. 즉 1860년대 서구로부터의 외압이 일시적으로 이완됨으로써 중국의 양무파 정권과 일본의 메이지 유신이 가능했던 것과 달리, 한국의 경우 1884년 갑신정변의 시점에서 서구는 물론 일본 및 중국의 정치·군사적 외압이 극심했기 때문에 내재적 자본주의 발전이 궤도에 오르지 못하고 식민지화의 길을 걷게 되었다는 설명이었다.

하지만 각 지역의 내재적 발전이 외압과 조우하는 과정에서 제국주의와 식민지로의 '양극 분해'가 일어난다고 하는 쉐마를 동아시아의 범위를 넘어 일반이론화하기 위해서는 많은 단서가 필요했다. 먼저 매우 이른 시기부터 즉 유럽의 후발국과 거의 같은 시기에 세계 자본주의와 접촉을 가지면서도 늦게까지 비자본주의인 채 남은 서아시아·인도로부터 동남아시아 도서부에 걸친 지역을 어떻게 설명할 것인가의 문제가 있었다. 가지무라는 이들 지역이 원시적 축적 단계형부터 산업자본 단계형 외압까지를 반복적·계속적으로 받은 점, 특히 원시적 축적 단계형 외압이 경미한 것에서부터 약탈과 파괴에 이르기까지 다양했던 점을 들어, '문화형태론'을 배격하고 '외압'의 차이로 주변부 지역 간의 발전의 차이를 설명하고자 했다(같은 글, 76-77).

물론 에스키모와 유럽의 모험 상인이 만났을 때라는 다소 극단적인 상황을 가정하면서, 외압에 대항하면서 상품경제를 발전시켜 가기 위한 '최저한의 내적 필요조건'으로서 '내발적 상품경제의 경험'과 '국가 내지 준민족적인 결합'의 존재를 들기는 했다. 그리고 이상의 두 조건만 갖춰지면 '외압과 만나는 시점에서의 발전 정도'가 외래 자본주의 경제에 일단 포섭된 이후의 '변혁과 발전의 템포를 규정하는 조건'일 수는 있어도 발전 자체가 불가능하지는 않다고 설명했다(같은 글, 77-78). 그러나 이러한 설명은 중·일의 발전 템포의 차이를 관계사적으로 설명하지 않고 있다고 도야마를 비판했던 것과 다소 모순된다고 볼 수 있다. 즉 가지무라도 외압의 차이만으로는 설명하기 어려운 내재적 발전의 정도의 차이를 인정할 수밖에 없었던 것으로 생각된다.

다른 이로부터의 비판도 있었다. 가지무라의 「구식민지 사회구성체론」을 원용하면서 '한국 자본주의 논쟁'(5장 참조)에 참가한 이대근(李大根)은, '(반)식민지·반봉건 사회'라는 새로운 역사 발전 단계를 설정한 것 자체가 획기적인 의미를 갖는다고 평가하면서도, "세계 자본주의 주변부로 편입되는 식민지 나라들은 어디서나 일단 (반)식민지·반봉건 사회로 넘어가"게 된다는 논리에 대해 "얼마나 강한 보편적 규정성을 인정할 수 있겠는가."라고 의문을 던졌다. 또한 '(반)식민지·반봉건 사회'가 이후 어떠한 발전 단계를 거치게 되는가와 관련해서도 '정치적 독립'이나 '토지 개혁' 등을 '주변부 자본주의' 조건으로 설명하는 입장을 든 뒤, "보편적 규정성의 문제는 여전히 남는다."고 보았다(李大根 1985, 357).

물론 이대근은 주변부 사회가 공유하고 있는 '주변부성(저개발성)'에 주목하고자 하는 입장이었고, "상이한 '저개발성'"과 관련해서는 '주변화의 시점(時點)'이 중요하게 작용하는 것으로 보았다(같은 글, 350-351). 가지무라 역시 오직 동아시아만이 "쇄국 체제 내부에서 각각 일국적 내재적 발전의 궤적이 순수한 형태로 지켜졌다."(梶村 1981a, 71) 혹은 "마지막까지 순수 배양적으로 내재적 발전의 궤도가 지켜진 동아시아 지역"(같은 글, 76) 등의 표현에서 보이듯 동아시아가 19세기 중반에 이르러서야 세계 자본주의 체제에 편입된 사실을 중시했다. 그리고 가지무라는 이를 하나의 '유형'으로서가 아니라 '시점'의 문제로서 보고자 했다. 하지만 왜 유독 동아시아만이 19세기 중반까지 자본주의 체제에 편입되지 않고 버틸 수 있었는가를 생각한다면, '시점'의 문제는 결국 내재적 발전의 정도의 차이, 즉 '유형'의 문제로 돌아갈 가능성을 내포하고 있었다고 할 수 있다.

이상과 같이, 가지무라는 동아시아 특히 한국에 대해 '종속 발전'의 법칙, 즉 내재적 발전이 외압에 의해 좌절되면서도 식민지 반봉건 사회를 거쳐 주변자본주의 사회로 이어진다고 하는 설명 틀을 제시하는 데 성공했다. 하지만 이상에서 살핀 바와 같이 이를 일반이론화하려는 시도는 다소 어려움이 있었던 것으로 생각된다. 미야지마 히로시(宮嶋博史)는 가지무라 쉐마의 한계를 지적하면서 동아시아에서 근대로의 이행을 설명하기 위해 '유교적 에토스'(宮嶋 1984, 17) 등에 주목할 필요성을 제기했다. 주변부에서의 발전 법칙의 일반이론화를 꾀한 가지무라의 시도가 역으로 동아시아의 특수성에 주목하는 논의에 길을 열어 주게 된 셈이다. 일찍이 미야지마는 "민족 모순이 계급 모순을 덮어 버리는" 점을 "종래의 '내재적 발전론'의 결함"(宮嶋 1978, 42)으로 비판하였다. 이러한 미야지마에 의한, 외적 조건과 내적 조건을 연결하는 시각, 즉 "세계체제에 대한 인식력이나 적응력을 내적 조건 가운데 포함시키는 시점"(같은 글, 21)의 강조는, 동아시아의 특수성에 주목하는 소농(小農)사회론의 등장을 예고하는 것이었다.

4. 'NICs형 종속 발전'론

미야지마 히로시는 동아시아 지역의 근대로의 이행을 둘러싼 일본에서의 논의를 세 시기로 나누어 설명했다. 제1기는 전전기로서 핫토리 시소(服部之總)의 이른바 '겐마뉴'론(嚴マニュ, 동아시아에서는 일본에만 엄밀한 의미에서의 매뉴팩처 단계가 존재했다는 이론)이 상징하듯 '앞선 일본, 뒤쳐진 중국'이라는 이미지가 지배했던 시기였다. 제2기는 1960년대 전반에서 후반까지의 시기로, 전전 핫토리의 이론과 전후의 오쓰카 히사오(大塚久雄)의 비교경제사론을 비판하면서 나온 '앞선 중국, 뒤쳐진 일본'의 시기로 설명되었다. 이와 같은 첫 번째 시좌 전환은 중국 혁명의 성공 등을 배경으로 한 것이었으나, 오히려 1960년대 이후의 변화된 현실 속에서 즉 일본이 세계 2위의 경제대국으로 성장하고, 중국 및 북한의 사회주의는 혼미를 거듭하는 반면 한국·대만·홍콩·싱가포르 등 이른바 NICs(Newly Industrialized Countries)의 발전이 두드러진 가운데, 제2기의 문제의식은 빛이 바라게 되었다고 보았다(宮嶋 1984, 9-13).

미야지마는 1980년대 제3기를 맞아 두 번째 시좌 전환이 요청되고 있다면서, '한국의 NICs화 현상' 등의 변화된 현실을 직시할 것을 주장했다. 한국의 고도성장을 둘러싸고 와타나베 도시오(渡辺利夫)로 대표되는 개발경제학의 입장에서는 수출 지향 드라이브가 성장의 원천이었다고 평가하면서 금후 정치체제의 비민주성도 해소될 것이라는 낙관적인 전망을 내놓고 있었다. 반면 스미야 미키오(隅谷三喜男)는 고도성장은 인정하면서도 동시에 이는 미국과 일본에 대한 종속의 심화 과정에 다름 아니었으며 대외채무의 누적 및 세계 동시 불황 등에 의해 현재의 성장 노선은 파탄 날 것이라고 경고하고 있었다. 미야지마는 이와 같은 두 개의 대립적인 시각을 비판적으로 소개하면서, 1960년대와 같이 근대화론에 대해 이데올로기적으로 반발할 것이 아니라, 금일의 근대화론이 제시하고 있는 역사상과의 학문적인 대화를 통해 새로운 동아시아 역사상을 모색해 갈 필요성을 제기했다(같은 글, 12-16).

그렇다면 가지무라는 한국의 NICs화를 어떻게 봤을까. 미야지마는 가지무라의 「동아시아 지역에서의 제국주의 체제로의 이행」에 대해 제2기의 문제의식을 극복하지 못했다고 비판했지만(같은 글, 14), 가지무라는 앞에서 살핀 바와 같이 이미 한국의 '근대화된 모순'에 주목하고 있었다(藤森 1975a, 10). 그리고 가지무라 역시 미야지마와 같은 문제의식 하에 와타나베와 스미야에 의한 양극단의 평가를 물리치고 나름의 시각에서 한국의 고도성장을 분석해 갔다. 먼저 와타나베가 한국의 '시장 자유화 정책'이 성장의 밑거름이 되었다고 본 것에 대해서는, 한국은 정부의 역할 및 국가 자본의 비중이 인도에 뒤지지 않을 정도로 큰 이른바 '국가자본주의'적인 체제 하에서 성장해 왔으며 아직도 '관 주도형 경제'를 탈각하고 있지 않다고 비판했다(梶村 1984, 159). 이어 가지무라는 NICs 문제를 정면에서 다룬 「

60~70년대 NICs 현상 재검토를 위하여 –주로 한국의 사례로부터–」(梶村 1986a)에서 스미야의 '이중 경제'적 인식도 비판했다. '수출 지향 대기업'과 '내수 지향 중소기업'의 관련성을 부정하고 후자의 '정체'를 강조하는 논리에 대해, NICs 자본주의의 종속 발전을 전구조적으로 해명하는 무기로서는 한계가 있다고 본 것이다(같은 글, 244).

NICs 현상은 주변부의 경제성장을 둘러싼 여러 논의에 커다란 변화를 가져 오게 된다. 후일 박일(朴一)은 한국에 대해 "'관료적·종속적 발전의 프로세스'를 본 이는 있어도 'NICs적 발전'의 방향성을 본 이가 있는가."라고 비판적으로 회고한 바 있다(朴 1991, 57). 가지무라 또한 'NICs 쇼크'라는 표현을 쓰면서, "역사 과학이 NICs 현상을 구체적으로는 거의 예측할 수 없었던 경위는 엄격하게 총괄되어야 할 것"이라고 밝혔다. 다만 곧 이어 '추상도 높은 기존의 인식' 가운데 NICs 현상을 설명할 수 있는 가능성이 포함되어 있었을 가능성에 대해서도 언급하고 있다(梶村 1986a, 230). 이는 다름 아닌 자신의 '종속 발전'론을 가리키는 것으로 생각된다. 실제 가지무라는 이 글의 결론부에서 "금일의 NICs 현상도 이러한 종속 발전의 논리 가운데 위치 지어 해명되어야 한다."(같은 글, 254)고 분명히 밝히고 있다. 또한 다른 글에서는 한국의 경우 '식민지 반봉건 사회'로부터 'NICs형 종속 발전'으로, 북한의 경우 같은 출발점에서 '비자본주의적 발전 궤도'로 나아갔다고 설명하여 'NICs형 종속 발전'이라는 개념을 정식화하고 있다(梶村 1986b, 175).

「60~70년대 NICs 현상 재검토를 위하여」의 제1장의 제목은 'NICs 현상의 세계사적 규정 조건'이었다. 가지무라는 "선진국 측의 사정·요구·의도와 무관계로 NICs 현상을 설명할 수는 없다."(梶村 1986a, 233)면서, 발전의 외재적 요인을 중시하였다. 구체적으로는 선진국이 NICs형 발전을 반긴 이유로서, 첫째 NICs와 같은 노동 집약 부문에 특화된 발전은 기술 집약 부문에 중점을 두는 선진국과 경합할 우려가 없고 또 선진국으로부터 생산재를 항상적으로 수입하는 점, 둘째 자본·기술 집약재와 노동 집약재의 교환이라는 수직적 국제 분업의 진전을 통해 선진국으로서는 값싼 소비재를 대량으로 구할 수 있는 점, 셋째 NICs형 발전은 선진국 측에 과잉 자본 처리의 장을 제공하는 점 등을 들었다(같은 글, 234-235). 또한 이와 같은 발전이 비교적 소수의 특정한 국가에만 집중된 이유로는 먼저 많은 발전도상국 정부가 자립적 발전의 궤도로부터의 일탈을 꺼린 점과 더불어 한국이나 대만의 경우 미국의 반공 군사 원조가 집중적으로 투입된 점을 꼽았다(같은 글, 236-237). 박정희 정권의 노선을 '냉전 이용형 경제개발'로 평가한 기미야 다다시의 분석(木宮 2012)과 궤를 같이하는 내용이라고 할 수 있겠다.

미야지마는 가지무라의 이 NICs론에 대한 코멘트에서 '개개의 사회가 갖고 있는 개성적인 관계'를 밝혀야 하며 금후 이러한 '문화'의 문제까지를 바탕으로 하여 '세계사 상(像)의 재검토'라는 주제를 보다 풍부하게 해갈 필요가 있다고 주장했다(奥村 1986, 96). 각 사회의 내재적 요인을 중시해야 한다는 주장으로 읽힌다. 실은 가지무라의 글의 제2장의 제목 또한 'NICs 현상과 내재적 제요인'이었다. 가지무라의 주장은 "NICs형 고도성장을 그 저변에서 지탱해 온 것은 말할 것도 없이 민중의 고한(苦汗) 노동"(梶村 1986a, 238)이었다는 말로 요약할 수 있다. 가지무라가 생각하는 '내재적' 요인은 역시 '민중'의 희생, 그리고 그것으로부터 분출되는 저항이었다. 이처럼 '세계사적 규정 조건'에 더해 민중의 희생과 저항이라는 '내재적 제 요인'으로써 'NICs 현상'을 설명하는 가지무라의 틀은 외압을 중시하고 민중에 주목하는 그의 내재적 발전론의 연장선상에 위치한 것이라 평가할 수 있다.

NICs 현상에 대한 주목의 끝에는 과연 한국은 종속으로부터 벗어날 수 있을 것인가라는 물음이 늘 따라 다녔다. 가지무라는 '종속 발전'의 개념을 엄밀화할 필요성 제기하면서 '종속'을 세 개의 레벨에서 정리하였다. ① 다국적 기업이나 외부 세력에 의한 생산 과정의 커다란 부분의 직접 장악, ② 공사(公私)의 채무에 의한 금융적 종속, ③ 산업구조상의 종속이 그것인데, 이 가운데 ①이나 ②레벨의 종속으로부터 벗어나는 것은 불가능하지 않으나, ③레벨의 종속으로부터의 탈각 전망은 어둡다고 보았다(梶村 1986a, 240-241). 예컨대 한국이 일본을 따라잡고 있다는 말이 있지만, 일본으로서는 최첨단 산업의 체계 자체는 그것이 진부화할 때까지 넘기지 않을 것이라고 보았다(吉永 1985, 16). 나카무라 사토시(中村哲)의 '중진 자본주의론'에 대해서도 본래 역사적 개념인 NICs 내지 중진국 개념을 과도하게 추상화하여 초역사적 범주로 확대했다고 비판하고(梶村 1986a, 230), NICs 중에는 여러 경제 지표에서 이미 백 년 전의 선진국 수준을 넘은 국가도 있지만, 현재의 자본주의 세계경제에 규정된 '산업구조' 속에서 여전히 '중진국'(같은 글, 231)에 지나지 않는다고 지적했다.

탈종속의 가능성과 관련해서는 1970년대 이래의 한국의 중화학 공업화가 주목되었다. 가지무라는 중화학 공업화는 선진국의 자본과 이해를 다투게 되는 면이 크므로 중화학 공업화의 슬로건은 '환상'으로서의 측면이 강하며(梶村 1981c, 161), 중공업까지 구비한 '주변부 내의 상대적 선진국(중진국)'이라도 중심부로 파고들기 위해서는 차원이 다르게 곤란한 '비약'이 필요하다고(梶村 1981b, 102) 지적한 바 있었다. NICs 현상을 다룬 글에서는 '자립적 중화학 공업 체계의 확립'을 포기하고 'NICs의 위치에 안주'하는 대만과, 강력한 정책 드라이브에 바탕하여 중화학 공업화를 추진하고 있는 한국의 차이에 유념하였다. 그러나 국내적 산업 연관이 부족한 수출 지향적 중화학 공업화는 거액의 누적 채무만을 남겼다고 평가하여(梶村 1986a, 243-244), 한국의 중화학 공업화를 탈종속의 근거로 보기는 어렵다는 입장을 취했다.

후일 다키자와는 1980년대 후반 이후의 '탈종속'의 방향을 보았다면 가지무라의 한국경제론이 어떤 전개를 보이게 되었을까를 되물은 바 있다(滝沢 1996, 193). 다키자와는 한국 사회의 '탈종속'을 단정 짓고 있지만, 이 같은 평가가 1997년의 금융 위기 이전의 것이라는 점에 유의해야 할 것이다. 물론 한국 경제는 신자유주의적 처방에 따라 위기를 '성공'적으로 극복한 것으로 평가되지만 오늘날의 한국 사회가 과연 탈종속에 성공했는지는 여전히 판단하기 어렵다. 가지무라가 「구식민지 사회구성체론」에서 제시한 국제 분업의 도식에 따르자면, 중화학 공업화에 성공하더라도 이는 '중공업(생산재 생산)–경공업'의 제2단계로부터 '기술지식 집약 산업–기타 제 산업'의 제3단계로의 이행을 의미할 뿐이지 '탈종속'을 말하는 것은 아니다. 그러고 보면 21세기 한국 자본주의는 부분적이나마 '기술지식 집약 산업'까지 추격하는 데 성공하였다. 그렇다면 이제 남은 것은 '탈종속'을 선언하는 일 뿐인가, 아니면 국제 분업의 '제4단계'라도 설정할 것인가.

가지무라의 시대와 지금을 비교할 때 가장 큰 차이는 '개방'의 정도에 있지 않을까 생각한다. 한국 경제는 1980년대 중반 이후 본격적으로 무역 개방의 압력을 받기 시작해, 1997년 금융위기를 전후해서는 신자유주의적 개방 경제로 탈바꿈하게 된다. 그리고 현재는 다른 경제권과의 자유무역협정(FTA)이 활발히 진행되고 있다. 여기서 가지무라와 거의 동시대를 살았던 경제학자 박현채(朴玄埰, 1934~1995)가 말년에 남긴 경고를 떠올리게 된다. 박현채는 '개방'을 '종속'의 최종적 완성 단계로 보고(지상토론 1990, 522), '한·미 간 경제통합 과정으로서의 FTA'(박현채 1989, 739)를 실현하려는 움직임을 경계한 바 있다. 이와 같은 박현채의 경고를 음미한다면 21세기 한국은 탈'종속'이라기보다는, 아무도 그와 같은 질문을 던지지 않게 되었을 뿐이라는 의미에서 탈'종속론'의 상황에 놓여 있다고 할 수 있을지 모르겠다.

5. 한국 자본주의 논쟁 비판

박정희 정권의 몰락과 더불어 찾아온 1980년의 이른바 '서울의 봄'은 광주 민주화 운동이라는 강렬한 경험과 상처를 남긴 채 막을 내렸다. 1982년 3월의 부산 미 문화원 방화 사건으로 상징되듯 광주의 비극을 미국의 책임으로 연결 짓는 인식이 확산되면서, 1970년대까지의 미국에 대한 소시민적 환상은 깨져 나갔다. 1983년 1월 일본 나카소네 총리의 방한과 같은 해 11월 미국 레이건 대통령의 방한은 미국과 일본이 한국의 독재정권을 비호하고 있다는 인식을 주기에 충분한 사건이었다. 특히 1980년 첫 마이너스 성장을 기록한 이후 한국 경제에 대한 비관적 전망이 속출하는 가운데, 나카소네 총리의 방한과 동시에 40억 달러에 이르는 경제협력 차관의 제공이 합의된 사실은 이른바 '종속'의 문제를 환기시키는 계기가 되었다.

1970년대 말 이래 한국 사회에 본격적으로 소개되기 시작한 종속이론은 이와 같은 상황을 배경으로 '열광적 수용'(조희연 1989, 17)의 양상을 보였다. '종속'을 화두로 한국의 '주변부'적 위치를 고민하는 논의가 확산되는 데 박차를 가한 것은 다름 아닌 가지무라에 의한 '주변자본주의 사회구성체론'의 제기였다(滝沢 1988, 154). 실제로 가지무라의 「구식민지 사회구성체론」은 『한국근대경제사연구』(사계절 1983)라는 논문집에 「동아시아 지역에서의 제국주의 체제로의 이행」과 나란히 번역·소개되었고, 이어 『식민지 반봉건사회론』(한울 1984)에도 다시 한 차례 실렸다. 1983년 말 이후 일정한 '유화 국면'이 전개되는 가운데, 1985년 2·12 총선에서는 김대중과 김영삼의 합작품인 신민당이 돌풍을 일으켰다. 또한 1985년 5월 대학생 73명에 의한 서울 미 문화원 점거 농성과, 한국전쟁 이후 최초의 연대 파업으로 기록된 6월의 구로 동맹파업은, 이른바 '민족' 문제와 '계급' 문제를 날 것 그대로 사회에 던진 셈이다. 그리고 같은 해 10월 막 복간된 『창작과 비평』 지상에서 '한국 자본주의 논쟁'이 벌어지게 된다.

1985년 10월의 『창작과 비평』에는 주변부 인식의 고유성을 주장하면서 '주변부 자본주의론'을 옹호한 이대근의 논문(李大根 1985)과 이를 사회구성체론으로부터의 일탈로 비판하면서 '국가독점자본주의론'을 주장한 박현채의 논문(朴玄埰 1985a)이 실렸다. 이처럼 '국가독점자본주의론' 대 '주변부 자본주의론'의 구도로 드러난 제1단계 논쟁에서는 일반적으로 전자가 승리한 것으로 평가되는데, 이와 관련해서는 두 가지 정도의 이유를 들 수 있을 것이다. 먼저 한국전쟁 이후 지속된 마르크스주의 사회과학의 단절로부터 막 벗어나고 있던 상황에서 한국 사회는 그 어느 때보다도 정통 이론에 목말라 있었다. 따라서 '주변부 자본주의론'에 가해진 사회구성체론에 대한 '부정'이라는 비판은 치명적일 수밖에 없었다. 조희연은 제1단계 논쟁에 대해 "마르크스주의적 방법론에 얼마나 충실히 입각하고 있는가 하는 것이 쟁점"(조희연 1989, 23)이었다고 정리한 바 있다. 다른 하나 역시 마르크스주의 사회과학의 확산과 관계되는 것인데, 바로 사회 변혁에서 노동운동의 중심성을 강조하는 흐름의 대두이다. 다키자와는 노동운동의 고양이라는 현실이 박현채로 하여금 '내적 모순'을 전면에 내걸게 한 계기였다고 평가했다(滝沢 1992, 235-236).

그렇다면 가지무라는 '한국 자본주의 논쟁'을 어떻게 보았을까. 박현채의 논문과 이대근의 논문은 실은 서로에 대한 비판이라기보다는 1984~85년에 걸쳐 계속되어 온 논의를 각자의 관점에서 총괄하는 성격을 띠고 있었다. 그리고 그 총괄이란 동아시아의 경험에 바탕한 '식민지 반봉건사회론'과 아민의 '주변부 사회구성체론'을 결합시킴으로써 줄곧 논란의 대상이 되고 있던 가지무라의 주장을 어떻게 평가할 것인가에 다름 아니었다. 가지무라는 흔히 박현채 대 이대근의 구도로 설명되는 '한국 자본주의 논쟁'에서 감추어진 채 전체를 통괄하는 숨은 주역이었던 셈이다. 그러기에 더더욱 논쟁에 개입하기가 어려웠을 가지무라가 결국 체계적인 글을 남기지 못한 채 "이 자리에서 듣고 흘려주시면 고맙겠다."(梶村 1989, 284)는 '강연 유고'만을 남긴 채 세상을 뜬 것은 너무나도 상징적인 결말이라고 하지 않을 수 없다.

가지무라는 1970년대 이래 체제 측의 근대화론에 대항해 한국 자본주의의 예속적 측면을 고발해 온 박현채의 민족경제론을 높이 평가했다. 1980년대 들어 민족경제론이 자본의 논리를 일반적으로 강조하는 쪽으로 전개된 것에 대해서는 "급격한 사회 변동을 직시하려는 것과 관련하여 이해"(같은 글, 293)될 수 있다는 입장이었지만, '국가독점자본주의'라는 개념에 대해서는 쉽게 납득하기 어렵다는 태도를 취했다. '주변부 자본주의론'에 대해서는 "이론 체계로서 정통파적인 마르크스 경제학과 비교하면 훨씬 미숙한 상태"(같은 글, 294)라고 지적하면서도 우호적인 태도를 보였다. 이대근의 '주변부 자본주의론'이 가지무라의 주장을 원용하고 있는 점을 생각한다면 당연한 반응이라고 할 수 있겠다. 특히 '주변부 자본주의론'이 비자본주의적 부문이 계속 남아있다는 식이 아니라 주변부적 특질이 자본-임

노동 관계 자체에 전반적으로 관철되어 간다는 식으로 전개되어 갈 것을 기대했다. 가지무라는 제1단계 논쟁에서 '국가독점자본주의론'이 지지를 얻은 이유, 즉 '급격한 사회 변동을 직시'하려는 태도와 '주변부 자본주의론'의 이론적 '미숙'함이라는 두 가지 점을 인정하면서도, '국가독점자본주의'라는 개념에 대해서는 예컨대 "실증성 없이 곧바로 말로 튀어 나왔다고 하는 당돌한 감"(같은 글, 296)이 있다는 식으로 회의적인 반응을 보였다.

조희연은 제1단계 논쟁의 문제점으로, '주변부 자본주의론'에서 강조한 종속성·예속성과, '국가독점자본주의론'에서 강조한 한국 사회의 자본주의적 발전과 그로 인한 계급 모순이, 동일한 차원의 대립물이 아님에도 불구하고 마치 대립되는 것처럼 상정된 점을 들었다(조희연 1989, 23). 실제로 이러한 자각 하에 '국가독점자본주의론'은 '종속'의 문제를 고민하는 쪽으로 전개되는데, 박현채 본인도 '종속적 국가독점자본주의'(박현채 1985b, 55)라는 표현을 사용하고 있는 것이 확인된다. 나아가 박현채는 '주변부 자본주의의 성격'이 '관료주의'로 드러난다면서 한국 자본주의의 '매판성'과 '경제외적 성격'을 묶어서 '관료독점자본주의'라는 개념을 제시하기도 했다(대담 1987, 1066). 후일 다키자와는 원래 박현채의 '국가독점자본주의'는 '관료자본주의'와 겹치는 개념이었다고 평가한 바 있다(滝沢 1992, 237).

가지무라 역시 제1단계 논쟁 이후 '국가독점자본주의론'이 그 '한국적 특질'을 규정하는 방향으로 전개되고 있다고 보고, '예속적 국가독점자본주의' 등의 개념이 제기되고 있는 것을 긍정적으로 평가했다. 스스로 밝히고 있듯이 가지무라 또한 이미 1960년대 '예속적 독점자본'이라는 표현을 사용한 바 있었다(梶村 1964a). 이에 대해 가지무라는 '형용모순'이라고 생각하면서도 그러한 개념 없이는 한국 자본주의를 설명하기가 어려웠기 때문이었다고 밝혔다(梶村 1989, 296-297). 요컨대 '예속' 혹은 '종속'하에서도 '(국가)독점자본'의 성립은 가능한 것으로 보고, 두 개념을 종합함으로써 한국 자본주의를 설명하고자 했다는 점에서 가지무라와 박현채는 비슷한 입장에 있었다고 할 수 있다.

논쟁의 제2단계로 넘어가면서 식민지기는 물론 해방 이후까지도 종속성 및 봉건성이 변함없이 지속된다고 보는 '식민지 반봉건사회론'이 맹위를 떨치기에 이른다. 제1단계에서의 '주변부 자본주의론'의 퇴행적인 모습이라고 아니할 수 없다. 그런데 이들 논의는 가지무라의 글을 이론적 근거로 삼는 경우가 많아, 가지무라는 '식민지 반봉건사회론' 확산의 '원흉'(梶村 1989, 297)으로 지목되곤 했다. 이에 대해 가지무라는 '식민지 반봉건'은 구식민지 체제를 설명하는 개념으로서 유효하다고 했을 뿐이며, 전후의 한국에 대해서는 '주변부 자본주의'로서 파악해야 한다는 것이 자신의 입장이라고 해명했다(같은 글, 297). 실은 박현채 역시 식민지기를 '식민지 반봉건사회'로 설명하고 있었다. 다만 식민지기라도 기본적으로는 자본주의 사회이며 '식민지 반봉건'이란 '부차적 성격 내지는 특수한 성격'을 나타내는 것이므로(박현채 1986b, 369), 이를 '가지무라-안병직'처럼 사회구성체로 '승격'(박현채 1987, 904)시켜서는 안 된다는 입장일 뿐이었다. '식민지 반봉건론' 대 '신식민지 국가독점자본론'의 구도로 전개된 제2단계 논쟁은, 이처럼 가지무라의 이론에 대한 오해뿐만 아니라, 박현채 역시 종속성·봉건성을 강조한다는 점에서 '식민지 반봉건론'자로 비판받기도 하고 때로는 양 진영 모두로부터 자신의 우군으로 끌어 당겨지기도 하는 등 자못 생산적이지 못한 방향으로 흘렀다. 이에 박현채는 '이론 투쟁의 낭비성'(좌담 1989, 833)을 경계하면서 논쟁의 '휴전'을 선언하기에 이른다.

'식민지 반봉건 사회구성체'가 '주변자본주의 사회구성체'로 전화했다는 가지무라의 설명 틀과, 식민지기를 '식민지 반봉건사회'(기본 모순 = 사회구성체가 아닌 주요 모순 = 사회 성격의 면에서)로 파악하고 해방 후의 한국 사회를 '관료독점자본주의'(매판성과 경제 외적 성격의 표현으로서)로 보는 박현채의 설명 틀은 과연 얼마나 다른 것인가. '식민지 반봉건'이 사회구성체인가 아닌가라는 문제는 남겠지만, '봉건파'라는 오해를 무릅쓰고 기본 모순과 주요 모순을 구분함으로써 한국 사회의 성격과 변혁의 전망을 규명하고자 한 박현채의 노력과, '스콜라적 불모성'을 피하기 위해 '정통' 사회구성체론에 메스를 가한 가지무라의 '실용주의' 사이의 거리는 그다지 멀지 않았다고 생각된다. 실제로 가지무라는 '사회구성체'라는 개념 자체에는 그다지 집착하지 않았다. 이 글에서 한국 '사회구성체' 논쟁이 아니라 한국 '자본주의' 논쟁이라는 표현을 쓴 이유도 바로 여기에 있다.

6. '이념 = 실체'로서의 '민족경제'

마지막으로 가지무라의 히데키의 '민족경제' 인식을 검토함으로써 그의 한국 자본주의론의 함의와 지향을 음미해 보고자 한다. 많은 경우 박현채라는 경제학자 개인과 동일시되는 '민족경제론'은, 민족 문제를 정치경제학의 이론 체계 속에 통합시킴으로써 식민지 종속형 한국 경제의 문제를 '민중적 민족주의'라는 역사적 과제의 실현이라는 관점에서 설명하고 그 해법을 제시하려 한 것이었다고 평가된다(이병천 2001, 45). 내용적으로는 식민지 종속국의 상황에서 '국민경제'와 동일시될 수 없는 민족의 재생산권으로서의 '민족경제'를 상정하고, 모종의 변혁을 통해 이를 자립적 국민경제와 일치시켜 가고자 한 이론이라고 할 수 있다.

가지무라는 '식민지 경제'와 '민족경제'가 '이중 경제'로서 존재한 것은 아니지만, 일제 자본의 논리와는 다른 논리가 관철되는 '민족경제'라는 사회적 관계의 실체(윗점; 인용자)가 존재했다고 보았다(梶村 1986b, 174). 일본에서 '민족경제론'의 문제의식을 계승 발전시킨 연구자로는 니노 유타카(新納豊)를 꼽을 수 있다. 가지무라는 니노의 연구에 대해 "'민족자본'과 굳게 연결된 종래의 '민족경제'의 통념과는 달리 '식민지 경제'와 상호 규정적 관계에 있으면서도 고유한 논리를 가진 '민족경제'의 상을 제시"했다고 높게 평가했다(梶村 1983, 383-384).

이에 대해 다키자와 히데키는 자본주의 세계시장하에 편성된 상태에서 '민족경제권'을 하나의 '실체'로서 파악 = 검출하는 것은 불가능하다고 비판했다(滝沢 1988, 162). 또한 '실체로서의 민족경제'를 해명하고자 하는 가지무라와 '이념으로서의 민족경제'를 중시하는 자신과의 시점의 차이를 지적한 뒤(두 시점이 모순되는 것은 아니라고 설명하고 있다. 滝沢 1996, 179), '민족자본'을 '정치적 범주'로 규정한 가지무라가 '민족경제'권을 '실체'로서 파악하는 것은 정합적이지 않다고 평가했다(같은 글, 187). 나아가 가지무라의 '민족경제' 이해는 한국의 '민족경제론자'들과도 미묘한 차이가 있다고 보았다(같은 글, 194).

박현채는 '존재로서의 민족경제'와 '당위로서의 민족경제'를 나누어 설명한 바 있다(박현채 1986a, 453). 가지무라는 박현채가 처음에는 민족경제의 '실체'적 기초를 인정하였지만 점차 다키자와처럼 '당위로서의 민족경제'만을 강조하게 되었다고 아쉬움을 보인 뒤, 자신은 "당위로서의 민족경제를 다키자와 씨와 같이 추상적으로가 아니고, 이념으로서 좀 더 구체적으로 한정된 형태로 생각해 보고 싶다."고 밝혔다(梶村 1989, 299). 즉 가지무라에게 있어 민족경제는 '실체'인 동시에 '이념'이었던 것이다. 다만 '실체로서의 민족경제'라고 해서 반드시 건전한 민족자본를 상정하고 있던 것은 아니다. 이는 '만신창이'(座談 1969, 205)인 현실의 민중 가운데서 '이념형'(梶村 1977b, 217)으로서의 민중을 발견한 것과 같은 원리일 것이다. 다키자와는 가지무라가 한국 사회에서의 '민중경제'의 예로서 지방의 장시와 더불어 '사채(私債) 시장'을 든 것을 두고(滝沢 1996, 194; 梶村 1984, 219) 이해하기 어렵다는 반응을 보였지만, 가지무라에게 있어 '사채 시장'은 어쩌면 '만신창이'로서의 '민족경제 = 민중경제'를 뜻하는 것이었을지도 모르겠다.

다키자와의 비판은 모두에서 언급한 "'가지무라 사학'의 이 '내재적 시각'이 해방 후 남한 사회를 보는 경우에도 견지되어 남한에서의 '내재적 발전'이 파악되고 있는가."(滝沢 1996, 182)라는 의문과도 연관되는 것으로 생각된다. 가지무라의 '내재적 발전론'이 '전(全) 조선적 혁명의 과제'(같은 글, 182)를 중시한 결과, 남한 사회의 고유한 맥락, 즉 아마도 경제발전이라는 현실을 놓치고 있다는 지적으로 생각된다. 주지하다시피 가지무라의 '내재적 시각'은 '민중'에게 맞춰졌다. 그리고 가지무라는 한국의 'NICs형 종속발전', 즉 고도성장을 역동적으로 그려내는 데 성공했다. 더욱이 발전은 곧 모순의 심화 과정에 다름 아니라는 가지무라의 시각은 자본의 성장만이 아니라 민중의 희생과 저항까지를 아우를 수 있는 시야를 제시하고 있다. 민중에 대한 주목이 발전이라는 현실을 가리고 있다고는 생각되지 않는다. 오히려 민중은 발전으로부터 고립되어 소멸해 가는 존재로서가 아니라 모순의 심화에 다름 아닌 '종속 발전'의 동력으로서 그려지고 있는 것이다.

가지무라의 역사관의 기저에 흐르는 것은 제국주의 혹은 자본의 전일적 지배는 불가능하다는 판단이었다고 생각된다. 가지무라는 식민지기를 논하면서 일제 자본의 논리가 기층 민중의 생활을 직접적으로 완전히 장악했다는 관점은 '민족경제론'과는 양립될 수 없다고 비판하였다(梶村 1986b,

174). 또한 해방 이후에도 민족경제 = 민중경제가 단순한 '유제'로서가 아니라 분명히 존재하고 있다고 보았다(梶村 1986a, 245). 제국주의와 자본의 외부로서 끊임없이 재생산되는 사회적 관계의 실체를 가지무라는 '민족경제 = 민중경제'라고 본 것이다. 이렇듯 내재하는 외부라 할 '민중' 그리고 '민족경제 = 민중경제'의 존재로부터, '민족성'과 '예속성' 사이에서 동요하는 자본의 모습과 더불어 '민중의 민족주의'도 도출되었으며,[2] 나아가 '이념'으로서의 '민족경제'도 상상될 수 있었던 것이다.

2_조경달(趙景達)은 민족주의와 제국주의의 '적대적 공범성'을 지적한 연구로서 이타가키 유조의 'n지역론'(板垣雄三 1973)에 대해 언급한 뒤, "가지무라 히데키의 식민지 민족자본론도 그러한 논의와 유사한 점이 있다."고 덧붙이고 있다(趙 2011, 45). 'n지역론'과 '적대적 공범성'의 관계에 대한 지적으로부터는 많은 시사를 받을 수 있었다. 다만 예컨대 식민지의 토착 자본이 '예속성'과 동시에 '민족성'을 갖는다는 가지무라의 인식은, '적대적 공범성'에 대한 강조와는 조금 결이 다르지 않은가 생각된다.

참고문헌

朴玄埰. 1985a. "현대 한국 사회의 성격과 발전 단계에 관한 연구(Ⅰ)." 『창작과 비평』 57.
박현채. 1985b(2006). "정부 주도 경제개발과 민간 주도론." 『박현채 전집 3 1986~1985』. 서울: 도서출판 해밀.
박현채. 1986a(2006). "민족경제와 국민경제." 『박현채 전집 3 1986~1985』. 서울: 도서출판 해밀.
박현채. 1986b(2006). "민족운동을 어떻게 볼 것인가." 『박현채 전집 3 1986~1985』. 서울: 도서출판 해밀.
박현채. 1987(2006). "민족경제론, 민족민주운동의 경제적 기초를 해명한다." 『박현채 전집 2 1988~1987』. 서울: 도서출판 해밀.
(대담). 1987(2006). "1980년대의 민족사적 의의." 『박현채 전집 2 1988~1987』. 서울: 도서출판 해밀.
박현채. 1989(2006). "분단의 고착화 과정." 『박현채 전집 1 1993~1989』. 서울: 도서출판 해밀.
(좌담). 1989(2006). "사회적 실천에서 사상의 문제." 『박현채 전집 1 1993~1989』. 서울: 도서출판 해밀.
(지상토론). 1990(2006). "오늘의 한국 경제 과연 위기인가." 『박현채 전집 1 1993~1989』. 서울: 도서출판 해밀.
서동만. 2005. 『북조선사회주의체제성립사 1945~1961』. 서울; 선인.
李大根. 1985. "한국 자본주의의 성격에 관하여 -국가독점자본주의론에 붙여-." 『창작과 비평』 57.
이병천. 2001. "다시 민족경제론을 생각한다 -국민경제와 민주주의의 정치경제학-." 『동향과 전망』 48.
임지현. 2004. "대중독재의 지형도 그리기." 임지현·김용우 편. 『대중독재 -강제와 동의 사이에서-』. 서울: 책세상.
조희연. 1989. "80년대 사회운동과 사회구성체논쟁." 박현채·조희연 편. 『한국 사회구성체논쟁(Ⅰ)』. 서울: 한울.
조희연. 2004. "박정희 시대의 강압과 동의 -지배·전통·강압과 동의의 관계를 생각한다-." 『역사비평』 57.
카르도소, 페르난도 헤리크. 1986. "연합 종속적 발전: 이론적·실천적 함축성." 이각범 편. 『제3세계 사회 발전 논쟁』. 서울: 한울.
本多健吉. 1985. "종속이론과 국가자본주의론 -생산양식의 이론을 중심으로-." 本多健吉·조용범. 『제3세계 국가자본주의론 -마르크스·국가자본주의·남북문제-』. 서울: 한울.

梶村秀樹. 1964a. "「不正蓄財処理問題」と南朝鮮の隷属的独占資本." 『朝鮮研究月報』 26·27.
梶村秀樹. 1964b. "南朝鮮の支配構造といわゆる隷属資本." 『朝鮮史研究会会報』 8.

梶村秀樹. 1967. “「第2次5カ年計画」と南朝鮮の経済構造.”『朝鮮研究』58.
吉永長生. 1967. “韓国経済の構造と現局面.”『国際問題』(日本国際問題研究所) 88.
梶村秀樹. 1969(1993). “朝鮮からみた現代東アジア.”『梶村秀樹著作集 第2巻 朝鮮史の方法』. 東京: 明石書店.
(座談). 1969. “座談 日本と朝鮮(そのまとめと展望).” 旗田巍 편.『シンポジウム 日本と朝鮮』. 東京: 勁草書房.
吉永長生(梶村秀樹). 1974(1993). “ベトナム派兵の傷痕.”『梶村秀樹著作集 第5巻 現代朝鮮への視座』. 東京: 明石書店.
藤森一清. 1975a. “朴政権の価値体系と韓国の民衆.”『情況』78.
藤森一清. 1975b. “日韓条約体制10年の帰結 -日韓体制の軌跡と変革の視座-.”『破防法研究』24.
梶村秀樹. 1976(1993). “八・一五以後の朝鮮人民.”『梶村秀樹著作集 第5巻 現代朝鮮への視座』. 東京: 明石書店.
梶村秀樹. 1977a.『朝鮮における資本主義の形成と展開』. 東京: 龍渓書舎.
梶村秀樹. 1977b.『朝鮮史 -その発展-』. 東京: 講談社現代新書.
梶村秀樹. 1977c(1993). “日本帝国主義の問題.”『梶村秀樹著作集 第2巻 朝鮮史の方法』. 東京: 明石書店.
梶村秀樹. 1981a. “東アジア地域における帝国主義体制への移行.” 冨岡倍雄・梶村秀樹.『発展途上経済の研究』. 東京: 世界書院.
梶村秀樹. 1981b. “旧植民地社会構成体論.” 冨岡倍雄・梶村秀樹.『発展途上経済の研究』. 東京: 世界書院.
梶村秀樹. 1981c. “従属的発展のもとで重化学工業化は可能か.” 小田実・郭東儀 편.『韓国に自由と正義を! 81韓国民主化支援緊急世界大会』. 東京: 第三書館.
梶村秀樹. 1983(1993). “新納報告をめぐって.”(“「民族経済」をめぐって.”)『梶村秀樹著作集 第3巻 近代朝鮮社会経済論』. 東京: 明石書店.
梶村秀樹. 1984(1993). “韓国経済における政府の役割 -1960~1970年代-.”『梶村秀樹著作集 第5巻 現代朝鮮への視座』. 東京: 明石書店.
梶村秀樹. 1985a. “歴史の発展は幻想だろうか.” 菅孝行.『モグラ叩き時代のマルキシズム』. 東京: 現代企画室.
梶村秀樹. 1985b(1993). “やぶにらみの周辺文明論.”『梶村秀樹著作集 第2巻 朝鮮史の方法』. 東京: 明石書店.
吉永長生. 1985. “日本の対韓政策と民衆意識.”『新地平』127.
梶村秀樹. 1986a(1993). “60~70年代NICs現象再検討のために -おもに韓国の事例から-.”『梶村秀樹著作集 第5巻 現代朝鮮への視座』. 東京: 明石書店.
梶村秀樹. 1986b(1993). “朝鮮近代史研究における内在的発展の視角.”『梶村秀樹著作集 第2巻 朝鮮史の方法』. 東京: 明石書店.

梶村秀樹(정재정 역). 1989. "강연 유고: 한국의 사회과학은 지금." 『창작과 비평』 66.
板垣雄三. 1973. "〈全体会 歴史における民族と民族主義〉 民族と民族主義." 『歴史学研究 別冊特集 歴史における民族と民族主義 -1973年度歴史学研究会大会報告-』. 東京: 青木書店.
木宮正史. 1994. "韓国における内包的工業化戦略の挫折 -5·16軍事政府の国家自律性の構造的限界-." 『法学志林』 91(3).
木宮正史. 2012. 『国際政治のなかの韓国現代史』. 東京: 山川出版社.
久保亨. 1982. "戦間期中国経済史の研究視角をめぐって -「半植民地半封建」概念の再検討-." 『歴史学研究』 506.
滝沢秀樹. 1988. "民族経済論の新たな展開 -「韓国資本主義論争」の過程での批判と展望-." 『韓国社会の転換 -変革期の民衆世界-』. 東京: 御茶の水書房.
滝沢秀樹. 1992. "'韓国資本主義論争'と民族経済論." 『韓国の経済発展と社会構造』. 東京:御茶の水書房.
滝沢秀樹. 1996. "「内在的発展論」と'内在的視角'." 『歴史としての国民経済』. 東京: 御茶の水書房.
趙景達. 2011. "「韓国併合」の論理とその帰結 -アジア主義と同化主義の行方-." 『朝鮮史研究会論文集』 49.
恒川恵市. 1980. "従属アプローチの発展と現状 -A.G.フランクをこえて-." 『思想』 673.
バローネ, チャールズ(金早雪訳). 1983(1986). "従属理論, マルクス主義理論, および韓国における資本主義の復権." 山崎カヲル 編監訳. 『周辺資本主義としてのアジア -従属パラダイムを超えて-』. 東京: 柘殖書房
朴一. 1991. "韓国における資本主義発展の性格をめぐる論争 -韓国資本主義分析への理論構築に向けて-." 『經濟學雜誌』 99(2).
洪宗郁. 2010. "内在的発展論の臨界 -梶村秀樹と安秉珆の歴史学-." 『朝鮮史研究会論文集』 48.
水野直樹. 1993. "「現代朝鮮への視座」解説." 梶村著作集刊行委員会·編集委員会 편. 『梶村秀樹著作集 第5巻 現代朝鮮への視座』. 東京: 明石書店.
宮嶋博史. 1978. "朝鮮「土地調査事業」研究序説." 『アジア経済』 19(9).
宮嶋博史. 1984. "方法としての東アジア -東アジア三国における近代への移行をめぐって-." 『歴史評論』 412.
(奥村哲). 1986. "「梶村秀樹報告」討論要旨." 『歴史評論』 432.

7장

내재적 발전론의 네트워크, '민족적 책임'의 경계

가지무라 히데키와 그의 시대, 1955~1989

조관자

1. 내재적 발전론의 '외연'을 찾아

1997년 『창작과 비평』(98호)의 지면을 통해 식민지 근대화 논쟁이 시작되었다. 이후, 역사학의 패러다임으로서 내재적 발전론과 식민지 근대화론을 둘러싼 논쟁은 지속되었으며, 양자에 대한 극복 담론도 꾸준히 제기되고 있다.[1] 이 논쟁은 일본의 역사인식, 나아가 동아시아 판도의 정세 변화와도 밀접하게 얽힌다. 때문에 식민지 근대화론은 일본의 아시아 근대화

1_*Colonial modernity in Korea*(Gi-Wook Shin and Michael Robinson,1999)의 한국어판에서 도면회(2006)는 『한국의 식민지 근대성』의 부제로 '내재적 발전론과 식민지 근대화론을 넘어서'를 달았다. 김홍규(2013)의 부제 '근대의 특권화를 넘어서: 식민지 근대성론과 내재적 발전론에 대한 이중 비판'에서 보듯이, 양자의 관점을 동시에 극복하려는 문제의식은 최근까지 활발하다.

론 또는 우경화 현상과 결부된 논리로 견제되거나, 학술적 이해와 무관하게 친일 행위로 매도되는 경우도 있다.[2]

반면에 식민지 수탈론과 내재적 발전론이 갖는 한·일 연관성의 문제는 크게 부각되지 않는다. 그 논리가 역사 발전의 주체를 조선 민족과 민중에서 찾고, 자주적 발전상의 왜곡을 제국주의 침략과 자본주의 모순에서 찾고 있기 때문이다. 오히려 식민지 수탈론의 야마베 겐타로와 내재적 발전론의 가지무라 히데키는 '일본인의 양심'으로 추앙될 정도이다.[3] 그렇기 때문에 그 한·일 네트워크가 긴밀하게 형성된 역사와 그 정치적 자장에 대한 본격적 연구는 아직까지 시도되지 않았다. 가지무라 히데키의 개별적 업적을 다루거나 식민지기 사회구성체 논쟁에서 일본인의 관점이 소개된 정도라 할 수 있다(다키자와 히데키 1998).

이러한 가운데 2012년 9월, 고려대학교 아세아문제연구소 주최로 '가지무라 히데키의 역사학과 한반도'라는 주제의 학술 대회가 열리고, 그 성과가 『아세아연구』 149호(12/09)의 특집으로 실렸다. 가지무라 히데키(梶村秀樹, 1935~1989)는 내재적 발전론의 한·일 네트워크의 중심에서 활약한 일본의 한국사(조선사) 연구자이다. 그는 북한의 역사학을 일본에 소개하고, 한일회담 반대 투쟁에 참가했으며, 재일 조선인의 민족운동과 남한의 민주화 운동을 지원했다. 특히 한일회담을 일본의 식민지 재침략 시도로

2_인터넷 언론에서는 중진 자본주의론의 나카무라 사토루(2005)와 한국의 식민지 근대화론과 뉴라이트 운동을 대표하는 안병직, 이영훈 등의 학술적 영향 관계를 친일 행위로 해석하는 논조가 발견된다(안병직·이영훈, "일본 돈 받은 '식민지 연구'." 오마이뉴스, 2006/12/04). 지식 콘텐츠로서 '식민지 근대화론 비판 시험 답안'도 인터넷에서 시판되고 있다. http://www.happycampus.com/doc/10768901/?agent_type=naver (2013/08 접근)

3_'일본의 양심 가지무라 히데키는 누구'(주간경향 896호, 2010/10/12).

규정한 그는 일본인으로서 '민족적 책임론'을 일관되게 제기하였다. 『아세아연구』 특집의 원고들은 그러한 가지무라의 역사학을 민중사의 관점에서 재조명하고 그 실천적 의의를 높이 평가하고 있다.[4]

2000년대 이후 한·일 양국에서는 지식 담론의 헤게모니 그 자체에 대한 비평적 사고가 확장되었다. 지식의 생존 본능과 방어 기제를 자각적으로 돌아보는 것이 또한 지식 헤게모니(권위와 권력)의 생성에 숙명적으로 관여하는 연구자의 자기 성찰적인 임무가 된 것이다. 식민지주의와 민족주의, 그리고 냉전 이데올로기가 치열하게 부딪히고 맞물려 있던 20세기, 당대의 연구자는 당파적 진영 논리나 국가 발전상의 깃발을 사수하는 것에서 도덕적 책무를 찾는 경우가 많았다. 그러나 어느 시대를 불문하고 연구자의 본분은 지식 노동에 대한 성실성에서 출발한다. 특히 20세기와 21세기의 전환기를 살아가는 연구자는 기존 정보의 관련성과 그 현재화의 맥락을 두루 살피고 옥석을 가려서 오늘의 문제에 응답할 수 있는 근거와 의미를 새롭게 생성해 내야 한다.

이러한 자각 속에서 볼 때, 가지무라의 역사학은 여전히 '체제 비판'의 언어로 굳건하게 기억되는 듯하다. 그의 학문은 일찍이 '반성의 역사학', '변혁의 역사학'으로 불렸고, 신자유주의에 대한 저항 가능성으로서 기억된 적도 있다(강덕상 1997). 자본주의 모순과 미래의 변혁 가능성이 소멸된 것

4_『아세아연구』에 실린 홍종욱, 강원봉, 도베 히데아키의 일어판 논문이 『社会科学』 97호(13/02, 同志社大学人文科学研究所)의 특집 '가지무라 히데키의 역사학을 다시 읽다'(梶村秀樹の歴史学を読みなおす)에, 차승기 논문은 『Quadrante: Areas,cultures and positions』 15호(13/03, 東京外国語大学海外事情研究所)에 게재되었다. 이는 2006년 11월 일본에서 한·일의 연구자들이 가지무라 연구회를 만들고 꾸준히 활동해 온 결실로, 조선사연구회의 학술지 등에도 가지무라론이 실리고 있다. 필자도 2009년부터 이 연구회에 참가하였다.

이 아니므로 그의 역사학을 '미발의 계기'(차승기 2012)로 읽는 것도 가능하다. 최근 일본에서 가지무라 역사학에 대한 재평가가 촉발된 것도 식민지 근대화론의 세력 확장을 견제할 역사가의 전형적 표상으로서 가지무라가 소환된 까닭이라고 말할 수 있다. 그러나 가지무라의 실천적 양심에 대한 회고적 감상과 그 논리의 잠재적 가능성에 대한 재평가만으로 오늘의 실천적 사고가 확장될 수 있을지 의문스럽다.

그렇다면 가지무라의 역사학과 책임 의식은 탈냉전 이후에 역사인식 논쟁과 영토 분쟁을 지속하고 있는 동아시아의 현재에 어떤 가능성을 보여줄 수 있을까? 과연 그의 '민족적 책임'론에 기대어, 오늘날 식민지 지배의 원죄 의식으로부터 단절된 일본 젊은이들의 윤리의식을 일깨울 수 있을까? 이러한 질문은 가지무라에게 던지는 것이 아니다. 죽은 자는 말이 없고 질문을 던지고 답을 찾는 몫은 살아 있는 자의 책무이다. 다만, 오늘의 연구자들이 가지무라를 기억하여 그 역사적 가능성에 새로운 의미를 부여하려고 한다면, 적어도 가지무라와 그의 시대에 대한 내재적 이해와 공감에 머물러서는 안 될 것이다.

가지무라의 역사학적 실천은 그가 살아온 시대의 역동적 공간과 지식의 연쇄 과정에서 뿐만 아니라, 과거와 현재가 연결 혹은 단절되는 맥락과 마디에서 읽어 낼 필요가 있다. 그 단절과 연속의 시공간에서 어떤 문제가 망각되고, 대신에 어떤 새로운 기억이 역사의 변화를 추동하고 있는가? 이러한 질문이 전제될 때, 냉전 시대의 산물인 가지무라 역사학의 의미를 탈냉전 시대에도 지속되는 진영 논리의 매너리즘에 빠트리지 않고, 그 해석학적 가능성을 새롭게 개척할 것이다. 그러한 현재적 질문은 또한 가지무라를 소환하고 기억하는 연구 주체 자신의 당대적 실천에 대한 성찰적 사유도 동시에 확장시킬 것이다.

위와 같은 문제의식에 근거하여 이 논문은 내재적 발전론의 형성과 전개를 동아시아 진보진영의 네트워크(1955~1989)에서 고찰한다. 일본의 패전 이후 1960년대 후반까지, 일본에서는 프롤레타리아 국제주의에 입각한 동아시아 인민 연대운동이 활발히 전개되었다. 내재적 발전론은 그러한 연대운동에 기초하여 1960년대 초반 일본에서 북한의 역사학을 수용하면서 형성되었고, 4·19와 한일회담 반대운동을 거치면서 한국의 민족사론, 민족경제론의 확립이라는 연구 과제와도 합류하였다.

1970년대에 한·일의 역사 연구에서 동시에 발전한 내재적 발전론은 1980년대에 한국 사회 변혁운동을 추동하는 이론으로도 활용되었다. 그런데 1980년대에 내재적 발전론이 한국 역사학에서 확고한 지위를 형성하는 동안, 일본에서는 그 현실 분석력이 의심을 받고 있었다. 따라서 이 글은 1980년대 한국과 일본의 비동시성에 주목하면서 내재적 발전론의 동시대 네트워크에 대해 검토할 것이다. 또한 북한 역사학을 수용하고 전파시킨 가지무라의 인식 태도를 분석할 것이다.

이 논문은 결국 가지무라와 그의 시대를 돌아보는 작업이 된다. 가지무라는 비록 짧은 인생을 살다 갔지만, 그는 한국의 전후 세대, 4·19세대, 6·3세대, 386세대와 더불어 격동의 시대를 호흡하며 살았다. 그는 1989년에 생을 마감할 때까지 한일회담 반대 투쟁에서 설정한 '60년대 문제의식'과 일본인의 '민족적 책임 의식'을 일관되게 주장하였다. 한국전쟁 이후 심화된 동아시아의 냉전 시대와 변혁운동의 과정에서 내재적 발전론의 실천적 네트워크가 형성되었던 것이다. 그렇다면, 그 역사학의 '외연'에서 어떠한 정치적 쟁점이 제기되었으며, 그 지식 권력의 문제는 어떻게 사유될 수 있는가? 이 글은 그의 '민족적 책임론'이 제기된 역사적 배경을 고찰하고, 오늘날 '민족적 책임'의 경계에 갇혀서 정치적 갈등을 증폭시키는 역사인식의 문제적 양상까지 비판적으로 고찰하고자 한다.

2. 내재적 발전론, 1960~1989

냉전 시대에 일본의 조선사 연구의 자장은 남북한의 역사 연구가 만나는 밀실이자 광장이기도 했다. 특히 1960년대에 일본의 진보적 역사학자 다수는 전후 일본을 미국의 군사적 식민지, 경제적 종속 국가로 인식했던 만큼 아시아의 민족해방 이념과 투쟁에 연대감을 형성하였다.[5] 이와 같은 분위기에서 조선사 연구자들도 일본 제국주의 침략에 대한 '민족적 책임'을 강조하고 식민사관의 극복이라는 한반도의 민족적 과제를 자신들의 주체성 정립과 관련한 문제로 인식하고 공유하였다. 그들은 학술단체인 '조선사연구회'(1959)를 조직하고, 일본공산당의 대중 활동과 연계된 일본조선연구소(1961)에서 잡지 『朝鮮研究』를 발행하였다.[6] 독자적인 조선 연구를 추구한 그들은 남북한의 최신 연구를 소개하고 비판적으로 참조했으며, 결과적으로 체제와 국경을 넘는 연구 네트워크를 형성한다. 그 대표적 성과가 바로 '내재적 발전론'인 것이며, 이는 북한과 일본, 그리고 한국이 연결된 동시대의 역사학이다.

5_전후 일본의 진보적 역사학자와 교사들은 '역사학연구회'(1932~, 기관지 『歴史学研究』)를 재출범시키고 '과학적 역사학'과 '역사의 대중화'를 추구했다. '조선사연구회'는 이 단체를 모방한 것으로 보인다.

6_일본조선연구소의 기관지 『朝鮮研究』(1964~1984.3)는 『朝鮮研究月報』(1962~1964)의 후신. 연구소 내부의 학습 활동도 진행시켰다(寺尾 1964a).

1960년대 초반에는 일본사의 영역에서도 제국주의(일본)와 식민지(중국, 조선)로 양극 분해된 동아시아 역사 이미지가 문제로 부상한다. 당시 중국의 사회주의화를 부러워했던 일본 지식인들은 마오쩌둥의 모순론을 탐독하고 '중국 선진, 일본 후진'이란 인식을 공유하였다(강덕상 1997, 177). 아시아의 사회주의적 진보를 확신한 그들은 전전 강좌파 역사학의 '아시아적 정체성'과 '식민지 근대화'라는 타율적 인식 모델을 그대로 좌시할 수 없었다. 그 결과, 1963년 '역사학연구회'의 연구 어젠다로 '동아시아 역사상의 검토'가 제기되었다.[7] 이는 세계과학자연맹(WFSF, 1946)의 '1964년 북경 심포지엄' 참가를 위해 일본 연구자 연락 협의회가 준비한 공동의 연구 테마이기도 했다.

중소 분쟁이 심화하여 인도의 남아시아 센터와 별도로 1962년 베이징에 WFSF의 동아시아 센터가 설치된 후, 중국을 중심으로 아시아 학술 교류가 본격화된 셈이다. 일본 연구자들 안에서는 중소 분쟁에 연루될 것에 대한 불안감을 드러내면서 과학적 진리 이외의 어떠한 정치적 권위도 인정하지 않는 자주적 대등 교류의 원칙을 강조하는 분위기도 조성되었다(佐伯 1964, 62-63). 일본 내 연락 협의회의 일원이었던 일본조선연구소는 북경 회의에 참가하는 한편, 북한을 방문하고 독자적인 일·조 학술 교류를 추진하였다.[8] 이와 같이 동아시아의 진보적 역사학자들의 교류를 바탕으로 하여 생성된 역사인식 방법론이 바로 '내재적 발전론'인 것이다.

7_『歴史学研究』 276호(1963. 5)와 281호(1963. 10), 幼方&遠山&田中(1966) 등을 참조.

8_중국 회의에서 일본조선연구소가 발표한 논문은 '일본 민족의 독립과 중국·조선 연구'(幼方&安藤 1964), '연대운동에서의 일·조·중의 연대의 문제'(寺尾 1964b)이다. 북한 방문에 대해서는 古屋(1963), 安藤(1964b)을 참조할 것.

내재적 발전론은 일찍이 후쿠다 도쿠조(福田德三, 1903)의 '조선 봉건제 결여론'에서부터 확대되어 온 식민지/제국, 동양/서양의 비대칭적 역사인식 구도를 수정하는 것에서 출발한다. 새로운 관점은 사적 유물론의 보편사적 발전 법칙을 조선사에 적용하고 일국사 안에서 관철되고 있는 세계사의 전체상을 발견하려는 것이다(梶村 1966a, 75-76). 조선의 '내재적 발전'의 도상에는 '봉건제-자본주의-사회주의'로의 법칙적 이행 모듈이 전제되어 있고, 사회주의 이행에 대한 신념과 실천 의지까지 내포되어 있다. 이러한 '내재적 발전론'의 패러다임과 실천적 네트워크의 형성에서 중심적으로 활약한 인물이 바로 가지무라 히데키이다.

가지무라는 북한을 방문한 적은 없지만, 1950년대 후반부터 변화해 온 북한의 역사학에서 파악해 낸 '내재적으로 발전'하는 조선의 역사상을 일본에 알렸다. 그(1963a, 22.34)는 북한에서 1957년에 제기된 조선 후기 자본주의 맹아론을 소개했다. 1962년부터 북한의 역사학 연구는 "일제의 침략을 당하지 않았더라면 자체 발전의 합법칙성에 기초하여 자본주의 사회로 이행할 수 있었다는 것을 확증"(김석형 1962, 4)하고서, 외인론의 배제와 내재적 발전 과정의 체계화에 주력하고 있었던 것이다(梶村 1966c, 70).

가지무라(1963a, 22-32)는 북한의 사회주의적 진보와 '과학적 역사학'의 발전을 확신하였는데, 단순한 맹신의 태도에 머물지 않았다. 한일회담 반대 투쟁을 전개한 일본인들 사이에서 북한의 사회주의 건설을 부러워하는 현상이 두드러졌을 때의 일이다. 그는 "결과만을 안이하게 찬미하는" 일본인의 "뒤집힌 열등감"을 꾸짖고, "그 방향에 도달하기까지의 희생 과정"을 상기하라며 충고한다(1963b, 39). 그는 어디까지나 일본인의 주체성 확립을 위해 조선사를 연구했고, 조선 인식을 자신의 실천 문제로 받아들였다. 그러한 자각적 의지는 1980년대 한국 사회의 민주화 운동 시기에 이르기까지 일관된다.

스스로도 내재적 발전론을 궁구해 온 가지무라는 『조선에서의 자본주의의 형성과 전개』(1977a)를 저술한다. 그의 저작들은 한국 근대사와 경제사의 연구 분야에 수용되었으며, 1980년대 한국 사회 변혁운동에서 전개된 사회구성체 논쟁에서도 그의 글들이 중요한 참조 축(reference axis)으로 기능했다. 일본의 근대 이행을 분석한 '후진자본주의론'(1981a, 285-292), 식민지 반봉건사회에서의 '법칙적 종속 발전'을 강조한 '구식민지 사회구성체론'(1981b, 237-264)이 1980년대부터 한국어로 출판된 사실이 확인된다.[9] 또한 가지무라는 와다 하루키와 함께 1980년대 중반 한국 사회의 민주화운동 담론을 일본어로 실시간 번역 출판하는 일에도 충실하였다.[10]

1984년에 한국을 방문하고 '한일 민중연대'의 전선에서 활약하던 가지무라는 1986년에 「조선 근대사 연구에서의 내재적 발전의 시각」이란 글을 발표한다. 내재적 발전론은 조선 후기 근대 이행에 대한 분석적 서술 관점으로서 1960~70년대의 산물로 인식되는 경향이 있지만, 가지무라는 1980년대에도 내재적 발전론의 이론적 추상화를 지속하였다. 그에 따르면, 광의의 내재적 발전론이란 "일국사를 정체적 타율적인 것으로 보지 않고, 국내적 계기의 법칙적 발전에 즉하여 발전해 온 것으로 보려는 방법론"이다.

9_梶村秀樹의 '구식민지 사회구성체론'은 장시원 편역 『식민지 반봉건사회론』(한울, 1984)에 게재되고, '후진자본주의 발전의 세계사적 조건'은 강만길 저 『統一運動時代의 歷史認識』(청사, 1990)에 소개되었다. 가지무라의 사회구성체론에 대한 설명은 홍종욱(2012, 15-21)에 자세하다.

10_가지무라는 가톨릭 단체와 노동단체가 발행하는 『민주노동』의 일본어 번역판을 발행하고, 와다 하루키와의 공저로 『韓国民衆: 学園から職場から』(1986), 『韓国の民衆運動: 新しい生き方を求めて』(1986), 『韓国民衆: 「新しい社会」へ 』(1987)를 출판했으며, 논문 「80年代韓国の労働経済と労働政策 -労働争議同時多発の背景」(1988) 등을 썼다.

여기에서 일국사적 발전의 기본 원동력은 "밑으로부터의 계기, 즉 기층 민중 = 직접 생산자의 생산·재생산의 창조적 영위, 그 틀로서의 생산력과 생산관계와의 대응관계 및 모순, 그리고 그러한 조건에 따른 의식의 성장과 계급투쟁의 전개"에 있다고 강조된다(梶村 1986, 165).[11]

1960년대 한일회담 반대 투쟁 당시부터 한국 자본의 예속성을 지적해 온 그는 내재적 발전론의 연속선상에서 1980년대 한국 경제를 '종속 발전'으로 규정하고 이론화도 시도하였다(홍종욱 2012, 15). '내재적 발전론의 바이블'(林 2013)로 불리는 가지무라의 대표 저서(1977a)는 1985년에 재판된 상태였다. 이처럼 1980년대에 내재적 발전론은 외압과 타율을 배제하고서, 자본의 운동이 아닌 민중의 생산력과 저항력에서 역사 발전의 합법칙적 계기를 찾는 보편적 역사 이론으로 승격된다.

그런데 후술하듯이 한국과 일본의 연구 네트워크에는 연구 관점과 지적 기반의 차이가 존재한다. 실제로 1980년대 일본의 역사학계에서는 내재적 발전론이 설득력을 잃고 있었다. 유일하게 조선사 영역에서 내재적 발전론이 활성화된 배경에는 1980년대 한국의 민주화 운동과 사회구성체 논쟁의 활발한 전개를 고려할 수 있다. 내재적 발전론의 가교자인 가지무라는 1980년대에 일본과 다른 한국적 상황을 보면서 '내재적 발전'의 이론과 실천이 부응하는 '역사적 진실'을 확신하였던 것으로 추측된다.

11_가지무라(1971, 17-18)는 1970년대에도 사회경제사적 요인(사회구성체의 객관적 조건)과 "조선인민의 투쟁"(주체적 조건)의 통일을 강조했다. 일본의 인민투쟁사와 조선의 민족해방투쟁사가 서술되는 시대에 민중사적 관점은 일관되게 유지되었다. 단 1986년 논문에서 민중 주체의 관점을 내재적 발전론 안으로 포섭하여 재규정한 것이다.

3. 변혁의 역사학, 한·일 네트워크의 격차와 시차

1958년부터 가지무라와 함께 조선사료연구회를 만들었던 재일 조선인 연구자 강덕상(1997, 185-187)은 그의 학문을 "현실을 직시한 변혁의 역사학"으로 부른다. 가지무라는 "확실한 역사 파악에 의해 아직 실현되지 않은 가능성을 명확하게 하려"는 역사가였다고 한다. 강덕상의 평가는 사실 가지무라가 자신의 역사학에 스스로 부여한 의미이자, 진보성을 추구했던 역사학에서 흔히 발견되는 수사적 문구이다. 현실이 실증적으로 '직시'된 것이라기보다, 현실 변혁을 위한 정치적 실천으로서의 역사학의 사명이 '중시'된 것이다. '과학적 역사학'의 핵심 의제는 사회구성체의 분석을 통하여 타도할 권력의 실체를 밝히고, 과학을 무기로 정치투쟁에 참여하는 길에 있었다. 그 과학은 이념적 주관성과 상대성을 띠기 때문에 사회구성체 논쟁이 일어났고, 그 상대적 주관성과 정치적 당파성들의 파쟁과 응결 속에서 민족해방(NL) 또는 민중민주주의(PD)의 변혁을 추구하는 민족해방사와 인민투쟁사(민중사)가 서술되었다.

사회 성격에 대한 '과학'적 규명도 사회주의 혁명(이행)을 위한 민족해방 민중민주주의 변혁 모델도 '현실'과의 격차를 메울 수 없는 역사학의 이념적 구성물이다. 그러나 이념도 현실에 녹아들어 현실을 구성하고 변화시키는 힘을 갖게 된다. 특히 1950~60년대의 일본과 1970~80년대의 한국에서는 역사학 담론이 현실의 변혁을 추동하였다. 1980년대 한국의 학생운동과 민중운동을 일본에 알린 가지무라는 번역서의 서문(1987, 1-3)에서 "'새로운 사회'를 향한 민주 변혁의 '대장정'을 결의한 민중운동"은 현실에서 "지속하는 의지"라고 썼다. 그는 "일본의 매스컴이 한·미·일 지배층의 희망적 관측을 반영하여 '중간층화' 운운하면서, 한국 민중이 현 체제의 안정을 바라고 있다."는 식으로 보도하는 현실에 반발하였다. 1980년대 '내재적 발전론'의 한·일 네트워크에서는 한국 사회가 민중의 지속적인 저항으로 '종속 발전'의 자본주의 체제를 변혁시킬 것이라는 기대와 신뢰를 공유하였던 것이다.

그러나 '변혁의 역사학'을 추구한 한·일 네트워크에서는 '현실'의 격차(隔差)와 '과학'의 시차(視差)가 가로 놓여 있었다. 가지무라의 역사학이 한국 사회의 변혁 담론에 수용되고 그 자신이 한국의 변혁 담론을 일본에 전파하고 있던 1980년대, 한국에서는 내재적 발전론이 역사 서술의 주요한 관점이자 역사 변혁의 주체를 형성하는 실천적 패러다임이었다. 그러나 동시대 일본에서는 1960년대부터 축적된 조선사 연구의 패러다임이 크게 흔들리고 있었다. 가지무라(1986, 165)는 "그것(내재적 발전; 인용자)을 당연하게 생각하지 않는 경향이 존재"하며, 내재적 발전론이란 용어만 겉돌고 그 이해에 혼란이 생겼다고 진단한다. 이러한 현실 때문에 그는 내재적 발전론의 이론적 추상화를 시도했던 것이다.

일본사의 영역에서 1980년대 초까지 마르크스주의의 진보적 역사학이 헤게모니를 유지했지만, 1970년대부터 '변혁'을 위한 정치적 실천으로서 역사학의 의미가 쇠퇴한 것도 사실이다. 이미 1960년대의 고도성장기부터 '에도 시대 = 봉건제, 봉건사회'를 후진적 극복 대상으로 바라보는 반봉건 투쟁의 논리를 탈피하여 일본 근대화의 발전적 계기로 읽는 경향이 대두하였다(永原 2003, 196-199). 이렇게 일본사의 전근대(pre-modern)를 근대적 진보의 일관된 과정으로 고쳐 읽는 태도는 변혁의 역사학에 내재된 민족주의적 관점과 서로 통한다. 자국사의 역사 발전의 계기를 자주적, 긍정적으로 재구성하는 민족사의 관점은 가지무라의 내재적 발전론과 동시대 남북한의 역사학에서도 발견되는 공통된 현상인 것이다. 이러한 흐름 속에서

1970년대에 전후 일본의 성공 신화를 바탕으로 일본의 국민적 통합과 사회문화적 특수성을 입증하려는 일본인론과 일본문화론이 더욱 왕성하게 전개되었다.

1970년대의 마르크스주의 역사학은 '인민투쟁사'의 전투적 실천 관점에서 '민중사'의 복합적 연구 관점으로 이동하고, 관리 사회 문제를 중심으로 고도성장 사회에 대한 비판적 연구도 활발했다. 그러나 1980년대 일본 지식사회에서는 좌우파 내셔널리즘의 일국적 연구를 비판하는 연구 시좌가 본격적으로 형성된다. 역사학계에서도 1981년에 거시적 역사 이론인 월러스틴의 세계체제론이 번역 출판되는 등, 일국사 서술의 한계가 자각되기 시작하였다.[12] 한편, 포스트모더니즘의 유입은 보편사의 발전 법칙이라는 역사학의 '과학적 진리'를 '언어의 구성물'로 전환(linguistic turn)시킴으로써 역사학의 위기를 가져왔다. 이로써 일국사와 일국 문화의 다양한 담론에서 근대 형성의 현재적 욕구를 과거에 투사시켜 전통을 만들어 내고 과거를 전유해 온 방식이 부각되기에 이르렀다. 내재적 발전론이 근대화 담론의 한 갈래이며, 변혁의 역사학이 '체제 비판'의 언어가 아니라 '체제 형성'의 권력으로 기능한다는 새로운 문제의식도 펼칠 수 있게 된 것이다.

1989년 가지무라의 사후, 나미키 마사토(並木 1990, 29)는 내재적 발전론의 일국사적 발전단계론이 현상 분석에 실패하였음을 공언하였다. 가지무라는 1980년대에 내재적 발전론을 '변혁의 역사학'으로 재정립시켰지만, 내재적 발전론은 더 이상 역사인식의 합리적 도구로서 기능하지 못했다. 이러한 실패는 근대주의에서 사회주의로의 이행을 추구한 이론이 더 이상

12_가지무라는 세계체제론이 민중의 저항과 주변부 자본주의의 이탈 가능성을 읽지 못하는 '알맹이 없는 세계 혁명'을 보여 주는 '조감도'와 같다고 비판한다(梶村 1985, 111-112).

현실적 정합성을 유지하지 못하는 시대 상황을 반영한다. 1980년대에 버블 경기의 정점을 달리던 일본 사회에서 다국적 소비문화의 탈정치화 현상이 좌우파의 내셔널리즘을 압도하고, 1990년대의 다원주의 문화 시대를 열어 가고 있었다. 한반도의 통일에서 북한의 주도권을 인정하던 일본인의 시선도 역전되었다. 일본공산당과 조선노동당의 공식적 우호관계는 이미 붕괴되고,[13] 과거에 북한의 자립적 민족주의에 찬사를 보낸 사람들도 일제히 서울 올림픽 개최에 주목하게 된 것이다.

한국 자본주의의 성장과 해외 진출에 대한 설명이 '종속성'과 '민중성'의 구조적 결핍에 대한 문제제기에서 맴도는 이론적 정체 상황도 문제이지만, 북한의 자립경제 발전상에 대한 폭로도 내재적 발전론의 설득력을 반감시켰다. 북한 귀국 운동에 앞장섰다가 '애국적 상공인'으로 변신하여 훈장까지 받았던 재일 조선인 김원조는 1982년 북한 방문 이후 『동토의 공화국-북조선 환멸 기행』(1984)을 출판했다. 1965년부터 일본조선연구소의 사무국에서 활동한 사토 가츠미(佐藤勝巳)는 '조선'이란 이름의 역사적 아이덴티티를 과감하게 버리고, 1984년부터 '현대코리아연구소'라는 간판을 내걸었다. 사토는 일본조선연구소 소장의 신분으로 『내가 체험한 조선 문제』(1978)를 출판하여 북한의 현실을 문제 삼았다. 북한과 재일 조선인의 민족단체에 대한 비판을 공론화하는 것은 '이적 행위'로 매도되는 시대였고, 결과적으로 이들은 정치적으로도 분열하였다.

13_1983년 북한의 망명자를 도왔다는 이유로 일본의 화물선 선장이 북한에서 구속되는 사건이 벌어지자 일본공산당은 랑군 테러 사건과 대한항공 폭파 사건이 북한의 소행이라고 인정하여 양당 관계가 악화되었다. 반면에 일련의 사건들에 대해 일본사회당은 한국의 음모설을 제기하며 북한노동당과 우호관계를 유지하였다(重村智計 2000).

1978년부터 사토는 자신들의 안일을 위해 '조선 문제'에 대해 냉정하게 침묵하는 '반체제적인 체제'의 터부를 개탄하면서, 재일 조선인의 일본 정주화를 긍정하기 시작했다.[14] 그러나 가지무라(1978a,b)는 재일 조선인의 조국통일 운동과 정주화의 선택 문제에 '일본인은 관여 불가'라는 입장을 취하며 『朝鮮研究』(176호, 185호) 지면에서 사토 가츠미, 우쓰미 아이코 등과 논쟁하였고, 북한 문제에 대해서도 더 이상 언급하지 않았다. 그러나 사회주의 진영의 체제 붕괴와 시장경제로의 전환을 앞두고 가지무라 역사학은 시대적 변화에 응전할 이론적 원동력을 일본 내에서 상실하였다. 오로지 한국 사회의 민주화 뉴스가 '내재적 발전론'의 정당성을 지켜 준 것이다. 그렇다면 가지무라가 보여 준 '민족적 책임'은 어떤 동기와 실천 내용을 갖는가? 일본에서 '민족적 책임'의 자각과 실천이 강조된 것은 가지무라 개인의 차원을 넘어서 그가 살아온 시대에 소통된 문제의식을 보여 준다.

4. '폭력혁명'의 망각과 한일회담 반대운동

가지무라는 1960년대의 문제의식을 품고서 1980년대를 살았다. 1988년, 재조 일본인 출신의 역사가 하타다 다카시의 팔순 기념회에서 가지무

14_『朝鮮研究』(172호, 1977. 11)는 '기로에 선 재일 조선인 문제'를 특집으로 꾸미고, 재일 조선인의 일본 정주와 귀화 조건의 완화를 제기한 사카나카 히데노리의 정책안을 자료로 게재하였다. 당시 일본의 진보세력과 조총련은 사카나카의 제안을 동화 정책으로 비판하는 분위기였다. 이후 사토는 북한 비판을 본격화함으로써 진보진영에서 전향자, 이적 행위자로 낙인찍힌다.

라는 "1960년대의 문제의식은 이미 낡았다."는 당대의 인식 풍조에 경종을 울렸다. 요시노 마코토(1990, 124)에 따르면, '60년대 문제 설정'이란 한일 조약의 체결에 따른 일본 자본의 재진출 등, 가해자로서의 일본인의 역사적 규정성과 민족적 책임을 추궁하고, 자기 부정을 통하여 아시아의 피해자와 참된 국제주의적인 연대를 취하는 것에 있었다고 한다. 조선 연구자들의 입장에서 '1960년대 문제 설정'이란 '식민지 재침략'을 저지하는 한일회담 반대 투쟁으로 집약된다.[15]

그런데 1960년대의 문제의식은 1950년대의 동아시아 인민 연대 의식의 지속으로 보아야 한다. 변화된 것은 1950년대 전반, 한국전쟁과 공동전선을 이루며 확대된 무장투쟁 노선의 폭력적 혁명운동에 대한 망각이다.[16] 1950년 1월 코민포름은 일본공산당(일공)이 전후에 미군을 해방군으로 맞이하고 미군 점령 하의 평화혁명론을 추구한 것을 비판하였다. 코민포름의 비판을 받고 정치적으로 분열되었던 일공은 1951년 강령에서 중국혁명의 게릴라전을 모방하여 산촌공작대 등을 조직하고 반미 무장투쟁을 결의한다. 한편 1950년 6월 28일 '재일 조선인 조국 방위 중앙위원회'(조방위)가 결성되고, 1951년 1월 일공 산하에 '재일본 조선통일 민주전선'(민

15_와다(1990, 193)는 당시 역사학자들은 한국 내 목소리를 대변하여 식민지 재침략에 반대했다고 기억한다. 탈냉전 이후, 한일회담 반대운동에 대한 담론은 당대에 치열했던 좌우대립의 양상을 떠나, 주로 식민지 책임론의 차원에서 기억하는 경향이 있다(板垣 2011). 그런데 당대의 한일회담 반대운동은 한미일 군사동맹에 대립한 중일 우호 운동, 북한의 귀국사업을 지지하는 의미를 갖는다. 이에 대해선 다음 절에서 고찰한다.

16_그러나 폭력혁명의 방법은 세대 간의 단절 그 이면에서 지속되었다. 혁명적 폭력에 대한 반성과 책임이 결여된 1960년대를 지나오며 학생운동권에서는 일본공산당의 '전향'을 비판하고 폭력혁명을 긍정하는 세력이 나타난다. 이들은 1970년대 고도 소비사회에 접어들자, 대중과 괴리된 채 학생운동 내부에서 폭력(우치게바)을 행사하게 된다.

전)이 조직되어 일본 전역에서 미군의 한국전쟁 참가에 반대하는 무장투쟁을 전개한다.[17] 그 결과, 일공은 대중으로부터 고립되고, 1952년 총선거에서부터 고전을 면치 못했다. 의회 석권에 실패한 그들은 1955년 7월 제6회 전국협의회에서 급진적 군사 노선을 비판하고 돌연 합법 노선으로 전환하였던 것이다(日本共産党 1989, 224-232).

1955년 이후 동아시아 인민 연대 진영은 1950년대 전반의 폭력혁명에 대한 책임 문제를 덮어둔 채, 미군기지 반대의 평화 담론을 선점한다. 1959년부터 신 안보 투쟁을 전개한 정치세력은 1950년대의 3반(반미, 반요시다, 반이승만) 투쟁의 연장선에서 조일 우호 운동과 한일회담 반대운동으로 힘을 몰아갔다. 그렇지만 1950년대 후반의 조일(북일) 관계는 한일 관계보다 원만한 협력 기조를 이루었다(朴正鎮 2012, 75-91). 물론 미일 동맹 하에서 일본 정부는 북한의 국교 정상화 요구에 부응하지 않았다. 그러나 일본 정부로서도 조총련의 통치력과 그에 대한 북한의 원조 및 귀국 운동을 환영하지 않을 이유가 없었다. 그들의 입장에서 볼 때, 일본의 법치에 동화하기를 거부하고 민족 독립과 조국통일을 외치는 '골칫덩어리'였던 재일 조선인이 스스로 '일본 안의 섬'으로 격리되어 나간 것이다.

북일의 협조적 관계와 비교할 때 1950년대 한일 관계는 최악의 상황이었다. 샌프란시스코조약의 발효 이후에도 한일 관계에서는 이승만의 평화선에 의한 독도 영유권과 조업권의 분쟁, 그리고 북한의 재일 조선인 귀환사업 승인 문제 등으로 마찰이 끊이지 않았다. 당시 조총련 계통의 재일 조

17_일공과 민전의 집단적 불법 행위에 대한 전국적 통계(篠崎平治, 『在日朝鮮人運動』, 令文社, 1955)에 따르면, 1952년 1년간 폭행, 상해, 화염병 투입, 투석, 인분 투입, 방화, 폭약 사용 등 총 사건 396건에 검거인 수 1,605명이다(李瑜煥 1971, 30. 재인용).

선인은 미국이 아닌 일본을 적대시 하는 이승만의 정책을 '군국주의'로 비판하고, 독도의 일본 영유권을 인정하는 모습조차 보인다(李東準 1956, 24-25). 한국전쟁과 남로당 계열의 숙청으로 답보 상태에 머물렀던 한일 진보진영의 연대 의식도 4·19 이후에 회복된다. 가지무라(1980, 275-277)도 4·19를 민중운동의 원점, 지속해야 할 혁명의 출발점으로 평가한다. 1950년대 한·일의 국가 관계는 박정희 정권의 등장으로 호전되었지만, 일본의 진보진영에게 5·16은 4·19 이후에 지속 가능한 혁명을 왜곡시킨 반동 현상에 불과했다.

한국전쟁 기간에 일본공산당 산하에서 공동 투쟁을 전개한 일본인과 재일 조선인 좌파 조직은 1955년 이후 조직적으로 분열했지만, 일국적 단위의 주체성을 존중하는 일조 우호 운동을 펼쳤다.[18] 일조협회와 일본조선연구소의 이사로 활동한 일본공산당의 지식인 데라오 고로(寺尾五郎, 1921~1999)는 1958년에 북한의 건국 10주년 기념식에 사절단으로 방문한 후 북한의 발전상을 선전하는 책자 『38도선의 이북』을 발간하여 대북 인식에 영향력을 행사한다.[19] 데라오는 「일중 국교 회복 운동과 일한회담 분쇄 운동」(朝鮮研究, 64/06)을 발표하고, 『아시아의 평화와 일한조약』(1965) 등을 발간하여, 일본이 타이완과 한국과의 관계를 파기하고 조선·중국과

18_1950년대 중반까지 코민포름(1947~1956)의 지도하에 일국적 혁명을 넘어선 세계 혁명이 추구되었고, 일본공산당과 재일 조선인 좌파 조직은 3반(반미·반요시다·반이승만)을 모토로 한 무장투쟁으로 연대하였다. 급진적 폭력 노선은 1955년에 철회되고 이후 일국 혁명 노선으로 전환하였다. 1950년대 재일 조선인 조국 방위대의 활동과 정치 담론에 대해서는 조관자(2012) 참조.

19_1962년 8월 3일 『동아일보』의 '횡설수설' 란은 데라오 고로에 대해 적고 있다. 그에게 속아서 북한에 간 사람들이 그가 일조협회 방문단으로 방북한 당시에 항의한 일화이다.

의 국교를 회복할 것을 주장했다. 1960년대 전반에 북한의 정보를 번역하고 선전한 주체는 주로 일본공산당계의 활동가와 좌파 지식인, 그리고 조총련계의 재일 조선인이었다. 그들은 1955년부터 일조협회라는 대중 조직을 통하여 일조 국교 정상화 운동을 펼치고, 1960년대에는 한일회담 반대운동을 전개한다.[20]

한국전쟁 이후의 냉전 구도 하에서 한일회담은 조일 우호 운동과 경쟁관계를 형성하고 있었다. 박정희의 방일 시점인 1961년 11월 11일에 설립총회를 연 일본조선연구소는 실질적으로 한일회담 반대운동의 거점으로서 1960년부터 준비모임을 시작하였다. 연구소원들은 "조선 문제를 일본인의 입장에서 일본인의 문제"로 인식하고, 재일 조선인에게 맡겨 온 일조 우호운동을 주도적으로 풀어 갈 것을 결의하였다.[21] 조선사 연구자 미야타 세쓰코(宮田節子)의 회고(1990, 109-113)에 따르면, 일본공산당의 역사가인 데라오는 아직 대학원생인 그들에게 "일본의 식민지 지배의 실태를 강연하기 위해 분주히 뛰어 다닐 것"과 "투쟁의 무기로서 조선 근대사를 쓸 것"을 주문했다. 청년 가지무라는 한일회담 반대운동의 시의성을 중시하여 주어진 임무 달성을 위해 동분서주했다고 한다.

가지무라는 1954년에 도쿄대학 동양사학과에 입학했다. 50년대 후반

20_1950년에 성립한 일조협회는 1955년 11월에 국교 정상화를 촉구하며 일본 전국에 지부를 갖는 연합회로 재발족했다. 이들은 양 민족의 이해와 우호 증진, 경제문화 교류, (북일) 국교 정상화, 조선의 평화적 통일 지지와 세계 평화 공헌을 선언했다. 1958년부터 한일회담 반대운동을 전개한 바, 그 활동 양상은 日朝協会(1960), 寺尾五郎(1963) 등을 참조.

21_학문적 소수자로서 조선 연구를 선택한 배경에는 '일본인의 자기 점검의 계기로서의 조선사'(저작집 1권 59-60). '배외주의 극복을 위한 조선사'(나의 반성 朝鮮研究 89, 1969. 9/10월호)라는 주체화의 논리가 수반되었다.

의 대학생들은 의회주의로 전환한 공산당을 비판하며 혁명적 마르크스주의를 표방한 학생 조직을 자생적으로 만들기 시작하였다. 결핵을 앓았던 가지무라(1974, 110-112)는 학생운동에 관여하지 않았지만, 1955년 반둥회의 이후 확장된 아시아·아프리카의 반제국주의, 민족자결주의의 시대정신을 호흡했다. 한편, 1950년대 후반에 일본 경제가 고도성장기에 진입하자, 좌파 지식인들은 전전의 강좌파와 노농파의 일본 자본주의 논쟁을 재편한 '종속-자립' 논쟁을 반복하였다.[22] 일본 자본주의의 대미 종속성과 국가독점자본의 제국주의화에 대한 논쟁적 인식은 1960년대 한일회담 반대운동과 학생운동권에도 파급된다. 가지무라의 논문 「일한 교섭과 일본 자본주의」(1962), 「'부정 축재의 처리 문제'와 남조선의 노예적 독점자본」(1964a) 등에서도 일본 국가독점자본의 진출로 불평등 교환을 확장하려는 제국주의 재침략 문제가 반복적으로 등장한다.[23]

22_진후 일본공산당은 일본 자본주의와 국가권력의 대미 종속성과 천황제의 반봉건적 민족문제를 강조하여 2단계 혁명(민족독립혁명론)을, 사회당은 일본 자본주의의 자율성과 국가독점자본의 제국주의화를 문제 삼아 1단계 사회주의 혁명을 추구했다. 논쟁의 골격을 보여주는 양자의 저작은 上田耕一郎(1956) 과 小野義彦(1957; 1963) 외 다수. 1961년 제8회 당대회에서 채택된 일본공산당 강령에서는 일본의 지위를 '고도로 발달한 자본주의 국가이면서 점령된 종속국'으로 규정한다. 그리고 일본 독점자본의 지배와 그에 반대하여 일본의 독립을 쟁취하는 '반제 반독점 인민민주주의 혁명' 노선을 채택한다.

23 한일회담 성사 이후 가지무라가 한일 관계와 한국 사회에 대해 언급한 내용은 강원봉(2012) 참조.

5. 동아시아 인민 연대의 균열과 민족주의의 부흥

1963년 7월 30일 일본조선연구소의 중심 멤버 6명(古屋貞雄, 安藤彦太郎, 寺尾五郎, 畑田重夫, 川越敬三, 小沢有作)이 평양을 경유하여 북경을 방문하고, 8월 31일에 '조·중·일의 학술 문화 교류 촉진에 관한 공동 성명'을 발표한다(安藤 1964a, 155-162). 북한에서는 역사학자 김석형과 과학자 이승기가 서명자로 올라 있다. 그들은 학술적인 공동 투쟁을 통하여 각국 학술 문화의 독자적인 발전에 기여하고, "미 제국주의 침략에 반대하는 인민 대중의 전반적인 투쟁과 세계 평화를 위해, 특히 아시아의 평화와 안전을 위해 공헌할 것"을 결의한다. 그 성명문은 「일조중 삼국 인민 연대의 역사와 이론」(1964)(이하 「삼국인민연대」로 약칭)에 게재되었다. 저자는 데라오 고로와 역시 일본공산당의 중국 연구자인 안도 히코타로(1917~2009), 아카하타(赤旗)의 편집국장 요시오카 요시노리(吉岡吉典, 1928~2009), 미야타 세쓰코이다. 그러나 미야타(1990, 112)는 가지무라를 포함한 젊은 세대의 공동 작업으로 그 책이 출간된 것으로 회고하고 있다.

「삼국인민연대」는 발간사에서 "일한회담의 분쇄 운동과 일중 국교의 회복 운동이 하나로 추진되는" 시대에 "일조 우호 운동의 역사와 현재적 의의"를 세상에 밝힌다고 썼다. 또한 한일회담의 목적이 "중국 봉쇄"에 있으며, 미국의 반공 정책에서 "기지(基地) 일본과 전선(戦線) 한국의 결합"을 재촉하는 것이라고 한다. 이 책은 한일회담의 실체는 미국의 아시아 침략과 일본의 한국 재침략이라고 규정한다.

가지무라(1963, 33-34)도 한일회담이 미일 동맹에서 "사회주의에 대한 자기 방위 혹은 공격"과 "일본 자본주의(삼류 제국주의)의 남조선에 대한 종속적인 경제권"이라는 "정치경제적인 일석이조"를 노리고 있다고 분석한다. 이러한 논리에는 일본의 대미 종속성과 일본 자본주의의 제국주의적 발달이라는 '종속-자립' 논쟁의 양쪽 시점이 복합적으로 녹아 있다. 일조 우호 운동과 한일회담 반대운동의 궁극적 타도 대상은 한미일의 국가권력과 독점자본이었다. 당시에 그 대립 구도는 '한미일 삼국 군사동맹'과 '조중일 삼국 인민 연대'로 집약적으로 표현된다.[24]

1960년대 전반의 동아시아 인민 연대 전선에서 핵심어는 중국이다. 일본에서 소련은 스탈린주의와 대국주의, 미국에 대한 유화적 자세 때문에 비판받는 대신에 중국의 위상이 상대적으로 높아졌다. 특히 「삼국인민연대」(142-145)는 미국의 세계 전략에서 제1 목표가 중국 봉쇄라고 강조한다. 미국의 중국 협공을 위한 코스에 조선, 타이완, 베트남, 인도가 있으나, "전선의 남조선"에 인접한 일본이 "극동의 공장"으로 기능하기 때문에 조선 코스가 가장 중시된다는 논리이다. 한반도가 일본 제국주의 시대부터 중국 침략의 전략적 루트였기 때문에 한국전쟁 이후에도 미국이 북한을 적대시하고 일한 군사 제휴 정책을 추진한다는 것이다.[25] 이들의 인식에서 한국전쟁, 인도·중국 국경 분쟁 등, 아시아의 모든 전쟁은 미국의 침략으로 규정되는 반면, 중국은 아시아 인민을 방위하는 최후의 근거지로 옹호된다. 마오쩌둥의 실천론·모순론을 일본어로 번역하고 탐독한 지식인들이 중국을 '혁명의 군자'로 그려 냈던 것이다.

그러나 실제 일중 관계는 1966년 일본공산당의 중국 방문에서부터 돌

24_냉전 구조와 한국전쟁에 연루되지 않도록 일본의 중립국화를 추구한 지식인과 언론도 한국을 유일한 합법 정부로 승인하려는 한일회담에 반대했다.

25_미국의 대아시아 정책을 일본 제국주의에 연속하는 제국론의 구도에서 보는 입장은 탈냉전 시대의 반미 평화 담론에서도 자주 발견된다(吉見 2007, 19).

이킬 수 없는 불협화음을 노정시켰다.[26] 일본공산당은 미국의 베트남전쟁에 반대하기 위해 소련을 포함한 '반제국주의 통일전선'을 주장하였다(宮本 1966). 그러나 소련을 경계한 중국이 '혁명적 통일전선'을 기저로 문화대혁명을 수출하려는 태도를 취하자, 1951년에 중국 혁명을 모방한 무장투쟁에서 이미 실패를 경험한 일공 내부에서 중국에 대한 경계심과 반감이 퍼진다. 이른바 '맹종 분자'와 '민족 배외주의자'가 대립하는 가운데, 1967년에 일본조선연구소의 안도와 데라오, 전후 강좌파의 역사학자인 이노우에 기요시 등이 당 중앙(요요기파)의 중국 비판에 반발하여 탈당한다. 일본조선연구소 내부에서도 하타다 시게오(畑田重夫, 1923~ 정치학자, 평화운동가)는 문화대혁명에 비판적인 태도를 취했다.[27] 중소 분쟁과 문화대혁명의 여파로 북한이 민족주의에 입각한 주체노선을 제시한 상태에서 일본공산당은 조선노동당과의 우호관계로 국제적인 반미 통일전선을 유지했다.[28]

1968년 전공투의 도쿄대 대학원생 간부로 활동한 가지무라는 일본공산당에 대해 비판적 거리를 취했지만 조선 연구자로서 중국의 혁명론에 동화하지도 않았다. 그가 문제 삼은 것은 일본과 조선의 '민족적 현실'이다. 가지무라(1969, 209-213)는 「동아시아와 중국」이란 글에서 1960년대 후반

26_宮本顕治(1977). 1967년 2월 28일 중국공산당을 지지하는 유학생 등이 일본공산당을 지지하는 일중 우호협회를 공격한 선린학생회관 사건이 발생. 일본공산당은 "외부세력에 의한 간섭과 폭행은 용서치 않는다."는 입장을 표명했다.

27_http://nippon.zaidan.info/seikabutsu/2001/00997/contents/00316_005.htm (2013. 5. 30 검색)

28_1968년 1월 21일 북한의 청와대 습격 사건에 연이어 23일 미군의 푸에블로호 피랍 사건이 전개되자, 일공은 '미국의 군사 도발로 긴박해진 조선 정세'를 보도(「米の軍事挑発で朝鮮をめぐる情勢緊迫」『赤旗』 1968. 1. 31.)한 후, 그해 여름에 미야모토 겐지 서기장을 단장으로 한 대표단을 북한에 보내기도 한다.

에 파괴된 동아시아 국제주의 연대에 대하여 언급한다.[29] 그 동안 조중일 인민 연대론은 '동아시아 운명공동체'가 마치 실체인 것처럼 착각하였다. 그는 1964년 마오쩌둥이 "일본 민족은 위대한 민족입니다. 미 제국주의가 장기간 군림하는 것을 일본 민족은 절대 허락하지 않을 겁니다."라고 했던 찬사를 떠올리며, 그러나 여전히 미군의 군사기지로 존속하는 일본의 현실에 쓴웃음을 짓는다. "동아시아의 일체성은 목표로만 존재"할 뿐이다. 삼국의 인민은 "상이한 역사적 규정성에 따라 지금은 서로 동떨어진 채 집단적 무의식의 세계"를 형성하고 있다고 본 것이다. 그의 자조적인 어투로 짐작해 보건대 "상이한 역사적 규정성"과 "집단적 무의식"은 사회주의 국가의 '진보'와 자본주의 사회의 '타락'만이 아니라, 동아시아 인민 연대 전선에 가로막힌 '국경' 전반을 의미할 것이다. 실제로 중일 연대의 파탄 이후 일본 역사학의 주류는 동아시아상의 재정립을 중시하는 분위기에서 일국사의 연구 과제 중심으로 선회했다.

1960년대의 중소 분쟁과 동아시아 인민 연대의 균열 속에서 가지무라도 사회주의 대국에 휘둘리는 국제주의 노선을 불신하고 사회주의 소국의 민족주의를 우선시키는 입장으로 선회한다. "세계 프롤레타리아트의 국경 없는 공동체에 이르는 과도기"의 단계에서 사회주의 소국은 "자주독립·자력갱생의 민족주의"를 당면 과제로 삼는다는 것이다(1969, 212-213). 1960년대 말에 사회주의 혁명을 지향하는 동아시아 인민 연대는 퇴보와 답보 상태에 머문다. 반면, 1970년대 초에는 국제 사회의 다원적 데탕트 분위기가 조성되는 가운데 일중수교·미중수교·남북한 대화가 성사되는 등, 냉전

29_「東アジアと中国」(1969)이 저작집 2권에 「朝鮮からみた現代東アジア」로 수록됨.

구도에서도 새로운 국가 간 협력관계가 형성된다.

이러한 정세 변화 속에서 1970년대의 가지무라는 재일 조선인 운동을 지원하고, 조선의 민족해방사·민중운동사에 관한 강연과 글을 꾸준히 발표한다.[30] 프롤레타리아 국제주의에 대한 불신에서부터 민족주의의 당면 과제와 민중사의 관점을 옹호하는 태도는 그가 북한의 권력체제와 북한 역사학의 민족주의, 한국의 민중적 민족주의를 인식할 때에도 일관되게 나타난다.

6. 권력 비판과 역사 비평의 부조화

한일회담의 성사 이후 가지무라는 북한 농업 집단화의 성공 의미를 소개하는 논문 「북조선에서의 농업 협동화 운동(1953~1958)에 관한 일고찰」을 발표한다. 그가 주로 참고한 자료는 북한 역사가 김한주의 저서 『조선에서의 농업 협동화 운동의 승리』(1959)로, 당의 지도와 농민의 자발성이 결합하여 농업 생산관계의 사회주의적 변혁을 실현했다는 기록이다. 가지무라는 특히 협동 경영의 성과를 통해 부농의 저항과 농민의 사적 소유 관념이 극복되고 '사회주의적 노동자'로서 의식의 변혁을 이루었다는 결론에

30_강연의 기록인 「朝鮮民族解放闘争と国際主義」(1971)를 비롯하여, 갑신정변, 3·1운동, 만주의 항일운동과 민생단 문제 등, 민족해방사와 민중운동사에 관련한 논문은 저작집 4권에 수록됨. 1970년대 가지무라의 민중사 인식과 그것이 일본사학사에서 갖는 의미에 대해서는 도베 히데아키(2012) 참조.

주목한다(1966b, 385-390). 일본에서도 토지 개혁 연구가 활발한 가운데, 가지무라는 인민투쟁사의 관점에서 농민을 '변혁 주체'로 읽어 낸다. 북한에 대한 '실증'이 불가능했지만, 북한의 성공 사례를 제시함으로써 이념적으로 '예정 조화'된 역사적 진보를 입증한 셈이다.

'조선사연구회'를 통해 가지무라와 교류했던 한국사학자 강만길을 비롯해, 그를 회고한 대부분의 연구자들은 역사가로서 가지무라의 실증적 성실성과 예리한 분석력, 권력에 대한 저항적 자세를 평가한다. 비록 북한 연구에서는 현실의 '실증 불가능성'과 이념의 '예정 조화'가 전제되었지만, 그는 북한 역사학에 내재된 정치권력의 추이를 냉정하게 바라보았다. 1963년 '역사학연구회'의 학술대회 '동아시아 역사상의 검토'에서 발표한 글(1964b, 36)도 "역사는 지금 현재도, 기본적으로 독자의 권력체계를 갖는 모든 국민의 내부적 발전의 역사"라는 규정에서 출발한다. 가지무라는 국민적 역사학의 방향성을 규정하는 '독자의 권력체계'를 충분히 인지하고 있었다.

북한 역사학계에서는 1955년 『력사과학』(창간호~6호)에 번역문 「쏘베트 시기 력사의 시대 구분에 대하여」가 연재된 이후, 아시아적 정체성론을 부정하고 봉건성을 재규정하는 논의가 본격화되었다. 1956년 12월 「조선에서의 부르죠아 민족 형성에 관한 토론회」(『력사과학』, 57/01)가 진행된 이래, 역사가들은 조선사에서 자본주의적 이행을 발견하기 위한 역사 연구에 매진한다. 그들의 목적은 "사회주의 혁명과 사회주의 건설의 역사적 필연성"을 논증하기 위해 자본가 계급의 민족혁명을 내재적 발전 과정으로 체계화시키는 것에 있다. 1961년 조선노동당 제4차 당대회에서는 역사학의 방향성에 "당의 노선과 정책을 마르크스-레닌주의적으로 깊이 해설 선전하고, 당의 혁명 전통과 민족문화 유산을 전면적으로 연구"할 임무를 못 박아 놓았다(『력사과학』, 62/03, 권두언).

그 구체적 실천의 하나로 김옥균을 근대적 혁명가로 재평가하는 방대한 작업이 이루어졌다(梶村 1966c).[31] 그런데 일본에서도 조선의 개화파 김옥균에게 특별한 관심을 보이는 사람들이 있다. 일본의 메이지 유신을 동아시아에 수출하려고 했던 재야의 정치인, 특히 현양사(玄洋社)나 흑룡회(黑龍会)와 인연을 맺은 '행동적 아시아주의자'들이 김옥균을 비운의 혁명가로 추억하고 있었다(頭山満 2008). 한편 이들과의 대척점에서 일본 근대의 침략주의를 비판한 야마베 겐타로(山辺健太郎 1960)는 김옥균을 외세 의존적 관념론자로 비판했다가, 북한과 재일 조선인 역사학자로부터 조선인의 자주성을 폄하한 것으로 공격받았다(姜元鳳 2012, 31).

가지무라(1966c, 75-76)는 김옥균의 사회변혁론이 조선 민중과 결합하지 못한 '사실'을 지적하며, "역사가는 역사적 사실에서 출발해야 한다."는 북한의 야마베 비판의 화살을 그대로 북한에 돌려주었다. 그의 생각에는 김옥균의 실패를 통해 "근대사의 영광이 아닌 세계사적 조건의 엄중함을 직시"하고, 일국사가 세계사에 의해 규정되고 세계사의 문제가 다시 일국사에 관철되는 '왜곡'을 분명히 인식해야 마땅하다. 이는 전후에 일본 지식인들이 메이지 유신의 근대적 '영광'보다 '침략과 패배', '점령과 굴욕'을 직시함으로써 비로소 민족 주체성을 회복한다고 믿었던 역사 비평의 성찰적 논리에 근거한다. 일본 근대사에 대한 자기비판의 회로에서 볼 때, 김옥균을 근대적 혁명가로 영웅시하는 남북한의 역사학은 수긍하기 어려운 것이다.

가지무라는 북한의 역사학을 규정하는 권력운동을 꿰뚫어보았지만 그

31_북한에서 근대사 연구자를 총동원하여 500쪽이 넘는 공동 저작 『김옥균』(1964. 일본조선연구소에서 발행한 일본어 번역판은 1968)을 간행하여, 그를 민족의 자주적 발전을 고양시킨 애국 영웅으로 서술했다.

러나 그 권력의 행태를 비판하지 않았다. 1956~58년 사이에 벌어진 '반종파 투쟁'의 여파로 북한의 역사학계에서 최창익의 1920년대 조선공산당 평가와 이청원의 아시아적 봉건성에 대한 극복 논리가 부정당하고, 김석형이 역사연구소 소장으로 취임한다. 가지무라(1971, 14)는 정치적 이유에 따라 북한의 공식 역사가 3회나 수정된 사실을 지적한다.[32] 그 변화의 이유에 대해서는 "과거의 연구와 공화국 민중에게 필요한 자국사상 사이에 간극"이 생긴 것이라고 해석한다(1977 b , 318). 자국사의 서술 관점을 지배하는 '권력'에 대한 비평적 개입 없이, 오히려 '민중의 요구'라는 수식어를 입혀서 이해한 것이다.

가지무라는 메이지 유신 평가와 연동되는 문제로서 갑신정변의 자립적 혁명상 만들기에 대해서는 냉정한 자세를 취했다. 그러면서도 그는 북한에서 봉건성이 이미 극복되고 사회주의 혁명이 성취되었다는 식의 자국사 만들기가 이루어진 것 자체에는 관대하게 반응하였다. 일본의 역사가들이 조선노동당의 '종파주의' 비판에 동조하거나 반대로 관료주의적 관행에 대해 비판할 때에도, 가지무라는 그 모든 편향된 행태의 근본 원인을 일본의 식민 지배가 제공했다며 '일본의 책임'을 선행시켰다. 종파주의는 "일본 제국주의가 조선인의 내면에 들어가 박힌 것"이므로, 일본의 "민족적 책임을 빼놓고 단지 객관적으로 역사를 말할 수 없다."는 식의 어법이다(1971, 17-18). "조선사의 주인공은 조선 인민"이라고 생각한 가지무라는 조선의 내정과 권력 문제에 철저하게 관여하지 않았다. 오히려 '조선 문제'를 일본의 책임

32_일본어로 출판된 崔昌益 (1952)『朝鮮民族解放闘争史』, 李羅英(1960)『朝鮮民族解放闘争史』, 朝鮮労働党出版部 編(1956)『朝鮮解放運動史』이 있다. 북한의 역사서들에 대해서는 趙寛子(2007)의 종장을 참조.

문제로 돌리는 '혁명적 군자'의 여유와 배려의 자세로 일관했던 것이다.

1976년, 길영장생(吉永長生)이란 필명으로 발표한 「조선 북반부에서 본 현대 일본」은 북한의 역사연구소가 1974년에 발행한 『일본 군국주의의 조선 침략사(1945~1972)』를 다룬다. 이는 가지무라가 북한에 대해 전면적으로 언급한 마지막 글로 보인다. 이 글의 배경에 중일수교와 미중수교가 깔려 있다. 미국의 아시아 침략 전쟁에 대한 저항과 연대를 중시했던 가지무라로서는 베트남전쟁의 와중에 중국이 자본주의 국가와 악수하는 사실을 납득할 수 없었던 것 같다. 미일 안보동맹을 연장시킨 '사토-닉슨의 공동 성명'(1969)에 대항하여 '조선-중국의 공동 성명'(1970)도 채택하지 않았는가. 당시 중국과 북한은 "미 제국주의의 적극적인 비호 하에 아시아에서 또 다시 위험한 침략 세력으로서 부활한 일본 군국주의"를 맹렬히 비난했다. 그랬던 중국이 1972년에 돌연 일본의 '새로운 친구'로 변했다. 이 역사적 '배반'에 분노한 듯, 가지무라(1976a, 408)는 다음과 같이 묻는다.

> 일본 군국주의라는 말은 사회경제적 기초 등과는 별 상관없이, 단지 집권자의 정치적 자세와 관련하여 비교적 단기적인 정책(침략 충동)을 가리키는 것에 불과한가? 사토에서 다나카로 바뀌면, 또는 일중 국교 회복이 실현되었으니까, 군국주의는 소멸했단 말인가? 아니면 중국의 인식(실천)이 변했다고 이해해야 하는가?

1970년 일본에서는 미일 안보동맹에 반대하는 반제 통일전선이 형성되었지만, 중국이 캄보디아의 폴 포트 정권을 지원하고 베트남이 폴 포트의 반대파를 지원하면서 국제적인 반미 통일전선의 분열과 모순이 크게 노출된 상태였다. 하지만 북한은 중국의 '배반'을 직접 거론하지 않고, 중일수교 이후에도 변함없는 일본의 북한 적대 정책을 비판할 뿐이다. 북한의 역사가들은 일본이 "미제의 추악한 '2개의 조선' 책동 음모에 가담해서 남조선에 대한 노예화 정책을 강화하고 우리 민족 지상의 과업인 조국통일 사업에 대한 중대한 장해"를 만들었다고 일본을 비판했다(1976a, 410).

가지무라는 "또 다시 아시아를 정복하려고 꿈꾸는" 일본 "군국주의의 위험"에 대한 북한 역사가들의 긴장감에 일단 공명한다. 그러면서도 일본과의 교류가 단절된 상태에서 북한이 갖는 "현실 감각의 낙차"를 짚어 낸다. 북한의 현대 사가들은 한일회담 반대운동에 투신한 재일 조선인과 일본인의 존재를 간과했다는 것이다. 그리고 미일의 '종속적 동맹' 관계가 일방적인 수직관계가 아니라, 중층적 분업관계를 맺고서 일본 자본주의의 자율성과 미국이 갈등하는 관계임을 간파하지 못했다는 것이다. 이러한 문제 때문에 일본에서는 북한의 '이상(異常)한 경직성'을 탓하는 소리가 들리는데, 그 경직성이야말로 '일본 군국주의'의 "강압적이고 무례한 태도"가 빚어낸 반작용이라고도 말한다.

가지무라는 한미일의 '예속적' 군사동맹에 반대하지만, 북한의 폭력혁명 도발에 대해서는 언급을 회피한다. 한국전쟁에 대한 그의 인식은 미국의 침략 전쟁론에 근거하였고 일조협회의 반전 평화운동과 재일 조선인의 반미운동으로 채워져 있다. 그러한 기억 구조 안에서 1968년 1·21 북한의 청와대 습격 사건과 2개월 뒤의 푸에블로호 사건 등으로 일본에서 대북 긴장감이 고조된 사실은 그의 뇌리에서 전혀 문제로 남지 않았다. 그렇다고 가지무라가 북한의 군사적 긴장감 고조에 단순히 동화된 것처럼 보이지는 않는다.

가지무라(1976a, 420-421)는 북한의 역사가들이 남한을 미일의 '이중 식민지'로 규정했지만, "남의 민중에 대한 수탈보다도, 북을 공격하는 군사력"을 부각시키고 "군사 일원주의적 경제 파악"에 치우쳤다고 지적한다. 한일회담 이후 일본의 국가독점자본과 남한의 "종속 가공공업화 = 싸고 풍부한 노동력"의 구조적 결합으로 남한 민중이 수탈되고 있는데, 북한은 이 사실을 간과한다는 것이다. 그는 일본의 수탈에 의한 남한의 종속 발전 구조를 북한이 제대로 파악할 때, 조선의 "주체적 응용력을 고갈시킬 위험"이 없게 될 것이라고 충고한다.

가지무라는 일본인의 입장에서 북한이 일본의 자본 침탈에 근거한 남한 경제의 착취 구조에 더욱 적극적으로 대응할 것을 주문했다. 하지만 북한의 역사가들은 남한 경제의 '종속성'은 언급할 수 있어도 가지무라처럼 남한의 '종속 발전'을 연구하거나 '발전'이란 용어를 사용할 자유를 갖지 않았다. '민족자립경제'의 체제 우월성만을 주장하면서 반자본주의적 혁명 통일을 이룩하려는 북한에서 남한은 노예 경제의 '거지 나라'로만 서술될 수 있다. 이러한 북한 역사학의 '권력 구조'를 가지무라는 과연 어디까지 꿰뚫어보았던 것일까? 그는 사회주의적 당파성을 견지한 조선사가로서 북한 체제를 신뢰했지만, 실증적 역사가로서 북한의 실정에 얼마나 관심을 가졌던 것일까? 재일 조선인을 통한 북한과의 교류가 활발한 일본에서 그는 과연 북한의 지식 권력이 갖는 문제적 상황을 알고도 모른 척 언급하지 않았던 것일까?

7. '민족적 책임'의 경계를 넘어서

이 글은 가지무라의 어록을 숙고하는 '내재적 시점'에 머물지 않고, 내재적 발전론의 '외연'에서 가지무라의 역사학과 그의 시대(1955~1989)에 대해 조망해 보았다. 내재적 발전론의 네트워크에는 동아시아 차원의 역사학 운동과 정치적 연대운동의 굴곡이 고스란히 얽혀 있다. 한국전쟁 이후 마르크스주의 역사학자들은 동아시아의 사회주의적 진보에 대한 신념을 바탕으로 조중일(조선-중국-일본) 인민 연대와 동아시아 역사상의 재정립을 추구했다. 그들은 자본주의의 수탈과 종속에 대한 저항, 그리고 반미 민족통일전선의 구축을 기조로 한일회담 반대 투쟁에도 헌신했다. 그러나 그 연대 전선은 민족(국가)의 경계에 갇힌 상태에서 균열된다. 가지무라의 김옥균 인식에 나타난 비평적 자세와 북한 역사학의 권력운동에 대한 언급 회피(불간섭, no comment)의 자세에서 보듯이, 동아시아 인민 연대 전선에 가로 놓인 '민족적 경계'는 '책임'의 경계선까지 확정짓는 것이었다.

가지무라의 정보와 판단력은 냉전 시대의 이념적 당파성에 갇혀서 '현실 감각의 낙차'를 드러내었다. 그가 참조한 것은 북한의 권력투쟁을 정당화한 '승자의 이념', 그리고 TK생의 '한국으로부터의 통신'(世界, 72/11~77/08)과 같이 인민 연대 네트워크에서 수집하거나, 일본에서 서술·편집한 프로파간다적인 정보들이었다. 가지무라는 그 대부분이 '민중의 소리'라고 서술하였다. 그는 "마시지도 먹지도 자지도 말고 힘을 내자."는 북한 민중의 결연한 의지가 소비재 생산 우위를 주장한 소련·연안파를 억누르고 중공업 중심주의를 채택한 김일성의 '자립적 민족경제 노선'을 지탱하게 만들었다고 분석한다(1976b,79). 그는 북한의 역사가들처럼 국가의 대중 동원 슬로건과 대중의 혁명 의지를 합체시킴으로써 이념적으로 과잉 해석된 조선(북한)의 이미지를 일본 내에 전파하였다.

일본 독점자본과 남한 '종속 발전'의 연결고리를 문제로 삼았던 가지무라는 남북한 민중의 생활상의 목소리를 주시하지는 않았다.[33] 1970년대에 고도 소비사회로 진입한 일본의 풍요 속에서 자국 변혁운동의 '패배와 타락'을 심문하는 일본의 좌파 지식인이 '조선 혁명사'가 만들어 낸 민중 이념에 자신의 혁명적 로망을 투사한다. 남북한의 민중은 사회주의 혁명과 민족 주체성의 확립을 실현한 행위자로 인식되면서 자본주의적 부흥을 꾀한 일본 근현대사를 부정하는 데 동반된 것이다. 일본인의 '민족 책임'이라는 자기목적성을 관철하는 그 역사인식과 타자 인식에서 조선(한국) 민중은 자신의 입으로 말하고 숨 쉬는 존재라기보다 '인민 연대'에서 표상된 이념의 투사체였다.

연대를 추구하면서도 민족을 경계로 책임의 권역을 구분한 '민족적 책임'론은 개인의 윤리의식이기에 앞서 그가 산 시대를 지배했던 정치적 규범을 반영한다. 1955년 일본에서는 전후 일본공산당 산하에 묶여 있던 조선인 조직이 조총련 산하로 독립하고, '민족적 책임'의 분리도 이루어졌다. 1950년대 전반에 조선 통일과 일본 혁명을 동시에 추구하며 결집했던 일본인과 조선인이 상호 내정불간섭의 원칙하에 일국 혁명 노선으로 돌아선 까닭이다(朴慶植 1989, 353). 북한은 조총련의 대중을 해외 공민으로 간주하여 인재 양성을 위한 교육제도를 정비하고 독자적인 권력체계를 일본 내에 구축하였다. 이후 조일 우호 운동이 전개되었으며 일본 정부도 조총련의 통치력을 인정하고 공존을 꾀하였다. 가지무라(藤森一清 1975)는 한일회담 성사 이후를 '일한체제'로 명명하였지만,[34] 일본의 '55년 체제'는 남한(민단)은 물론 북한(조총련)과의 양자관계도 유지하였다. 북일 수교를 통한 북한의 우위

33_1970년대 후반에는 한국에 체류하고 돌아간 일본 연구자들이 한국전쟁 이후 한국인의 반공주의적 심정과 논리 등을 소개하는 글을 『조선연구』에 게재하였고, 유신 정권을 비판하고 민중민주운동을 전한 TK생의 『한국으로부터의 통신』과 다른 관점에서 한국의 경제성장과 한국인의 생활의식을 보여 주는 책(鳥羽欽一郎 1976)도 출판되었다.

34_일한체제론에 대해서는 강원봉(2012) 참조.

성은 보장하지 않았지만 일본의 대북 통로는 유연하게 열려 있었다.

그러나 1980년대에는 북한과 일본공산당과의 관계가 악화하고 그 동안의 민족 갈등이 분출하면서, 재일 조선인이 계급투쟁의 선봉대로 '이용되었다.'는 피해의식이 공론화된다.[35] 가지무라의 사후, 일본에서는 가지무라처럼 '조선 문제'를 '일본의 원죄와 그 책임'에서 구하려는 사상의 입지점이 점점 축소되었다. 탈냉전 이후, 55년 체제와 고도성장이 동시에 붕괴한 일본에서는 좌우파의 이념적 경계가 허물어진 틈새로 풀뿌리 민족주의가 강력하게 분출했다. 가지무라와 같은 좌파 지식인의 '일본 책임론'은 '자학사관'으로 비판되고, 좌파의 '대미 종속성' 비판 논리는 우익의 '반미 자주성' 실천 논리에 흡수된 것이다.

1950년대 전반의 폭력혁명론을 폐기하고 정립된 미군기지 반대의 평화 담론은 2000년대에 이라크전쟁(2003)에 반대하는 반미운동과 북한 핵개발(2006)에 반대하는 물결을 타고서 자주 방위 체제의 확립 논리로 전변하였다. 반미의 민족파 그룹(一水会)과 넷우익은 미국에 의해 규정된 전후체제의 타파와 일본의 전쟁 범죄를 심판한 '도쿄재판사관'의 극복을 주장한다. 그들은 전후 좌파 진영에서 일본을 '미국의 군사기지' 로 전락한 식민지로 규정했던 논리를 확대하여, 일본의 '대미 종속성'에 대한 '민족적 책임'을 거꾸로 묻고 있는 것이다. 『대동아전쟁의 정체, 그것은 미국의 침략 전쟁이었다』(清水 2006; 2011)라는 주장이 일본의 서점가와 인터넷에 떠돌고 있다. '아시아 해방을 위한 반미 투쟁'이라는 자기정당화의 해석학이 제국 일본과

35_박경식(1989,354)은 일공이 '51년 강령'의 무장투쟁 방침을 좌익 모험주의로 비난하고 당의 공식 방침이 아니었던 것처럼 책임 회피하고, 조선인을 동원한 역사를 은폐한다고 비판했다.

전후 일본을 연결시키면서 일본인의 반미적 자주성을 고취시키는 망령이 되었다. 반미 민족파 그룹(一水会)은 '민족적 책임'에 입각한 '코페르니쿠스적인 역사인식의 전환'을 호소한다.[36]

이러한 역사인식의 반란을 어떻게 진압하고 진정시킬 수 있을까? 필명 '길영장생'(吉永長生)처럼 가지무라가 오늘까지 장수했다면, 미국의 '군사적 식민지'로부터의 해방과 핵 보유국이자 군사 대국화 하는 중국으로부터의 '자위력'을 주장하는 자국의 풀뿌리 민족주의에 어떤 논리로 대응했을까? 탈냉전 이후 동아시아 각국, 각 정파의 권력운동 안에서 '민족적 책임'을 주장하는 좌우파의 목소리가 뒤섞여 있다. 뒤죽박죽 얽힌 집단의 기억 속에서 유언비어처럼 조장되는 역사인식을 누가 어떻게 심문할 수 있을까?

민족주의는 경계 밖의 타민족(가상의 적)을 바라보고 위기의식을 고조시키면서 성장한다. 중국과 한국의 '당당'하고 '자유분방'한 민족주의가 식민 지배의 원죄로 움츠러 있었던 일본의 '우울한' 민족주의를 자극하고, 배외주의적 성향을 갖는 넷우익의 출현을 도운 측면도 간과할 수 없다. 만일 동아시아의 영토 분쟁과 역사인식 논쟁이 격화된다면 일본 내에서 중국과 조선(북한), 한국의 '군사주의적 위협'을 두려워하고 헌법 개정을 추동하는 세력은 더욱 확대될 것이다. 동아시아의 평화를 저해하는 집단의 기억이 역사를 자의적으로 만들어 가는 현상에 대한 책임을 비단 일본인의 '민족적 책임', 우경화의 문제로 몰아치는 것이 능사는 아니다.

칸트의 이성철학과 근대적 법체계에서는 자유 의지를 갖는 행위 주체의 양심적 자각에 기초하여 책임이 이행될 수 있다고 믿었다. 하지만 근대

36_http://www.issuikai.jp/ (2013/08 접근)

이후 동아시아에서 제기된 역사 문제는 행위 주체(국가, 정파, 개인)의 책임 의식이나 정치적 협상으로 해결되지 않았다. 화해 불가능한 역사 문제는 민족 감정과 국가 간의 폭력적 충돌을 초래할 수도 있고, 거꾸로 보편적 윤리 감각에 호소하고 현실적 해법을 모색하는 기회를 확장시킬 수도 있다. 동아시아의 미래에 그 어느 쪽의 가능성이 확대될지 알 수 없지만, 그 어느 쪽도 '민족적 책임'의 경계를 넘어서 동아시아 지역 질서와 관련한 공공의 문제로 자각되어야 한다.[37]

'책임'의 윤리적 보편화와 공공성의 확대라는 공통의 과제 앞에서도 이해관계는 격렬하게 충돌할 것이고 정치적 논쟁은 꼬리에 꼬리를 물게 될 것이다. 그뿐만이 아니다. 넷우익의 젊은이들처럼 과거를 공유하지 않는 새 시대의 타자들과도 소통해야 한다. 이 복잡한 사태 속에서 역사적 책임 문제를 민족(국가)적 경계에 묶어 두고 '네 탓'만 거듭할 것인가? 보편적 윤리 감각에 기초한 공존의 질서와 공감대의 형성 가능성으로 나아가는 노력은 어떻게 할 것인가? 2010년대의 동아시아에서 여전히 민족과 국가, 당파적 이념과 '민족적 책임'의 경계 안에 갇혀서 우왕좌왕 편집되는 집단의 기억들이 혼돈스럽게 전개된다. 이 무책임한 역사적 타성과 맞서기 위해서는 어떻게 해야 할까?

37_레비나스(レヴィナス&ポワリエ 1991,22)의 말을 빌리자면 "역사를 심문하는 권능은 어떤 것에 군림하는 권능이 아니라, 어떤 것을 대신하는, 어떤 것을 위한 권능이다. 말하자면, 임무이고, 과잉의 책임이다." 이러한 사유 방식에서 '과잉의 책임'이 주어지는 '어떤 것'은 '가해-피해'의 특정한 법률적, 정치적 관계에 국한하지 않고 무한한 타자의 존재로 확장된다. 사르트르가 주체의 '자유'에서 유래한 '책임'을 강조했다면, 레비나스에게 "유책성(有責性)은 근원적 수동성이며, '고난 받는 것'"이다. "주체는 다른 존재를 대신하는 것이며, 그 존재는 타자에게로 향한다."(レヴィナス&ポワリエ 1991,23). 즉 주체는 무한하게 확장되는 타자를 대신하는 존재이므로, 책임 있는 주체는 스스로의 주권성을 박탈당한, 고난 받는 존재가 된다.

필자는 가지무라의 양심을 기리고 그 역사학의 의의를 재현시키려는 '긍정'의 시선으로부터 의식적으로 비껴 나갔다. 그리고 가지무라가 설정했던 1960년대의 문제의식과 동아시아 인민 연대의 실상을 민족과 이념의 경계 밖으로 끌어내고 편향된 정보들의 통신 과정을 밝히고자 했다. 변화하는 시대 앞에서 민족 정념과 진영 논리의 '방어 기제'를 겹겹이 쌓아 올리는 해석학과 수사의 능수능란한 '언어의 감옥'에서 벗어나기 위해, 이 글은 내재적 발전론의 '외연'에 주목한 것이다. 그 '외연'은 오늘의 문제 상황과도 연결되고 있다. 그 연결고리에서 과거에 활발했던 좌파 담론이 오늘날 활발한 우파 담론과 뒤범벅된 역설적인 문제 상황을 읽어 냈다면, 이것은 필자의 억측에 불과한 것일까?

참고문헌

강덕상. 1997. "가지무라를 기리며/ 가지무라 히데키와 조선근현대사 연구." 『역사비평』 39. 서울: 역사비평사.

강원봉. 2012. "'일한(日韓)체제' 하의 민중과 '의미로서의 역사': 가지무라 히데키(梶村秀樹)의 한국인식과 역사인식." 『아세아연구』 149. 서울: 고려대 아세아연구소.

김석형. 1962. "해방 후 조선 역사학의 발전." 『력사과학』(62/02). 평양: 역사학연구소.

(권두언). "맑스-레닌주의의 기치를 높이 들고 력사 과학의 당성의 원칙을 고수하자." 『력사과학』(62/03). 평양: 역사학연구소.

나카무라 사토루 저, 정안기 역. 2005. 『근대 동아시아 역사상의 재구성』. 서울: 혜안.

도면회. 2006. 『한국의 식민지 근대성: 내재적 발전론과 식민지 근대화론을 넘어서』. 서울: 삼인.

도베 히데아키. 2012. "일본 '전후 역사학'의 전개와 미완의 가지무라(梶村) 사학." 『아세아연구』 149. 서울: 고려대 아세아연구소.

조관자. 2012. "재일 조선인 운동과 지식의 정치성, 1945~1960." 『일본사상』 22. 서울: 한국일본사상사학회.

조석곤. 1988. "식민지근대화론과 내재적 발전론 재검토." 『동향과 전망』 38.

차승기. 2012. "가지무라 히데키(梶村秀樹)의 '미발의 계기'." 『아세아연구』 149. 서울: 고려대 아세아연구소.

타키자와 히데키. 1998. "안병직 교수에게 감히 묻는다." 『역사비평』 43. 서울: 역사비평사.

홍종욱. 2012. "가지무라 히데키(梶村秀樹)의 한국 자본주의론-내재적 발전론으로서의 '종속 발전'론." 『아세아연구』 149. 서울: 고려대 아세아연구소.

梶村秀樹. 1963a. "李朝後期朝鮮の社会構成に関する最近の研究をめぐって." 『梶村秀樹著作集 第2巻 朝鮮史の方法』. 東京: 明石書店.

梶村秀樹. 1963b. "日韓会談と「日本人の気持」." 『歴史評論』 157(63/09).

梶村秀樹. 1964a. "「不正蓄財処理問題」と南朝鮮の隷属的独占資本." 『朝鮮研究月報』 26・27.

梶村秀樹. 1964b. "朝鮮史の若干の問題." 『梶村秀樹著作集 第2巻 朝鮮史の方法』.

梶村秀樹. 1966a(1993). "内在的発展の視覚." 『梶村秀樹著作集 第2巻 朝鮮史の方法』.

梶村秀樹. 1966b(1993). "北朝鮮における農業協同化運動(1953~1958) についての一考察." 『梶村秀樹著作集 第5巻 現代朝鮮への視座』. 東京: 明石書店.

梶村秀樹. 1966c(1993). "朝鮮近代史と金玉均の評価." 『梶村秀樹著作集 第2巻 朝鮮史の方法』.

梶村秀樹. 1969(1993). "朝鮮からみた現代東アジア."(原文「東アジアと中国」). 『梶村秀樹著作

集 第2巻 朝鮮史の方法』. 東京: 明石書店.
梶村秀樹. 1971(1993). "朝鮮民族解放闘争と国際主義." 『梶村秀樹著作集 第4巻 朝鮮近代の民衆運動』. 東京: 明石書店.
梶村秀樹. 1974. "朝鮮史研究の方法をめぐって." 『梶村秀樹 著作集 第2巻 朝鮮史の方法』.
藤森一清. 1975. "日韓条約体制10年の帰結 - 日韓体制の軌跡と変革の視座-." 『破防法研究』 24.
梶村秀樹. 1976a. "朝鮮北半部からみた現代日本." 『梶村秀樹著作集 第5巻 現代朝鮮への視座』. 東京: 明石書店.
梶村秀樹. 1976b(1993). "八・一五以後の朝鮮人民." 『梶村秀樹著作集 第5巻 現代朝鮮への視座』.
梶村秀樹. 1977a. 『朝鮮における資本主義の形成と展開』. 東京: 龍渓書舎.
梶村秀樹. 1977b. "意味としての歴史." 『梶村秀樹著作集 第2巻 朝鮮史の方法』.
梶村秀樹. 1978a. "本誌172号論文に対する私の意見." 『朝鮮研究』 176(78/03).
梶村秀樹. 1978b. "再び本誌181号論文に対する私の意見." 『朝鮮研究』 185(78/12).
梶村秀樹. 1980. "歴史としての四.一九." 『梶村秀樹著作集 第5巻 現代朝鮮への視座』.
梶村秀樹. 1981a. "東アジア地域における帝国主義体制への移行." 『梶村秀樹著作集 第2巻 朝鮮史の方法』. 東京: 明石書店.
梶村秀樹. 1981b. "旧植民地社会構成体論." 『梶村秀樹著作集 第3巻 近代朝鮮社会経済論』.
梶村秀樹. 1985. "歴史の発展は幻想だろうか." 菅孝行. 『モグラ叩き時代のマルキシズム』. 東京: 現代企画室.
梶村秀樹. 1986(1993). "朝鮮近代史研究における内在的発展の視角." 『梶村秀樹著作集 第2巻 朝鮮史の方法』. 東京: 明石書店.
和田春樹・梶村秀樹 編. 1987. 『韓国民衆: 「新しい社会」へ』. 東京: 勁草書房.
安藤彦太郎. 1964a. 『日・朝・中三国人民連帯の歴史と理論』. 日本朝鮮研究所.
安藤彦太郎. 1964b. "朝鮮民主主義人民共和国訪問記." 『朝鮮研究』 35(64/12).
板垣竜太. 2011. "日韓会談反対運動と植民地支配責任論 -の植民地主義論を中心に." 『思想』 (11/03).
上田耕一郎. 1956. 『戦後革命論争史: 戦後日本の分析上巻』. 東京: 大月書店.
幼方直吉・遠山茂樹・田中正俊 編. 1966. 『歴史像再構成の課題: 歴史学の方法とアジア』. 御茶の水書房.
幼方直吉・安藤彦太郎. 1964. "日本民族の独立と中国・朝鮮研究". 『朝鮮研究』 33(64／10).
小野義彦. 1957. "「従属経済」論への批判." 『経済評論』(57/06).
小野義彦. 1963. 『戦後日本資本主義論: 従属経済論批判』. 東京: 青木書店.
姜元鳳. 2012. "一九六〇 年代梶村秀樹の朝鮮史認識: 戦後朝鮮史研究における内在的発展論の展開と分岐." 東京学芸大学史学会. 『史海』(2012/06).
金元祚. 1984. 『凍土の共和国: 北朝鮮幻滅紀行』. 東京: 亜紀書房.
趙寛子. 2007. 『植民地朝鮮/帝国日本の文化連環』. 東京: 有志舎.

寺尾五郎. 1963.『日韓会談のはなし: 現代の怪談』. 日朝協会福岡県連合会.
寺尾五郎. 1964a. "日朝友好運動の中での学習活動について."『朝鮮研究月報』(64/03).
寺尾五郎. 1964b. "解放運動における日・朝・中の連帯の問題."『朝鮮研究』35(64/12).
頭山満. 2008. "金玉均とのこと."『アジア主義者たちの声(上) 玄洋社と黒竜会, あるいは行動的アジア主義の原点』. 東京: 書肆心水.
鳥羽欽一郎. 1976.『もう一つの韓国』. 東京: 東洋経済新報社.
佐伯有一. 1964. "世界科連北京センター シンポジウムについて."『歴史学研究』286(64/03).
佐藤勝巳. 1978.『わが体験的朝鮮問題』. 東京: 東洋経済新報社.
重村智計. 2000.『北朝鮮の外交戦略』. 東京: 講談社.
清水馨八郎. 2006; 2011.『大東亜戦争の正体 それはアメリカの侵略戦争だった』. 東京: 祥伝社.
朴慶植. 1989.『解放後在日朝鮮人運動史』. 東京: 三一書房.
朴正鎮. 2012.『日朝冷戦構造の誕生: 1945~1965: 封印された外交史』. 東京: 平凡社.
永原慶二. 2003.『20世紀日本の歴史学』. 東京: 吉川弘文館.
並木真人. 1990. "戦後日本における朝鮮近代史研究の現段階:「内在的発展論」再考."『歴史評論』482(1990/6)
日朝協会. 1960.『日朝問題』. 学習講座資料.
日本朝鮮人科学者協会社会科学部門歴史部会. 1964.『朝鮮近代革命運動史』. 東京: 新日本出版社.
日本共産党. 1989.『日本共産党の六十五年(一)』. 東京: 新日本出版社.
林雄介. 2013. "梶村秀樹 著『朝鮮における資本主義の形成と展開』:「内在的発展論」のバイブル."『歴史評論』757(2013/05).
福田徳三. 1903(1915). "韓国の経済組織と経済単位."『内外論叢』第2-4巻.(『改定経済学研究』. 同文館).
古屋貞雄. 1963. "訪朝にあたつて."『朝鮮研究』19 (63/07).
洪宗郁. 2010, "内在的発展論の臨界 -梶村秀樹と安秉珆の歴史学."『朝鮮史研究会論文集』(2010/10).
宮田節子. 1990. "梶さんに出逢ったころ."『梶村秀樹著作集 別巻 回想と遺文』. 東京: 明石書店.
宮本顕治. 1966. "アメリカ帝国主義に反対する国際統一行動と統一戦線を強化するために."『赤旗』(66/2/4).
宮本顕治. 1977. "毛沢東との最後の会談: 一九六六年, 上海での二日間."『週刊朝日』(77/6/24).
山辺健太郎. 1960. "朝鮮改革運動と金玉均 -甲申事変に関連して."『歴史学研究』(60/11).
吉野誠. 1990. "梶村さんの頑固さと柔軟性."『梶村秀樹著作集 別巻 回想と遺文』. 東京: 明石書店.
吉見俊哉. 2007.『新米と反米ー戦後日本の政治的無意識』. 東京: 岩波書店.
李東準. 1956.『日本にいる朝鮮の子ども: 在日朝鮮人の民族教育』. 東京: 春秋社.
李瑜煥. 1971.『在日韓國人60万 -民團朝總聯の分裂と動向』. 東京: 洋洋社.

和田春樹. 1990. "民衆への確信と祈り."『梶村秀樹著作集 別巻 回想と遺文』. 東京: 明石書店.

エマニュエル・レヴィナス, フランソワ・ポワリエ(内田樹 訳). 1991.『暴力と聖性: レヴィナスは語る』. 東京: 国文社.

8장

가지무라 히데키의 '미발의 계기'

식민지 역사 서술과 근대 비판

차승기

결과론적으로 이긴 놈이 '관군'(官軍)이라고 확인할 뿐인 역사 연구라면
무의미하기는커녕 유해하기까지 하며,
파묻혀 버린 미발의 계기를 탐구하는 것에야말로 의미가 있다. …
- 가지무라 히데키 1980(1992), 143~144

1. 식민지와 근대

1980년대 후반 기존의 식민지 역사 서술의 관점을 둘러싸고 학계 내부의 대립적 관점이 표면화된 이후 '근대성'에 대한 포괄적인 반성이 등장하게 된 1990년대 말까지, 식민지를 바라보는 관점은 크게 두 가지 입장으로 양분되어 이해되어 왔다. '식민지 수탈론'(이하 '수탈론'으로 약칭)과 '식민지 근대화론'(이하 '근대화론'으로 약칭)이 그것이다. 식민지 역사 서술의 관점이 이렇게 '양분'된 데에는 '근대화론'의 문제제기가 결정적인 역할을 했다고 할 수 있다.

사실 '수탈론'과 '근대화론'을 동일한 차원에서 대립하고 있는 두 가지 해석 틀로 보는 것은 과장이다. 흔히 명시적인 대립 구도 속에서 다루어지곤 했지만, 이 두 입장은 서로 어떤 통일된 역사관 또는 역사철학을 바탕으로 출발해 비슷한 규모의 실정성(positivity)을 형성하며 경쟁 속에서 전개되

어 온 것이 아니기 때문이다. 그와는 달리, 1960년대 후반 과거의 실증주의 사학과 식민사학의 잔재를 극복하려는 시도로 등장한 이후 한국 역사학계의 지배적 해석 틀로 이어져 온 내재적 발전론 및 '수탈론'에 대해, 특히 경제사학계를 중심으로 식민지 시기 진행된 근대화의 수준을 재평가하며 '수탈론'의 '민족주의적 편견'에 이의를 제기했다는 것이 사실에 가까울 것이다. 그러나 '근대화론'의 입장에서 기존의 해석 틀에 이의를 제기하는 방식으로 논쟁 구도가 형성됨으로써, 근본적으로 동일하다고 볼 수 없는 기존의 해석 틀들이 '수탈론'이라는 하나의 이름 아래로 회집되는 효과가 발생했다. 그러므로 1960년대 후반부터 등장해 식민주의적 타율 사관을 넘어서고 역사의 주체를 발견하고자 한 다양한 해석 틀들을 '수탈론'으로 명명하는 것 자체가 어쩌면 '근대화론'의 입장을 대변하는 것이 될 수 있다.[1]

엄밀히 말해서 '근대화론' 이전의 식민지 역사 서술의 관점 중 (이른바 식민지사관의 지배적인 영향 하에 생산되었던 정체성론·타율성론 등을 제외한다면) 수탈론, 자본주의 맹아론, 내재적 발전론 등은 근본적으로 동일한 입장에서 있다고 볼 수 없다.[2] 좁은 의미에서 수탈론이 일본 제국주의의 폭력성과 죄악성을 폭로함으로써 오히려 조선 민중의 비주체성과 식민지성을 인정하는 역설적인 효과를 산출했다면, 자본주의 맹아론은 식민지 조선을 보편적 역사 발전 법칙 속에서 이해함으로써 오히려 식민지라는 위치의 특이성을 간과하는 결과를 낳았다고 할 수 있다(이홍락 1997, 231~232). 따라서 자

1_대표적인 예로는 조석곤(1997)을 들 수 있다. 이 글은 '수탈론' 대 '근대화론'이라는 단순 대립 구도의 극복을 제안하는 수사를 취하고 있지만, 실제로는 '근대화론'에서 명명하는 '수탈론'의 규정을 일반화된 형태로 반복하고 있다.

2_이 점을 분명하게 문제화한 것으로 이홍락(1997)을 참조할 수 있다.

본주의 맹아론이 납득시킬 수 없는 역사적 특수성은 수탈론으로, 수탈론이 포착할 수 없는 주체성은 자본주의 맹아론으로 설명하는 상호적인 대리 보충의 체제가 형성되어 온 측면을 부정할 수는 없을 것이다.

이에 반해 내재적 발전론은 조선 내부의 동력을 식민지, 세계 자본주의 및 계급투쟁의 전개와 연관시켜 이해하고자 했다는 점에서 앞의 두 입장과는 구별된다고 할 수 있다. 물론 근대 식민지를 경험한 '민족'을 역사의 주체적 단위로 설정하면서 이루어지는 서사는 불가피하게 수탈론, 자본주의 맹아론, 내재적 발전론을 복잡하게, 때로는 무반성적으로 혼합시키게 만들기도 했다. 하지만 내재적 발전론은 '민족사'의 자기동일성으로 환원될 수 없는 중요한 계기들을 내포하고 있는 것으로 보인다. 특히 1960년대 중반부터 내재적 발전론의 입장을 일관되게 견지하면서 조선 근현대사를 연구해 온 가지무라 히데키(梶村秀樹, 1935~1989)의 경우 '근대화론'에 의해 일반화되고 상대화된 '수탈론'으로 수렴되지 않는 관점을 보여 준다는 점에서 주목할 만하다.

1990년대 말 식민지 역사 서술의 관점을 둘러싼 논쟁이 '수탈론'과 '근대화론' 사이의 대립 속에서 전개되고 있을 때 이 양자를 함께 비판하면서 '식민지 근대성론'(이하 '근대성론'으로 약칭)이 등장한 바 있다. 대체로 포스트 콜로니얼리즘에 이론적 근거를 두고 식민지와 근대가 상호 구속적으로 작용하는 세계체제를 시야에 넣으면서 '식민지적 근대'의 특이성을 해명하고자 한 이 입장에서 바라볼 때, 표면상 극단적으로 대립되어 보이는 '수탈론'과 '근대화론'은 실제로는 근대를 성취해야 할 필연적인 단계로 이해하고 있다는 점에서 공통적 기반에 서 있는 데 불과했다.[3] 그러나 가지무라 히데키의 내재적 발전론이 '수탈론'으로 환원될 수 있는지도 의심스럽지만, 근대를 '성취해야 할 필연적인 단계'로 이해하고 있었다고 단정할 수 있는

지에 대해서도 재고가 필요해 보인다. 그의 '내재적 발전'론에서 '내재적' 관점이 근대적 '발전'이라는 비전과 맺는 관계를 해명하지 않은 채 수탈론, 자본주의 맹아론 등과 함께 모호하게 뭉뚱그려 분류해 버리는 것으로 '극복'했다고 말할 수 있을까. 어쩌면 '내재적' 관점과 근대적 '발전' 사이의 관계를 줄곧 고민해 온 가지무라의 관심은 '식민지적 근대'의 특이성을 밝히고자 하는 '근대성론'의 과제와 이미 만나고 있었던 것은 아닌가.

이 글에서는 조선 근현대사 서술에서 가지무라 히데키가 견지하고자 했던 '내재적 발전론'의 입장이 식민지와 근대의 관계, 나아가 조선과 일본의 관계를 어떻게 설명하는가를 검토하고, 그로부터 가지무라의 키워드들을 추출함으로써 근대에 대한 그의 비판적 관점을 재구성해 보고자 한다. 이는 단지 가지무라의 역사관, 식민지관과 근대 개념을 설명하는 데 그치지 않고, 식민지 역사를 바라보는 오늘날 우리의 관점을 반성하는 계기도 될 것이다.

2. 내재성

가지무라 히데키 스스로가 표방한 조선 근대사 서술의 방법이 '내재적 발전론'인 것은, 무엇보다도 그가 역사 서술의 관점으로 '조선 내부'의 시선

3_'내재적 발전론'이 보편적인 근대 개념을 전제하고 있다고 일찌감치 비판한 것으로는 並木真人(1990) 참조. '근대성론'의 입장에서 '수탈론'과 '근대화론'을 비판한 글로는 조형근(2006) 참조.

을 설정하고자 했기 때문이다. 그러나 생각해 보면 의아하다. 일본인 역사학자로서 조선 내부의 시선을 설정한다는 것은 무엇을 뜻하는가? 전후 일본 사회에 속해 있는 서술자가 근대 초기 조선 내부의 시선을 가진다는 것은 무엇을 말하는가? 서술하는 시점과 서술되는 시점 사이의 이 시차적(視差的) 관점은 어떻게 가능한가? 이 질문들을 염두에 두고 가지무라의 키워드들을 살펴보도록 하자.

크게 봐서 내재적 발전론에 대해서는 두 방향에서 비판이 이루어져 왔다고 할 수 있다. 첫째는 그 '특수주의'의 역설에 대한 비판이라고 할 수 있는 것으로, 태생적으로 전지구적인 전개를 본질로 하는 자본주의적 근대세계에서 민족 단위의 '내적'인 동력을 찾고자 하는 관점은 민족주의가 조성해 놓은 이데올로기적 상황을 이론적 기초로 삼으려 하기 때문에 붕괴될 수밖에 없다는 비판이다. 내재성의 기초가 되는 민족 단위 그 자체가 전지구적인 자본 전개(또는 '근대화')의 한 결과이므로, 내재성을 찾고자 하면 할수록 그와 반대로 외부에 기원을 두는 근대화를 긍정하게 되는 전도된 역사적 관점을 가질 수밖에 없다는 것이다. 흔히 민족주의 및 국민국가 비판의 맥락에서 이러한 비판이 제기되었다.[4] 그러나 이러한 비판은 그 스스로

4_아마도 이러한 비판의 대표적인 사례로는 최근 김용섭의 내재적 발전론을 비판하면서 역사학계의 논쟁을 촉발시킨 윤해동의 관점을 들 수 있을 것이다. 그는 김용섭의 내재적 발전론을 강력한 일국적 발전론으로 규정하고 박정희 정권의 성장 이데올로기와 동일한 논리적 기반에 서 있다고까지 비판한다. 김용섭의 내재적 발전론은 무엇보다도 "국민 만들기 = 국민화 과정에서 이데올로기적 기반을 제공하는 것"(윤해동 2010, 57~58)이었기 때문이다. 그리하여 민족주의 또는 국민국가가 이데올로기의 운명과 동일하게, 식민사관을 극복하고자 했던 내재적 발전론은 결국 "반식민주의 (역)사학적 식민주의 (역)사학"(59쪽)으로서 일종의 전도된 식민사관으로 귀착되고 만다. 윤해동은 논쟁 과정에서 내재적 발전론에 대해 "통일민족주의 혹은 분단 극복"이라는 일종의 "민족의 유토피아"를 미래의 환상으로 전제함으로

다시 이데올로기적인 상황에 말려들어간다. '안/밖'의 생산은 그 자체 역사적 선험성(historical a priori)을 이루는 근대의 산물이지만, 그 역사적 선험성에 대한 비판과 더불어 안과 밖이 갖는 '현실성'(actuality)을 탐구하는 것 역시 역사의 과제이기 때문이다. 이 구체적인 과제를 보다 상위의(또는 저변의) 역사적 조건에 대한 물음으로 해소시키는 것 역시 '근대적 반성'적 사고가 놓여 있는 이데올로기적 상황이라고 할 수 있을 것이다.

둘째, 내재적 발전론은 조선역사에 대한 정체성론·타율성론의 설명을 극복하고자 하는 주관적 목적이 앞섬으로써 근대 역사의 보편성 속에 식민지 조선을 환원시키고 만 것으로 비판되곤 한다. 이를 내재적 발전론이 가지고 있는 '보편주의'적 욕망에 대한 비판이라고 할 수 있을 것이다. 전지구적인 자본주의 발전의 전일적 과정이 식민지로 전락할 운명에 처한 아시아의 한 구석에서도 발견된다고 봄으로써 서술자의 의지와는 상관없이 조선을 보편적인 진보의 역사 속으로 회수시키는 결과를 낳는다는 비판으로, 요컨대 근대적 변화를 추동할 수 있는 조선의 '주체적' 동력을 강조한다 할지라도 그 '주체성'은 언제나 '보편성'의 한 계기로서만 이해된다는 것이다(並木真人 1990).

이에 대해 내재적 발전론을 옹호하는 입장에서는 내재적 발전론이 서구적 기원을 갖는 '보편주의적' 근대를 찬미하는 것이 아니라고 반박한다. 이 입장에서는 내재적 발전론이 자본주의의 전지구적 전개의 한 측면으로서 식민지를 이해하고 있기 때문에 서구적 근대를 옹호하기보다는 역사적 현상 그 자체를 직시하고자 한 결과라고 말한다(이홍락 1997). 그러나 특정

써 "종적 담론의 체계를 역사주의의 이름 아래 선명히 자기의 정체성으로 내걸고 있는 이데올로기"라고 비판하기도 한다(윤해동 2011, 52~53).

한 역사 서술 관점이 서구적 근대에 긍정적인 가치를 부여하는가 그렇지 않은가는 그 관점의 근대적 한계를 반박하는 데 그리 큰 효과를 갖지 않는다. 자본주의적 근대화에 대해 가치론적-윤리적으로 부정적 입장을 취하더라도, 내용적으로 역사적 특수성으로 가득 차 있다 하더라도, 특정한 지역사회-경제단위 내부에서 자본주의적 변화의 지표를 찾고자 하는 시선은 자본의 전지구적 전개의 필연성을 유일무이한 현실로 간주하고 그 조건 위에서만 일국사를 서술하게 만들기 때문에 이른바 근대의 보편사적인 과정을 부정할 수 없게 한다.[5]

그래서 다시 문제는 '내재성'에 있다. 가지무라가 보고자 한 '내재성'은 무엇이고 그것은 어떻게 '내재적'일 수 있는가?

가지무라는 조선 근대사 및 식민지에 대한 기존 역사 서술의 관점에 대해 이의를 제기하면서 출발한다. 그가 볼 때 그 동안의 조선 근대사 연구, 특히 일본의 조선 근대사 연구의 지배적인 경향은 조선을 타율적 존재, 아시아적 정체성을 극복하지 못한 사회로 서술해 왔다. 이에 대해 가지무라는 '내재성'의 관점을 제시하며 조선의 역사를 서술하고자 한다.

조선 근대사를 세계사적 연관 속에서 포착한다는 방법은 어떤 의미에서는 예전부

5_물론 가지무라가 서구적 근대에 대해 '내용적으로' 비판적이었음은 말할 필요도 없다. 물질적(경제적)·문명적 과정으로서 서구적 의미의 근대화를 추구하는 방향이 "틀린 길이라는 것은 어떤 의미에서는 결코 따라잡을 수 없기 때문이기도 하지만, 앞지르자마자 공허함에 직면할 뿐"이라는 진술에서도 그의 비판적 입장은 명백하다(梶村秀樹 1985(1993), 162). 그런데 그의 근대 비판은 물질적·문명적 근대화뿐만 아니라 '근대적 자기 인식(보편적 주체)'을 향해 있기도 했다는 점에서 보편주의적 전제를 벗어날 가능성을 내포하고 있다. 이 부분에서 특히 식민지와 조선이라는 존재가 중요해진다.

터 행해져 오고 있다. 오히려 그것으로만 '열강의 각축장으로서의 조선'의 역사를 설명할 수 있다고 여겨 왔다. 오늘날 필요한 것은 그러한 외압을 조선사에서의 의미 부여로부터, 내재적 발전과의 연관으로부터 다시 포착하고, 정당하게 위치 짓는 것이다(梶村秀樹 1964(1993), 37~38).

이곳에 내재적 '발전'이라는 표현이 사용되고 있지만, 이 표현이 어떤 공동체 내부의 독자적인 시간성을 확증 가능한 연대기적 지표로 전환할 수 있음을 의미하지는 않는다. 오히려 강조점은 '내재성' 자체에 있다. 그의 '내재성'은 일본 제국주의가 패배하고 조선이 해방되었다는 사실, 북한에는 사회주의적 개혁이 남한에는 자본주의적 발전이 진행되고 있다는 현실에서 출발해 과거에서 그 '맹아'를 찾으려는 전도된 관점에서 비롯된 것이 아니다. 그는 분명히 타율성론으로부터 벗어나 조선을 바라보고자 하지만, 그 시각은 현재의 기원으로서의 '맹아'의 발견보다는 '외압'과 '내재적 발전'과의 연관을 재설정하는 데로 향해 있다. 즉, 그 동안 조선 근대사의 특수성에 대한 지배적 설명 방식이었던 '외압'을, 바로 그 '외압'의 대상이었던 조선의 '내부'로부터 다시 되돌려 본다는 것이다. 이른바 세계사적 연관 속에서 조선을 바라본다고 하는 관점이 종종 근대 자본주의의 세계사적 전개를 조선이라는 특정 지역에서 확인하는 결과를 낳는 것과는 달리, 조선 '내부'의 시각에서 세계사적 연관을 재구성하려는 시각이다. 따라서 그의 '내재성'론은 결정론적이라기보다 관계론적이라고 볼 수 있다. 그의 이러한 시각은 당대의 일본을 바라보는 데서 오히려 잘 드러난다.

말할 것도 없이 현재의 남조선의 노동자를 직접·간접으로 일본 제국주의의 메커니즘의 최저변에 편입시키고 있는 체제 위에 일본의 자본주의 사회가 존립하고 있다(梶村秀樹 1971(1992), 46).

다시 말해, 가지무라의 '내재성'은 어느 특정의 사회-경제적 단위 안에서 그 고유성의 결정 요소 또는 기원을 찾는 작업으로서가 아니라, 서로 구별되면서도 함께 참여하고 있는 복잡하고 불균등한 관계망 속에서 그 관계의 성격을 규정짓는 계기로서 의미를 갖는다고 볼 수 있다. 일반화하여 말하자면, 불균등한 자본주의 세계체제 속에서 그 세계체제의 성격을 규정짓는 하나의 관계 항으로서 식민지가 존재한다는 것, 식민지는 강대국과 제국주의 국가들로부터 외압을 받는 존재이기만 한 것이 아니라 불균등한 체제를 유지하거나 변동시키는 변수로서 그 체제 안에서 하나의 항으로 작용하고 있다는 것이 그의 '내재성' 개념을 이해하는 데 필수적이라는 것이다.

사실 '내재성'이란 그 자체 근대적인 인간관·세계관 전체를 특징짓는 본질적인 관점이다. 그 어떤 초월자도 초월적인 시선도 배제 또는 내면화하고 자기 결정의 근거를 자기 내부에 정초하려는 시도야말로 근대적 사유의 본질적 노고에 해당되기 때문이다. 이미 결정된 것 또는 외부의 법을 한편으로는 부정하고 한편으로는 내면화하는 변증법적 과정을 통해 근대적 자아에 대한 규정이 탄생했음은 주지의 사실이다. 가지무라의 '내재성' 역시 기본적으로는 근대적 사유의 준칙을 따르고 있는 것으로 보인다. 식민지화와 '왜곡'에도 불구하고 조선 내부에서 그 사회-경제적 발전의 동력을 발견하고자 하기 때문이다. 그러나 그것이 단순히 '일국사'라는 근대적 국민-국가의 자서전 쓰기로 환원되지 않는 것은, 조선이라는 단위가 세계 자본주의, 특히 일본 자본주의와의 탈경계적 관계 속에서 이해되고 있기 때문이다.

그렇다면 조선 근대사의 '내재성'을 지속시킬 수 있는 동력은 무엇인가.

그에게 조선의 내재적 발전의 가장 근본적인 동력은 '조선 민중'이다.

3. '미발의 계기'

가지무라는 '민중사'의 영역을 주도적으로 개척한 이로카와 다이키치(色川大吉)의 '미발의 계기'[6]라는 표현을 전유하여 내재적 발전의 동력을 설명하고자 한다.

> 역사는 올바른 것이 승리한다고는 할 수 없는 잔혹한 과정이다. 때로는 돌이 쏟아져 내려 나뭇잎이 묻히는 일도 있다. 그 나름으로 진지하기는 했지만 간교하고 약삭빠르게 표면적인 승리를 점하는 전제 지배자 따위보다, 좀 더 파고들어 진정한 것을 추구하고자 했기 때문에 상황의 벽에 부딪쳐 상처 입고 쓰러진 수다한 미발의 영위(營爲)가 있다. 결과론적으로 이긴 놈이 '관군'(官軍)이라고 확인할 뿐인 역사 연구라면 무의미하기는커녕 유해하기까지 하며, 파묻혀 버린 미발의 계기를 탐구하는 것에야말로 의미가 있다. … (梶村秀樹 1980(1992), 143~144).

가지무라가 말하듯이, 권력투쟁에서 승리한 자에게 '관군'의 이름을 부여하는 역사 서술은 '지배자'의 시점을 내면화하고 있기 때문에 유해하다.

6_이로카와 다이키치는 『明治精神史』(黃河書房, 1968)를 통해, 완결된 '사상'보다 아직 미해결된 민중의 정신의 역사에 주목하고자 하면서 역사의 저층에 서서 그곳에 흐르는 민중의 정신으로부터 '미발의 계기'를 포착할 때야말로 진정한 사상의 자립이 가능하다고 주장한 바 있다.

예컨대 왕조 또는 권력이 교체된 후 쓰여 지는 공식적인 역사는 승리한 권력에게 '공'(公)의 지위를 부여함으로써 정치적인 대립과 투쟁의 과거를 삭제하거나 추상화하고 투쟁의 결과물인 권력을 '자연화'한다. 하지만 이런 경우에만 국한되는 것이 아니라 실로 모든 서술된 역사는 승리자의 역사라고 할 수 있다. 모든 서술된 역사에는 서술하는 자, 즉 살아 남은 자의 자기 긍정 및 자기 정당화의 내러티브가 저변에 자리 잡고 있기 때문이다. 그런데 가지무라는 애써 상처 입고 쓰러진 '미발의 계기'를 찾으려 하고, 또 그렇게 하는 것"에야말로 의미가 있다."고 강조하고 있다. 이곳의 '의미'라는 표현에서 그가 참고하고 영향 받은 함석헌의 『뜻으로 본 한국역사』의 메아리를 들을 수도 있지만,[7] 가지무라가 '구제'하고자 하는 것이 패배자들의 역사임에는 틀림없는 것으로 보인다.

이렇게 볼 때, 그의 '내재적 발전'의 논리는 수탈론의 단순한 서사, 즉 일제에 의해 국토를 침탈당한 식민지를 부정함으로써 동시에 그 안에서 이루어진 민중의 일상적 삶을 부정하고 오로지 '적'으로서의 일본과의 대립을 서사의 기본 축으로 놓은 채 식민지 바깥에서 독립을 위해 싸워 온 자들의 투쟁사를 구성하고자 하는 이른바 '망명자 사관'의 입장과는 구별되어야 할 것이다. 그 역시 식민지 지배에 저항하는 민족해방 운동에서 "조선인이 만들어 낸 최고의 것"(梶村秀樹 1971(1992), 55)을 보지만, 그가 탐색하고 드러내고 이야기하려 하는 것은 이 같은 시적인 순간보다는 오히려 "역사의 저층을 면면히 흐르는 지하수와 같은"(梶村秀樹 1980(1992), 143) 민중의 산문

7_함석헌의 『뜻으로 본 한국역사』의 일본어 번역본은 『苦難の韓国民衆史: 意味から見た韓国歴史』(新教出版社, 1980)이다. 특히 가지무라가 함석헌에게서 인용하고 있는 '세계사의 하수구'라는 표현 참조(梶村秀樹 1977(1993), 326).

적인 삶과 그 안의 에너지였다.

식민지 민중들의 삶은, 민족해방 운동에서 해방 후 한반도 남북의 새로운 국가들로 이어지는 지배적·공식적 서사에 의해 완전히 재현될 수 없는 것은 물론이거니와 그 지배적인 서사에 의해 특정한 방식으로 횡령되기도 한다. 가지무라가 찾고자 하는 '내재적 발전'의 궤적이 패배의 역사를 구제하는 일과 관련되어 있다면, 그의 '내재적 발전론'이란 자본주의적 근대화를 이룩할 수 있는 내적 동력을 역사적으로 입증함으로써 저 횡령을 승인하는 것일 수 없다. 오히려 정반대로 그가 찾고자 했던 것은 자본주의적 근대화의 역사가 파묻어 버린, 따라서 역사의 시민권을 박탈당한 채 '지하수'를 통해서만 흐르고 있는 '다른' 근대화의 길이었다. 부정된 형태로 존재하는 '미발의 계기'들은 부정되었다는 바로 그 사실로 인해 단 하나의 필연적인 근대라는 것을 알지 못하므로 '세계사의 지하수'에도 눈을 돌릴 수 있었다.

> 침략·식민지 하의 조선이라는 극한 상황 속에서도 확실히 보이는 것은, 이에 대항하는 조선 민중의 자주적인 '근대'를 향한 활동이다. … (중략) … 예컨대 같은 구미에서 배워도, 일본으로부터의 시선이 영·독·불 등 '대국'에 국한되곤 한 데 반해, 조선의 사상가들은 후진국·소국으로 여겨지는 이탈리아나 동구의 나라나 아일랜드 등에 눈을 돌렸다. 표면적으로 일본의 군사력에 의한 식민지가 진행되어 가는 중에, 그러나, 그들은 사상적으로 좌절하지 않고, 아메리카 대륙 계열의 퓨리터니즘을 실마리 삼아, 표면적인 물질적 힘보다도 훨씬 본질적인 내면적인 가치관과 주체성을 단련해 가면서 '민중 속으로' 들어가는 길을 선택했다(梶村秀樹 1980(19 92), 145).

가지무라에게 '미발의 계기'란 시간적인 동시에 공간적인 맥락을 가지고 있다. 즉 아직 도래하지 않은 어떤 근대를 향해 나아가는, 즉 지향성에 있어서는 근대적이지만 아직 충분히 근대적이지는 않은 어떤 힘을 지시한다는 점에서 그것은 시간적이다. 그리고 다른 한편에서 표면에 드러나 있지 않은 심층의 움직임('지하수')을 지시한다는 점에서 그것은 공간적이기도 하다. 그것은 아직 없는 것이기도 하고, 있지만 보이지 않는 것이기도 하다. 그러나 위 인용문에서도 알 수 있듯이 '미발'의 시간성과 공간성은 분리 불가능하게 결합되어 있다. 가지무라의 맥락에서 이탈리아, 동구, 아일랜드는 단지 선진국을 따라가는 '후진국'으로서 시야에 들어온 것이 아니라 세계 자본주의 체제에서 (상대적으로) 패배자의 자리를 차지하는 사례로서 거론된 것으로 봐야 할 것이다. 그것은 가치론적으로 '민중'의 자리와 동격에 놓인다.

이러한 가지무라의 관점을 고려할 때, '미발의 계기'란 선험적으로 존재하는 근대적 자본주의의 개념을 역사에 적용하거나 현재의 상태를 과거에 투사해 발견하고자 하는—그러나 실은 구성하고자 하는—, 따라서 어떤 의미에서는 과거를 식민화하는 '자본주의의 맹아'와 동일할 수 없다. '미발의 계기'의 주된 의의는, 한낱 '계기'로만 존재하는 '아직 아닌(noch nicht)' 것을 현재의 전사(前史)로 구성하는 데 있는 것이 아니라, 이미 패배하여 현재화될 수 없었던 '더 이상 아닌(nicht mehr)' 것에서 다른 계기를 찾는 데 있기 때문이다.[8] 이는 물론 근대 조선이 자본주의적 근대화의 길로 수렴될 수 없는 다른 가능성을 가지고 있었음을 드러내려는 시도라고 볼 수 있지만, 역사적 현재를 가능하게 하면서도 정작 그 현재에서는 소외되어 있는 '역

8_가지무라가 '미발의 계기'에 대한 서술 직후, 자신의 가족사를 통해 메이지 유신 이후 근대 일본역사의 지배적 흐름에 '포박되어 있던' 일본 민중의 다면성을 보고자 한 것은 의미심장하다(梶村秀樹 1980(1992), 146~150).

사적인 것'의 잠재성을 사유하게 한다는 점에서 뜻 깊다고 하겠다.

애당초 가지무라가 '미발의 계기'라는 개념을 전유했던 것은 조선 근대사를 연구하는 일본인이라면 피할 수 없는 딜레마를 느꼈기 때문이다. 즉, 내재적 발전의 잠재력이 존재했음에도 불구하고 일본의 식민지가 되어 버린 조선에게 결여된 것은 무엇이었는가, 그리고 일본인이 조선 식민지화에 대해 반성한다는 것은 결국 승리한 자의 여유에 불과한 것이 아닌가를 묻는 한 재일 조선인 대학원생의 질문을 떨쳐 버릴 수 없었던 그의 고민에서 비롯된 것이다. 그는 이 고민의 와중에, 일본의 근대적 자본주의적 발전이 물질적으로는 승리했지만 그 과정에서 놓칠 수밖에 없었던 "진정한 것"(梶村秀樹 1980(1992), 137)을 패배한 조선의 역사에서 찾으려 했던 것이다. 이 '진정한 것'이란 무엇인가? 그것은 자본주의적 근대화에 의해 패배당한 사회주의적 또는 비자본주의적 발전의 가능성을 뜻할 수도 있고, 물질주의적 문명과 발전 개념이 배제해 온 정신적 가치 또는 환원 불가능한 고유성을 의미할 수도 있다. 그러나 어느 쪽이든 그것이 본질화된 이념이나 실체화된 대상이 아니라면, '진정한 것'이란 역사의 진행을 가능하게 하지만 그 진행 과정에는 떠오르지 않는 역사적인 것의 잠재력이라고 할 수 있지 않을까? 이 잠재력에 가지무라가 붙인 이름이 다름 아닌 '조선 민중'이었던 것은 아닐까?

'미발의 계기'는 한낱 자본주의의 맹아가 아닌 것은 물론, 아직 성장하지 않은 계급의식을 지시하는 기능으로 단순화되지도 않는다. 그렇다고 현재에 의해 패배당한 '미발의 계기'가 그대로 미래를 위한 대안으로 활성화될 수도 없다. '미발의 계기'에서 미래에의 대안을 찾는다는 것은, 그 계기가 현실화될 수 없도록 패배시키거나 묵살시켰던 역사가 여전히 지배하고 있는 상황에서는 낭만적인 자기 위안 이상이 될 수 없기 때문이다. 가지무라 히데키의 '미발의 계기'를 오늘날의 시점에서 다시 전유한다면, 그것은 오히려 오늘날의 지배계급이 '재현 = 대표'한다고 자임하면서 침묵시키는 소수자의 목소리, 세계 자본주의 체제의 지배질서가 결코 드러내지 못하는 패배자들의 흔적, 현재의 역사가 자신의 언어로 번역함으로써 침묵시킨 과거의 독자성과 관련되어 있다.

그러므로 다시 한 번 이 '미발의 계기'는 '아직 아닌' 계기가 아니라 역설적으로 '더 이상 아닌' 계기로 읽어야 할 것이다. '더 이상 아닌' 것이기 때문에 '미발의 계기'와 그 '계기'를 발견하려는 자 사이에는 낭만적인 투사로 지워 버릴 수 없는 뚜렷한 한계 영역이 자리 잡게 되며, 이 한계 영역이 유지될 때에만 패배의 '심각성'도 이해될 수 있고 패배의 역사의 구제도 가능할 것이다. 가지무라는 이러한 의미에서의 '한계'에 대해 자각적이었던 것으로 보인다.

4. 번역 불가능성

가지무라 히데키는 왜 조선사를 연구하고자 했는가. 그는 스스로에게 끊임없이 이 물음을 던지면서 조선사 연구에 임하고 있었다. 즉 그는 '조선사를 연구하는 일본인'이라는 자의식을 뚜렷하게 가지고 있었던 것이다. 이 질문과 의식을 일관되게 견지하고 있었기 때문에 그는 조선(인)에 대해서도 일본(인)에 대해서도, 나아가 역사와 세계에 대해서도 독특한 관점을 취할 수 있었다. 그가 '내재성'의 관점을 견지하고 '미발의 계기'를 중시했던 것도 이러한 자의식의 작용과 분리시킬 수 없을 것이다.

그런데 이러한 자의식은 역설적이게도 '외부'에 대한 예민한 감각을 말해 주는 것이기도 하다. 조선역사의 근본 동력을 '내재성'에서 찾는 가지무라가 '외부'에 대한 감각을 가지고 있다는 것은 무엇을 말해 주는가. 그가 조선역사 발전의 '내재성'을 볼 수 있었던 것은 그가 일본인으로서 조선사를 보고 있다는 것, 즉 자신이 결코 행복하게 그곳에 '내재할 수 없다'는 감각을 강하게 가지고 있었기 때문이다. 그는 자신이 일본어로 이야기되는 세계에서 조선어로 이야기되는 세계를 보고 있다는 사실을 결코 망각하지 않고자 했다.

> 일본인은, 너무도 당연한 것이기는 합니다만, 조선의 일을 일본어로 우선 생각하게 됩니다. 조선의 일에 한하지 않고 모든 것을, 즉 자신들을 또는 세계를 일본어로 생각합니다. 그리고 일본어의 세계 속에서 조선의 일을 생각하고, 무심코 일본어를 통해 조선의 이미지를 저장합니다. 저도 물론 예외는 아니었습니다. 그것이 공부하는 과정에서, 그렇게 하면서 일본어로 만들어지고 있는 자신의 머리 속에 있는 세계 또는 이미지와, 조선어에 의해 이야기되는 말 속에 있는 이미지, 세계라는 것이 다르지 않은가 하는 점을 깨닫고 놀랐던 것입니다(梶村秀樹 1975(1992), 79).

일본인은 일본어로 상상하고 조선인은 조선어로 상상한다는 이 단순한 사실에서 놀라운 깨달음을 얻을 수 있었던 것은 일본어로 상상되는 세계에 '조선'을 집어넣었기 때문이다. 아니 엄밀하게 말하자면 일본어의 세계에 '조선어의 세계'를 집어넣어 충돌시켰기 때문이다.

개념의 세계는 '모어(the vernacular)'의 신체성이 증발될 것을 요구한다. 개념적 진리는 어느 모어로 발화되는가와 상관없이 동일한 진리로서 인식되고 소통되어야 하기 때문이다. 근대적인 '보편적 주체'는 이렇듯 보편적인 개념적 진리를 인식함으로써 마치 세계를 소유하기라도 하는 듯한 환상 위에 세워진다. 모어의 신체성이 자각될 때 '보편적 주체'는, 예컨대 어느 작은 나라의 도시 변두리에 살고 있는 한 소시민이라는 현실적 존재로 내려오게 된다. 가지무라는 이러한 자기 모어의 한계를 의식하면서 동일한 한계를 가지고 있는 번역 불가능한 세계와 만나려 하고 있다. 자기 머리 속에 일본어로 구성된 조선과 조선어의 세계 속의 조선이 다르리라는 것을 부단히 의식하면서.

가지무라의 이러한 자각은 자기의식 위에 떠오르는 대상과 실제 대상 사이의 차이를 인정하는 일반적인 반성적 인식론의 태도와 다르다. 왜냐하면 반성적 인식론에서는 의식 내 대상과 실제 대상의 차이가 인정된다 하더라도 그 차이를 내버려 두거나 좁히고자 하는 행위의 결정권은 철저하게 '자기'에게 귀속되기 때문이다. 즉 그 차이를 인정하든 무시하든 대상과의 독백적 관계에는 아무런 변화도 발생하지 않기 때문이다. 그러나 일본어의 세계와 조선어의 세계는 서로 대등하게 독자적인 한계를 지닌 채 마주하고 있다. 더욱이 일본어의 세계에는 일본어로 상상되는 일본과 조선이, 조선어의 세계에는 조선어로 상상되는 일본과 조선이 들어 있어서, 이 각각의 언어의 세계에서 일본도 조선도 동일하지 않다.

> 말하자면 일본어로 이야기되는 세계에서는 조선인의 일이, 기껏해야, 예컨대 일본 제국주의가 침략하고 몹시 나쁜 짓을 해온 상대라는 의미에서 딱한 사람들이라는 느낌으로 이해됩니다. 그러한 세계에서는 당사자들은 몸 둘 곳을 모를 것 같았겠죠. 일본 국가가 조선인에 대해 표면적으로 무엇을 해왔는가 하는 것, 즉 침략의 역사를 이해하기 위해서는 어떤 의미에서는 일본어의 세계로 충분할지도 모릅니다. 그렇지만 그러한 도식의 세계에 등장하는 조선인은 아무래도 일본인이

주체인 가운데, 이른바 풍경이 객관적으로 비쳐지는 것과 마찬가지로, 극단적으로 말하자면, 그러한 수동적인 입장으로밖에 등장하지 않습니다. 언제나 수동적으로 일본 제국주의의 피해를 받고 있는, 딱한 희생자로서밖에 등장하지 않습니다. 저 자신도 일본어에 의해 조선을 인식하고 있던 당초에는, 그러한 감각으로 조선 문제를 이해해 왔다고 생각합니다. 그런데 그렇지 않습니다. 재일 조선인의 생활도 포함해, 조선인이 주체가 되는 세계라는 것이, 당연하다고 하면 당연합니다만 별개로 확고하게 있기 때문입니다. 일본어의 세계가 조선인을 객체화하는 세계라고 한다면, 조선어로 이야기되는 세계는 조선인이 주인공이고 주체인 세계입니다(梶村秀樹 1975(1992), 81).

일본어의 세계와 조선어의 세계는 단순히 상이한 언어 구조의 세계를 나타내는 것이 아니라, 일본인이 주인공인 세계와 조선인이 주인공인 세계, 다시 말해 일본인이 보고 느끼고 구성하는 세계와 조선인이 보고 느끼고 구성하는 세계를 의미한다. 일본인의 시선 속에 들어오는 세계와 조선인의 시선 속에 들어오는 세계는 결코 동일할 수 없다. 그 각각의 주인공들의 각각의 시선 속에서 대상들은 서로 상이한 질서로 배치된다. 이 각각의 주인공들은 서로 상대의 시선에 의해 대상의 위치에 놓이게 된다. 주어가 보는 세계와 목적어가 보는 세계가 동일할 수는 없는 것이다. 이렇게 볼 때 "일본어로 조선을 모두 이해할 수 있다고"(梶村秀樹 1975(1992), 79) 믿는 것 자체가 놀라운 일이다. 이는 일본이 조선을 식민지화하고 '내선융화', '내선일체'를 통해 하나의 세계를 만들고자 했던 기획의 덧없음을 드러내는 것이기도 하지만, 가지무라 당대의 일본에서 (재일) 조선인에 대한 스테레오타입적 이미지가 부단히 재생산되는 현실을 근본적으로 비판하는 것이기도 하다.

따라서 일본어로 이야기되는 세계와 조선어로 이야기되는 세계는 상호 번역 불가능한 세계다. 가지무라는 이 번역 불가능성을 예민하게 의식하고 있다. "역사의 문헌과 같이 무수히 많이 있는 책 중의 어떤 것을 선택해 읽어가기 때문에 전면적으로 번역하는 따위의 일은 누구에게든 불가능한 이야기"(梶村秀樹 1975(1992), 88)다. 가지무라는 이 번역 불가능성을 인식하면서 조선어의 세계, "조선어로밖에는 알지 못하는 감각"(梶村秀樹 1975(1992), 86)을 포착하고자 한다.

이렇게 볼 때 가지무라의 '내재성'의 관점이란 역설적으로 '외부'의 존재를 망각하지 않으려는 노고의 산물인 것으로 보인다. 즉 이해 불가능한 타자의 존재, 목숨을 건 도약(fatal leap)을 각오하지 않고선 건널 수 없는 간극을 사이에 두고 마주 서 있는 타자의 존재를 망각하지 않으려는 시도의 산물이라고 할 수 있다. 그러므로 그에게 '내재성'이란 외부의 존재를 은폐하거나 망각하고 내재적인 힘과 결정, 요컨대 주권성을 신비화하는 개념이 아니라, 환원 불가능한 외부의 존재를 조건으로 할 때에만 구성될 수 있는 것이다.

그가 당대 일본 학계에서 형성되고 있던 아시아주의론의 붐을 경계하면서, 일본의 역대 아시아주의자들이 "유럽을 적대자로 간주했다는 점에서 인터내셔널적이지 않았을 뿐만 아니라, 그들에게 있어 '아시아'는 오히려 '일본'의 확대 개념으로서의 아시아에 지나지 않은 경우가 많다."(梶村秀樹 1965(1992), 115)고 했을 때의 '인터내셔널적'이라는 표현도 이러한 외부에 대한 감각을 고려해 읽어야 할 것이다. 일본의 많은 아시아주의자들이 '서양 = 근대'의 대립 항으로 아시아를 내세움으로써—'근대 초극'의 이데올로기가 내포하고 있는 복잡한 문제 상황은 차치하더라도—아시아 내부의 '내셔널한 차이'를 '제국 내부의 로컬리티의 차이'로 치환했음은 익히 알려져 있다. 가지무라는 아시아주의가 아시아 내부의 환원 불가능하고 번역 불가능한 타자성을 이해하는 데 무력했거나 타자성을 억압했음을 비판하고 있다.

그러나 왜 이 번역 불가능한 타자와 힘겹게 만나야만 하는가? 가지무라가 이 노고(勞苦)를 자청한 것은 조선의 근현대 역사와 일본의 침략사를 '있는 그대로' 드러내고자 했기 때문이 아니다. 오히려 일본역사에 대한 근본적인 자기비판의 거점을 찾고, 자본주의적 근대와 반공 냉전체제의 지배질서를 밑으로부터 비판할 계기를 찾는 데 그 궁극적인 목적이 있었기 때문이다. 그의 사고의 중심에 그 자신과 더불어 이 이해 불가능하고 번역 불가능한 조선이 있었다. 요컨대 그에게 조선은 탐구의 대상이 아니라 세계를 바라보는 하나의 눈이었다. "조선 문제를 특수한 문제로서 몰두하는 것이 아니라, 모든 문제를 생각하는 가운데 조선을 결코 잊지 않는다는 것이 필요하다고 생각합니다."(梶村秀樹 1971(1992), 32).

5. 시차적 관점

가지무라의 근대 비판은 두 층위에서 이루어지고 있다고 볼 수 있다. 글의 서두에서도 언급한 바와 같이 그는 물질적·문명적 과정으로서의 자본주의적 근대화를 근본적으로 비판하는 입장에 서 있다. 바로 그 자본주의적 근대화가 제국주의와 식민지주의를 낳고, 불균등과 폭력을 낳았기 때문이다. 그러나 근대 비판은 또 하나의 층위에서도 이루어지고 있는 것으로 보인다. 다름 아니라 근대적인 자기 인식, 또는 그것의 확장된 형태로서의 일국사적 인식의 한계에 대한 근본적 비판을 행하고 있는 것이다. 그는 시간적으로는 근대적 = 자본주의적 발전의 선형적 모델을, 공간적으로는 근대적 = 자아 중심적 세계 구성의 모델을 넘어서고자 했던 것으로 보인다. 다시 말해서 시간적으로는 세계적 차원에서 불균등 발전을 구조화하고 있는 자본주의적 근대의 착취 체제를 극복하고, 공간적으로는 근대적인 주체가 놓여 있는 영토(자아, 국민, 국토, 국어)를 넘어서 타자와 마주하고자 했다.

이 글에서 주목한 그의 키워드들은 모두 이 두 측면들과 관계하고 있다. '미발의 계기'가 패배당한 과거를 통해 단선적인 근대의 시간을 상대화하는 동시에 역사의 저층에서 '역사적인 것'의 잠재성을 발견하게 하는 것이라면, '내재성'은 외부와 동일한 층위에 놓일 수 없는 번역 불가능한 타자의 존재를 지시하는 개념인 동시에, 다수의 시간성이 가지고 있는 고유성을 지각할 수 있게 해준다. 특히 '조선사를 연구하는 일본인'으로서의 그의 의미심장한 위치, 그리고 그 위치에 대한 그의 민감한 의식은 그에게 특별한 관점을 갖게 한 것으로 보인다. 그것은 말하자면 '시차적(視差的) 관점(parallax view)'이라고 할 수 있을 것이다. 시차적 관점이란 "두 층위 사이에 어떠한 공통 언어나 공유된 기반도 존재하지 않기 때문에 결코 고차원적인 종합을 향해 변증법적으로 '매개/지양'될 수 없는 근본적인 이율배반(antinomy)"(Slavoj Žižek 2009, 14)을 뜻한다. 그는 일본어의 세계와 조선어의 세계의 번역 불가능성 또는 이율 배반성을 예민하게 감지하면서, 서로 다른 주어들이 만들어 내는 세계를 지각할 수 있는 두 개의 눈을 가지고자 했다. 그러나 이 두 개의 눈은 결코 하나로 초점화될 수 없다는 점에서 '시차적'이다.

그러나 역사학이 이 '시차성'의 이율배반을 견디기란 어려운 일이다. 이율배반의 간극을 예민하게 감지했지만, '역사가'로서 그의 서술은 어떤 일관성의 틀로 끌려 들어가지 않을 수 없었던 것으로 보인다. 그가 일찍 세상을 뜸으로써 그 이후의 전개에 대해서는 영원히 결정된 것 없이 남아 있게 되었지만, 어떤 '법칙성'에로 환원되려는 경향은 특히 그의 말년에 두드러지게 나타나는 것 같다.

> 가장 넓은 의미에서는 내재적 발전론이란 일국사를, 정체적·타율적인 것으로서 보는 것이 아니라, 국내적인 계기의 법칙적 전개에 따라 발전해 온 것으로 이해하고자 하는 방법론이라고 할 수 있다. 그리고 거시적인 의미에서의 일국사적 발전의 기본적 원동력은 밑으로부터의 계기, 즉 기층 민중 = 직접 생산자의 생산·재생산에 있어서의 창조적 영위, 그 틀로서의 생산력과 생산관계의 대응관계와 모순, 그리고 그것에 조건 지어진 의식의 성장과 계급투쟁의 전개 등이라고 생각된다. 그 의미에서는, 그것은 사적 유물론의 방법으로 일국사를 대상화한다는 것과 다른 것이 아니며, 말하자면 지극히 당연한 것이지만, 전술한 것과 같이 그것을 당연하다고 생각하지 않는 경향이 존재하는 한에서 자각화될 필요가 있는 것이다(梶村秀樹 1986(1993), 165).

이 글에서도 가지무라는 근대적 자본주의 발전의 세계사적 측면과 내재적 발전 사이의 관계를 강조하고 있지만, 내재적 발전론을 설명하는 자리에서 유독 사적 유물론의 일반 법칙에 대한 강조가 눈에 띈다. 이는 물론 요시노 마코토(吉野誠)가 말하듯이 "특수성 = 정체성만이 강조되어 온 조선사에서, 그것을 극복하기 위해서는 보편성에 근거하는 추구를 아무리 강조해도 지나치지 않다고 하는, 조선사 연구를 추진시키기 위한 전략적인 색채가 강한 발언"(吉野誠 1993, 378)의 연장선에서 볼 수 있을지도 모른다. 시대 구분, 발전 동력, 연속성 등의 문제를 회피할 수 없는 역사가의 문법 속에서 '시차적 관점'을 일관되게 유지하는 것은 역시 어려운 일이다. 그러나 과연 그의 성패를 확인하는 것이 중요한 일일까. 오히려 우리는 그에게서 '일관성'을 추출하기보다 가지무라를 위해서, 또한 우리를 위해서, 그로부터 '미발의 계기'를 찾으려 해야 하지 않을까. 일국사로 환원하지 않으면서 '내재성'을 볼 수 있는 눈, 패배의 역사를 낭만화하지 않으면서 구제할 수 있는 눈을 단련시키기 위해 포착해야 하는 것은 가지무라의 '결론'이 아니라 그의 '미발의 계기'가 아닐까.

참고문헌

윤해동. 2010. "'숨은 신'을 비판할 수 있는가: 김용섭의 '내재적 발전론'." 『근대 역사학의 황혼』, pp. 36-67. 서울: 책과함께.

윤해동. 2011. "에피고넨의 시대, '내재적 발전론'을 다시 묻는다." 『민족문화논총』 47집, pp. 29-58.

이홍락. 1997. "내재적 발전론 비판에 대한 반비판." 『역사비평』(겨울), pp. 229-242.

조석곤. 1997. "수탈론과 근대화론을 넘어서: 식민지 시대의 재인식." 『창작과 비평』(여름), pp. 355-370.

조형근. 2006. "한국의 식민지 근대성 연구의 흐름." 공제욱·정근식 편. 『식민지의 일상: 지배와 균열』, pp. 49-82. 서울: 문화과학사.

梶村秀樹. 1964(1993). "朝鮮近代史の若干の問題." 『梶村秀樹著作集』 第2巻, pp. 36-59. 東京: 明石書店.

梶村秀樹. 1965(1992). "現在の「日本ナショナリズム」論について." 『梶村秀樹著作集』 第1巻, pp. 109-122. 東京: 明石書店.

梶村秀樹. 1971(1992). "排外主義克服のための朝鮮史." 『梶村秀樹著作集』 第1巻, pp. 13-77. 東京: 明石書店.

梶村秀樹. 1975(1992). "朝鮮語で語られる世界." 『梶村秀樹著作集』 第1巻, pp. 78-88. 東京: 明石書店.

梶村秀樹. 1977(1993). "日本帝国主義の問題." 『梶村秀樹著作集』 第2巻, pp. 305-335. 東京: 明石書店.

梶村秀樹. 1980(1992). "朝鮮からみた明治維新." 『梶村秀樹著作集』 第1巻, 136-150. 東京: 明石書店.

梶村秀樹. 1985(1993). ""やぶにらみ"の周辺文明論." 『梶村秀樹著作集』 第2巻, pp. 160-163. 東京: 明石書店.

梶村秀樹. 1986(1993). "朝鮮近代史研究における内在的発展の視角." 『梶村秀樹著作集』 第2巻, pp. 164-178. 東京: 明石書店.

並木真人. 1990. "戦後日本における朝鮮近代史研究の現段階." 『歴史評論』 482号.

吉野誠. 1993. "「朝鮮史の方法」解説." 『梶村秀樹著作集』 第2巻, pp. 373-387. 東京: 明石書店.

Slavoj Žižek·김서영 옮김. 2009. 『시차적 관점』. 서울: 마티.

| 영문 초록 Abstract |

Rethinking Kajimura Hideki's Immanent Development Theory

There is an argument about whether or not Kajimura Hideki's 'immanent development theory'(내재적 발전론), which was forged through his 'research of history', was also utilized in his 'analysis of present'. This book aims to confirm that the Kajimura's 'dependent development'(종속 발전), his key concept for understanding Korean capitalism, rests on the framework of his immanent development theory which puts importance on external pressure and people's lives.

Kajimura found that South Korea's monopolistic conglomerates had the ambivalence of being 'subordinate' and 'nationalistic'. He explained that the 'nationalism' of the Bak Jeong-hui regime was strongly related with that ambivalence, and paid attention to support from the people for the modernization policy of the Bak regime. He also stated that Gim Il-seong's 'autonomical national economy theory' could defeat his opponent's 'international specialization theory' because of the support of Gim's people.

Kajimura discribed the performance of Korean capitalism in the 1970's as 'dependent development' and explained the process of 'dependent development' in the periphery by accepting the dependent theory, that is pre-capitalism → colonial semi-feudalism → peripheral capitalism. At the same time, he explained the process of 'bipolar disassembly' toward the empire and the colony in East Asia, by studying the relative strength of external political militaristic pressure at the critical point of political reform, which might determine if a country can be placed in the orbit of capitalistic development or not.

The emergence of the NICs(New Industrialized Countries) called for a change of the theories which had explained the peripheral economy. Using the expression 'NICs type dependent development', however, Kajimura tried to explain the NICs phenomenon with his 'dependent development' theory, although he acknowledged the 'NICs shock'. He stuck with the framework of his immanent development theory which puts importance on external pressure and people's lives, by finding the cause of Korea's successful development in the international condition and paying attention to the sacrifice and revolt of Korean people. He denied the possibility of desubordination of Korean economy.

There was a controversy on whether Korean society should be characterized by the 'state monopolistic capitalism theory' or the 'peripheral capitalism theory' in mid-1980's Korea. Kajimura criticized the former by supporting the latter. In the course of the controversy, the 'state monopolistic capitalism theory' moved into a direction where the problem of subordination was considered seriously, and the change meant that it got closer to Kajimura's stance.

Kajimura tried to determine the 'substance' of national economy and at the same time, derived from that, the 'idea' of national economy, by further developing the 'national economy theory'(민족경제론) of 1970's Korea. Kajimura's 'people's nationalism'(민중적 민족주의) was also strongly related with that national economy as both 'idea' and 'substance'.

| 초출 일람 |

서장
새로 씀.

1장
강원봉. 2004. "梶村秀樹の内在的発展論と在日韓国・朝鮮人論."(東京学芸大学大学院教育学研究科・修士論文.을 토대로 새로 씀.

2장
미쓰이 다카시. 2013. "전후(戰後) 일본에서의 조선사학의 개시와 사학사(史學史) 상(像) -1950~60년대를 중심으로-." 인하대학교 한국학연구소 엮음. 『동아시아한국학의 분화와 계보-복수의 한국학들-』. 소명출판에 가지무라 히데키에 대한 분석을 더해 새로 씀.

3장
洪宗郁. 2010. "内在的発展論の臨界 -梶村秀樹と安秉玲の歴史学-."『朝鮮史研究会論文集』48.

4장
강원봉. 2012. "'일한(日韓)체제' 하의 민중과 '의미로서의 역사': 가지무라 히데키(梶村秀樹)의 한국인식과 역사인식."『아세아연구』149; 姜元鳳. 2013. "日韓体制下の民衆と「意味としての歴史」: 梶村秀樹の韓国認識と歴史認識."『社会科学』(同志社大学人文科学研究所) 97.

5장
도베 히데아키. 2012. "일본 '전후 역사학'의 전개와 미완의 가지무라(梶村) 사학."『아세아연구』149; 戸邉秀明. 2013. "日本「戦後歴史学」の展開と未完の梶村史学: 国家と民衆はいかに(再)発見されたか."『社会科学』(同志社大学人文科学研究所) 97.

6장

홍종욱. 2012. "가지무라 히데키(梶村秀樹)의 한국 자본주의론-내재적 발전론으로서의 '종속 발전'론." 『아세아연구』 149; 洪宗郁. 2013. "梶村秀樹の韓国資本主義論: 内在的発展論としての「従属発展」論." 『社会科学』(同志社大学人文科学研究所) 97.

7장

조관자. 2013. "내재적 발전론의 네트워크, '민족적 책임'의 경계: 가지무라 히데키와 그의 시대, 1955~1989." 『아세아연구』 153.

8장

차승기. 2012. "가지무라 히데키(梶村秀樹)의 '미발의 계기'." 『아세아연구』 149; 車承棋. 2013. "梶村秀樹の「未発の契機」-植民地歴史叙述と近代批判-." 『クアドランテ』(東京外国語大学海外事情研究所) 15.

ARI Monograph Series 17
Rethinking Kajimura Hideki's Immanent Development Theory

First Published 2014
by The Asiatic Research Institute at Korea University
145 Anam-ro, Seongbuk-gu, Seoul 136-701, Korea
www.asiaticresearch.org

아연동북아총서 17
가지무라 히데키의 내재적 발전론을 다시 읽는다

1판2쇄 | 2018년 11월 28일

지은이 | 강원봉·도베 히데아키·미쓰이 다카시·조관자·차승기·홍종욱
펴낸이 | 이종화
펴낸 곳 | 아연출판부
등록 | 2000년 5월 24일 제6-376호
주소 | 서울시 성북구 안암로 145 고려대학교 아세아문제연구소(136-701)
전화 | 02-3290-1600 팩스 | 02-923-4661
홈페이지 | www.asiaticresearch.org

값 12,000원

ISBN 978-89-90769-50-3 94300
ISBN 978-89-90769-29-9 (세트)

이 도서의 국립중앙도서관 출판시도서목록(CIP)은 e-CIP 홈페이지(http://www.nl.go.kr/ecip)에서
이용하실 수 있습니다(CIP제어번호: CIP2014015383).